NEBENBEI
WELTKLASSE

Aus Liebe zum Sport

Moritz Fürste

mit Björn Jensen

NEBENBEI
WELTKLASSE

Aus Liebe zum Sport

Edel Books
Ein Verlag der Edel Germany GmbH

Copyright © 2018 Edel Germany GmbH,
Neumühlen 17, 22763 Hamburg
www.edel.com

Projektkoordination: Dr. Marten Brandt
Lektorat: Susanne Schleusser
Layout und Satz: Datagrafix GSP GmbH
Umschlaggestaltung: Groothuis. Gesellschaft der Ideen und Passionen mbH | www.groothuis.de

Druck und Bindung: optimal media GmbH, Glienholzweg 7, 17207 Röbel / Müritz

Alle Rechte vorbehalten. All rights reserved. Das Werk darf – auch teilweise – nur mit Genehmigung des Verlages wiedergegeben werden.

Printed in Germany

ISBN 978-3-8419-0602-1

INHALT

PROLOG „WARMLAUFEN"
KAPITEL 1:   15 Monate Wahnsinn   9

ERSTES VIERTEL: MEIN GROSSWERDEN
KAPITEL 2:   Warum Hockey? Meine Anfänge im Sport   23
KAPITEL 3:   Wie ein Moment alles verändern kann   33
KAPITEL 4:   Mein UHC   42
KAPITEL 5:   Druck und Ehrgeiz im Jugendbereich   57

1. PAUSE
KAPITEL 6:   Warum Titel unvergleichbar sind und ihre
             eigene Geschichte haben   71

ZWEITES VIERTEL: NATIONALTEAM
KAPITEL 7:   Wellenbewegungen. Performen, wenn es
             drauf ankommt – der WM-Titel 2006   81
KAPITEL 8:   Mythos Olympia. Vom Paparazzi-Touristen
             zum ersten Gold 2008   93
KAPITEL 9:   Wer Leistung bringt, darf auch feiern   107
KAPITEL 10: Rio 2016 und der Ärger mit dem Deutschen
             Olympischen Sportbund   120

HALBZEIT
KAPITEL 11: Gute Verlierer gibt es nicht –
             respektvolle schon   139

DRITTES VIERTEL: TEAMBUILDING UND ZEITMANAGEMENT

KAPITEL 12: Priorisieren ist gefragt. Was ich aus meiner dualen Karriere lernen konnte   149

KAPITEL 13: Teamstruktur und Feedbackkultur   159

KAPITEL 14: Was Teams erfolgreich macht   170

KAPITEL 15: Ganz oben – und dann? Wie ein Teamprozess von vorn beginnt   180

3. PAUSE

KAPITEL 16: Vier Saisons im indischen Wahnsinn   189

VIERTES VIERTEL: MONOSPORTKULTUR

KAPITEL 17: Champion des Jahres. Wie ich zum Sportverrückten wurde und warum der Fußball alles überschattet   205

KAPITEL 18: Geld verändert alles. Gold – und auf einmal ist der Hauptsponsor weg   217

KAPITEL 19: Die deutsche Sportkultur. 15 Minuten Ruhm für den Randsport – und wie das Ausland mit dem Thema umgeht   227

KAPITEL 20: Verbände in der Pflicht. Warum Sportarten ihre Geschichten erzählen müssen   237

FAZIT „AUSLAUFEN"

KAPITEL 21: Mein Appell an die deutsche Sportwelt   249

DANKSAGUNG   253

PROLOG „WARMLAUFEN"

KAPITEL 1

15 MONATE WAHNSINN

Es gab keinen Knall, und es gab auch keinen Schmerz in dem Moment, der meine Karriere in das Vorher und das Nachher teilt. Ich bin einfach irgendwie hängen geblieben mit meinem Knie, als ich mich an meinem Gegenspieler Sebastian Biederlack vorbeischlängeln wollte. Ich stürzte, stand wieder auf, spielte weiter. Etwas schwammig fühlte es sich an, das rechte Knie, aber das war nichts, was mich daran gehindert hätte, dieses Testspiel gegen den Club an der Alster zu beenden. Schließlich sollte eine Woche später die Feldbundesligasaison 2011/12 beginnen, und ich war in der Form meines Lebens.

Zehn Tage zuvor war ich mit den deutschen Herren Europameister geworden, bei der Heim-EM in Mönchengladbach. Das war, nach dem WM-Triumph von 2006, der nächste Coup im eigenen Land, und für mich war es ein ganz besonderes Turnier. Im Juni 2011 hatte sich meine damalige Freundin und heutige Frau Stephanie von mir getrennt, nach acht Jahren Beziehung. Zusammengekommen waren wir, bevor meine Leistungssportkarriere richtig Fahrt aufnahm, und deshalb war es das erste Mal, dass ich mit der Bürde spielte, im Privatleben einen schweren Einschnitt erlebt zu haben.

Man kann also durchaus behaupten, dass Steph mitverantwortlich für all das war, was in den 15 Monaten des Wahnsinns, wie ich sie rückblickend nenne, auf mich einstürzte. Sie hatte mich mit ihrer Entscheidung, mich zu verlassen, zum ersten Mal in meinem Leben dazu gebracht, mich selbst zu hinterfragen. Und ein bisschen Selbstreflexion hatte ich wahrlich mehr als nötig. Ich machte an der SRH Fernhochschule Riedlingen ein Fernstudium in Wirtschaftspsychologie und befand mich in einer

Findungsphase, die nicht nur mein Privatleben, sondern auch den Sport mit einschloss.

Vor der Trennung von Steph hatte ich nie etwas darum gegeben, was andere von mir hielten oder wie ich auf mein Umfeld wirkte. 2006 hatte ich, als 21-Jähriger, im WM-Finale, das wir 4:3 gewannen, ein Tor gegen Australien geschossen, 2008 hatte ich mit dem Uhlenhorster HC erstmals die Euro Hockey League gewonnen, und danach war ich in Peking Olympiasieger geworden. Das waren alles frühe Erfolge, die ich nie richtig verarbeitet hatte. Als Weltmeister und Olympiasieger fühlte ich mich unverwundbar, in Zeitungsinterviews sagte ich so Sachen wie, ich könne auf den Mond fliegen und den Mann im Mond umdribbeln. Kurz: Ich gab mich als Freak, der meinte, sich nicht an Regeln halten zu müssen, und der sein Ding machte. Und ich dachte nicht daran, dass andere ein Problem damit haben könnten. Ich war der coole Mo, das junge Supertalent. Dass meine bisweilen zynische, auf jeden Fall aber ziemlich selbstsichere Art bei vielen Menschen negativ ankommen könnte, damit rechnete ich nicht.

Ich konnte lange nicht verstehen, warum viele mich nicht mochten oder sich doch sehr reserviert zeigten. Ich dachte: Ich bin doch immer nett! Erst als Steph mich verlassen hatte, wurde mir klar, dass ich etwas ändern musste.

Zwar nicht meinen Charakter – man kann sich nicht verbiegen, darum geht es auch gar nicht –, aber ich musste an meinem Auftreten arbeiten. Ich hatte mich in den Monaten vor der EM zu einem arroganten Besserwisser entwickelt, der andere kritisierte, ohne sich selbst je zu hinterfragen. Mein Ziel war stets der größtmögliche Erfolg, aber mein Auftreten war, so wurde mir klar, alles andere als zielführend. Ich musste es anders anpacken. Es lag an mir, etwas zu verändern.

Mit diesen Gedanken beschäftigte ich mich während der Vorbereitung auf die EM intensiv. Umso glücklicher war ich dann, dass es tatsächlich funktionierte. Ich hatte mir vorgenommen, als

Leader, als Führungsspieler zu agieren, aber gleichzeitig mannschaftsdienlicher zu spielen, meine Mitspieler mehr in mein Spiel einzubeziehen, ohne meine eigenen Stärken zu vergessen. Aufgrund der privaten Probleme war der Sport mehr denn je ein Ventil für mich. Ich konzentrierte mich voll und ganz auf Hockey und gab alles für den Erfolg.

Mit 26 Jahren, die ich damals alt war, hatte ich das optimale Leistungssportleralter erreicht. Mit unserem Konditionstrainer Rainer Sonnenburg hatte ich sehr viele zusätzliche Trainingseinheiten absolviert und befand mich athletisch auf einem sehr hohen Niveau. Dazu kam die Erfahrung, die ich in den vielen internationalen Turnieren, die ich mittlerweile gespielt hatte, gesammelt hatte. Nicht zuletzt aber waren wir eine großartige Mannschaft. In der Vorrunde schlugen wir Belgien und Spanien jeweils mit 3:1 und Russland mit 7:0. Im Halbfinale gewannen wir die Regenschlacht gegen England mit 3:0, das Spiel stand wegen Starkregens und überflutetem Platz kurz vor dem Abbruch, aber wir wollten unbedingt am selben Abend zu Ende spielen und schafften es mithilfe von Bierbänken, das Wasser vom Kunstrasen zu schieben.

Im Finale machten wir dann gegen unseren Erzrivalen Niederlande im ausverkauften Warsteiner Hockeypark ein unfassbar geiles Spiel, siegten 4:2 – ich traf kurz vor der Pause per Siebenmeter zum 2:1: Es war sportlich ein absolutes Sahnestück, das wir als Team ablieferten. Ich wurde zum besten Spieler des Turniers gewählt und hatte auch selber das Gefühl, das höchste Level meines sportlichen Könnens erreicht zu haben. Die Flucht vor den privaten Sorgen in den Sport hatte sich für mich ausgezahlt. Oder anders ausgedrückt: Die Auseinandersetzung mit mir selbst hatte mich zumindest zu einem besseren Hockeyspieler werden lassen.

Dass dieser Prozess damit nicht abgeschlossen sein, sondern erst beginnen würde – damit hatte ich natürlich nicht gerechnet. Wie im Hockey üblich, begann 14 Tage nach dem EM-Finale bereits die Bundesligasaison. Nach einer Woche Pause ging es für meine Nationalmannschaftskollegen und mich wieder ins UHC-Training und in das zu Beginn erwähnte Testspiel gegen Alster. Ich spürte, dass ich meine EM-Form hatte konservieren können, und schwebte förmlich über den Platz. Drei Tore schoss ich in der ersten Halbzeit, mir gelang wirklich alles. 20 Minuten vor Schluss fädelte ich beim Zweikampf mit Sebastian Biederlack ein, blieb hängen und stürzte. Nach dem Spiel sagte ich unserer Physiotherapeutin, dass mein rechtes Knie ein wenig instabil wirke, und sie empfahl mir, eine Kernspintomografie machen zu lassen. Also ging ich am nächsten Morgen in die MRT-Praxis eines Hamburger Krankenhauses. Ich hatte überhaupt keine schlechte Vorahnung, sondern dachte, dass es maximal darum ginge, ein paar Tage mit dem Training auszusetzen. Im Wartezimmer daddelte ich gelangweilt an meinem Telefon herum, als der Arzt mich aufrief, um mir lapidar mizuteilen, dass mindestens ein Teilriss des vorderen Kreuzbandes im rechten Knie vorliege.

Ich hatte mir als Jugendlicher oft die Bänder im Fuß gerissen, weil mein Körper im Wachstum recht instabil war. Ich hatte diverse Knochenbrüche erlitten – Handgelenke, Nase, einmal sogar eine Schädel- und Jochbeinfraktur, als ich in der Halle das Knie eines Gegenspielers ins Gesicht bekam. Aber das waren alles Verletzungen, die mich nicht länger als einen Monat beschäftigt hatten. Und nun sollte ich plötzlich einen Kreuzbandriss haben? Das, wovor Sportler sich so fürchten, weil es in der Regel mindestens ein halbes Jahr Pause bedeutet? Ich stand unter Schock, konnte nicht einmal heulen, obwohl mir genau danach zumute war.

Der erste Gedanke, der mir durch den Kopf schoss: Es sind nur noch zehn Monate bis London! Und nur noch acht, bis die Nominierungen bekannt gegeben werden! Es ist verrückt, dass man in solchen Momenten nicht in erster Linie daran denkt, was eine solche Verletzung für den eigenen Körper bedeutet oder welche Auswirkungen es auf das Alltagsleben haben wird. Der alles beherrschende Gedanke war zunächst: Du musst es unbedingt in den Olympiakader schaffen! Und danach kamen sofort auch die Zweifel: War es das jetzt, vielleicht für immer? Glücklicherweise stellte sich heraus, dass nur das vordere Kreuzband betroffen war. Oftmals gehen mit Kreuzbandrissen auch Totalschäden im Knie einher, die nicht nur sehr schmerzhaft sind, sondern auch Operationen und im Anschluss daran lange Rehabilitationszeiten erfordern. Bei mir war die Substanz so gut, dass ich nach drei Wochen Pause, nach denen die Schwellung im Knie vollständig verschwunden war, ohne OP mit der Reha anfangen konnte. Das war am 29. September 2011. Zuvor war ich von Arzt zu Arzt gelaufen, um verschiedene Meinungen über das weitere Vorgehen einzuholen, und auf Anraten unseres UHC-Vereinsarztes Jörg Huhnholz und des Hamburger Kniespezialisten Carsten Lütten hatte ich mich schließlich gegen eine Operation entschieden.

Für mich war klar, dass mein vorderes Kreuzband nicht wieder so zusammenwachsen würde, dass es die Haltefunktion ausfüllen könnte, für die es in unserem Körper vorgesehen ist. Das bedeutete, ich musste die Muskulatur um die betroffene Region herum so stark aufrüsten, dass sie die Funktion des Kreuzbandes mit übernehmen konnte. Rund 25 Prozent der Halte- und Stützarbeit verrichtet das Kreuzband, also wusste ich, was mein Ziel war: mindestens 25 Prozent.

Zum Glück hatten mein Athletikcoach Rainer Sonnenburg und der Trainingswissenschaftler Norbert Sibum vom Olympiastützpunkt vom ersten Tag an keinen Zweifel daran – und sie ließen auch keinen zu –, dass ich bis zu den Olympischen Spielen in London wieder fit sein würde. Und deren Optimismus habe ich mir dann zu eigen gemacht. Rainer hat mich durch diese Zeit gepusht, mit ihm hatte ich fachlich wahrscheinlich den besten Mann an meiner Seite gehabt. Ich habe während der Reha kein einziges Mal daran gedacht, aufzugeben. Mir war immer klar: Wenn ich alles investiere, was möglich ist, dann packe ich es.

Tatsächlich habe ich vom 29. September an alles andere beiseitegeschoben und mich voll und ganz auf die Genesung konzentriert. Ich habe ein Urlaubssemester eingelegt, um jeden Tag meine zwei Trainingseinheiten durchziehen zu können, immer nach dem gleichen Muster: Morgens fuhr ich zum Olympiastützpunkt, hatte dort zwei Stunden Physiotherapie, Aquajogging, Lymphdrainage oder trainierte den Oberkörper, und nachmittags wiederholte sich das Ganze. Zwölf Einheiten pro Woche, 20 bis 25 Stunden Training, und das vier Monate lang, von Anfang Oktober bis Ende Januar. Nur am Wochenende gab es einen freien Tag.

Man mag sich vielleicht wundern, dass diese Eintönigkeit mich, der am Hockey vor allem das Spielen liebt, nicht mürbe gemacht hat. Aber zum ersten Mal hatte ich die Gelegenheit, über den Hockeykosmos-Tellerrand zu schauen. Am Olympiastützpunkt trainieren Schwimmer, Ruderer, Beachvolleyballer, und weil ich nach dem Vormittagstraining oft zum Mittagessen dort blieb, lernte ich in dieser Zeit viele andere Sportler besser kennen. Freundschaften wie die mit den Topschwimmern Steffen und Markus Deibler, Ruder-Olympiasieger Eric Johannesen oder Beachvolleyball-Ass Laura Ludwig sind damals entstanden. Das „Team Hamburg" füllte sich für mich in der Reha-Phase, in dem alle Olympia-Kaderathleten der Stadt gefördert werden, mit Leben.

Und es gab noch einen angenehmen Nebenaspekt. In der Zeit zwischen Mittagessen und Nachmittagstraining war ich fast täglich auf dem Golfplatz im Golfclub Hamburg-Walddörfer, um allein ein paar Bälle zu schlagen. Manchmal nur auf der Driving Range, manchmal spielte ich aber auch neun Löcher. Hier fand ich die nötige Ruhe, um mich auf mich selbst zu konzentrieren – eine sehr wichtige Zeit, denn beim Hockey und in der Reha war ich immer von vielen Menschen umgeben. (Und ganz nebenbei lernte ich das Golfspielen, das heute zu meinen größten Hobbys zählt.)

Zum Hockey hielt ich in dieser Phase eher Abstand. Natürlich ging ich an den Wochenenden zu den UHC-Spielen, aber mich quälte es, nur zuschauen zu können. Ich teilte mir damals eine Wohnung am Turmweg mit Alessio Ress und Bene Sperling, die damals beim Club an der Alster, einem unserer größten Konkurrenten aus der Bundesliga, spielten. Aber statt mit ihnen darüber zu reden, verbrachte ich viele Stunden im Café „Swedish Cream" an der Rothenbaumchaussee, wo ich meinen inneren Frieden zu finden hoffte.

Viele Athleten sagen, dass die Reha nach einer Verletzung nicht nur körperlich immens anstrengend ist, sondern auch mental. Jeden Tag muss man sich aufs Neue motivieren, Übungen zu machen, die keinen Spaß bringen. Zum Glück war es bei mir nicht so extrem. Immer mit meinem Ziel vor Augen, habe ich keine einzige Trainingseinheit versäumt. Aber abends zog ich nicht nur einmal um die Häuser – ich hatte ja keinen Wettkampf, keine Verantwortung für das Team –, um beim Vormittagstraining mit einer Alkoholfahne aufzutauchen.

Man sagt uns Hockeyspielern ja nicht zu Unrecht nach, dass wir im Feiern ganz vorn dabei sind, und ich werde an anderen Stellen in diesem Buch auch noch darauf eingehen. Fakt ist, und das habe ich in jener Zeit besonders gespürt, dass Teamsportler häufig eine bessere Mischung aus Anspannung und Entspannung finden, während Einzelsportler sich oft viel zu sehr unter Druck setzen und aus Angst, an körperlicher Leistungsfähigkeit einzubüßen, keine Ventile zulassen, um Druck abzubauen. Ich bin überzeugt, dass der positive Effekt, den es für den Kopf hat, wenn man mal über die Stränge schlägt, viel wichtiger ist als der negative Effekt für die körperliche Leistungsfähigkeit.

Wichtig ist, dass man danach die nötige Anspannung wieder aufbauen kann. Durch das Training in der Reha spürte ich, wie ich von Tag zu Tag fitter wurde. Daraus zog ich meine Motivation, sodass der Frust über die schwere Verletzung fast in Euphorie umschlug. Und als im Februar 2012 der Fitnesstest der

Nationalmannschaft in Mannheim anstand, hatte ich nicht 25 Prozent mehr Haltekraft aufgebaut, sondern 40 Prozent. Ich konnte unter Vollbelastung alle Übungen mitmachen. Bundestrainer Markus Weise hatte, zum ersten und auch einzigen Mal, für den Lehrgang ein Punktesystem eingeführt, mit dem er alle Bereiche, die getestet wurden, bewertete. Nachdem die Champions Trophy 2011 in Neuseeland nicht gut gelaufen war, wollte er sichergehen, dass sich niemand auf dem EM-Titel 2011 ausruhte. Ich hatte mit Abstand die besten Werte, und das passte zu meinem Selbstgefühl. Ich war nach den vier Monaten Rehatraining körperlich so gut drauf wie nie zuvor – und eigentlich auch nie wieder danach in meiner Karriere.

Ich erinnere mich, wie mich Stefan Kermas, der damalige Assistent Weises und heutige Bundestrainer, beiseite nahm und mir sagte, wie beeindruckend er meine Performance fand. Das hat mir noch mal mehr Kraft gegeben. Tatsächlich habe ich nur in einer einzigen Situation kurz an meine Verletzung gedacht, bei einer Sprintübung mit 180-Grad-Richtungswechsel in vollem Tempo. Da überlegte ich kurz, ob mein Knie halten würde, aber ich machte trotzdem mit, und alles ging gut.

Bereits ein halbes Jahr nach dem Kreuzbandriss flog ich also Anfang März 2012 mit dem Olympiakader zum Zentrallehrgang nach Südafrika. In Kapstadt konnte ich spielerisch und athletisch alle Anforderungen erfüllen – und fühlte mich wieder als vollwertiges Mitglied der Nationalmannschaft. Es war eine Mischung aus Stolz, Glück und Erleichterung, die sich in mir breitmachte. Ich hatte mir und allen anderen bewiesen, dass ich es ohne Operation nach London schaffen konnte.

Ausruhen konnte ich mich auf diesem Glücksgefühl keineswegs, denn der Weg nach Olympia führte über die Rückrunde in der Feldbundesligasaison. Als Krönung gewannen wir mit dem UHC zum dritten Mal die Euro Hockey League. Und mit dieser Euphorie ging es dann im August nach London. Meine drei Olympiateilnahmen sind selbstverständlich separate Kapitel wert. Aber das Gold in England muss hier Erwähnung finden, weil es in dem sportlichen und privaten Wellenbad, das die 15 Monate Wahnsinn darstellten, der sportliche Höhepunkt war. Ich persönlich habe dort gut gespielt, aber nicht überragend, die Leistung bei der EM 2011 erreichte ich nicht ganz.

Dafür funktionierte das Team umso besser, ich erinnere mich am liebsten an das Halbfinale gegen Weltmeister Australien, das wir mit 4:2 gewannen. Ich spielte mit Tobi Hauke, Christopher Wesley, Jan-Philipp Rabente und Oliver Korn im Mittelfeld, und wir verloren über die gesamte Spielzeit so gut wie keinen Ball. Das war eins der drei besten Länderspiele meiner Karriere, und es führte mir vor Augen, wie eng im Sport Erfolg und Enttäuschung beieinanderliegen: Eine verrückte Zeit der Extreme, und der Olympiasieg war auf der Verrücktheitsskala der höchste Ausschlag nach oben.

Das Sahnehäubchen auf meiner persönlichen Torte sollte allerdings im Dezember 2012 folgen. Ich war zur Saison 2012/13 gemeinsam mit meinen Nationalmannschaftskollegen Oskar Deecke und Oliver Korn zum Club de Campo nach Madrid gewechselt, weil ich gern ein Jahr im Ausland spielen wollte. Diese Entscheidung hatte ich in Kapstadt getroffen. Weil in Spanien die Feldsaison bis in den Dezember dauert, waren Oskar, Olli und ich die einzigen drei Olympiasieger von London, die Markus Weise in seinen Perspektivkader für die Champions Trophy in Melbourne berief. Wir steckten nicht in der Vorbereitung auf die Hallensaison, sondern waren noch voll mit Feldhockey beschäftigt.

Und so kam es, dass ich im fernen Australien nach einem Gruppenspiel gegen Neuseeland die höchste persönliche Auszeichnung erhielt, die es im Hockey gibt: die des Welthockeyspielers des Jahres. Seit ich 2007 zum ersten Mal für die Wahl zum Junioren-Welthockeyspieler nominiert worden war, träumte ich von diesem Titel. Als mir der damalige argentinische Weltverbandspräsident Leandro Negre die Medaille überreichte, war das die Krönung. Aber wie fühlt es sich an, als bester Hockeyspieler der Welt gekürt zu werden? Nun, um für so einen Titel nominiert zu werden, muss es ein Gesamtpaket geben: der EHL-Sieg mit dem UHC, der Olympiasieg mit Deutschland, dazu die Geschichte meines Comebacks – das alles hatte den Ausschlag dafür gegeben, diese Wahl gewinnen zu können. Aber der beste Einzelspieler war ich nicht. Ein Benny Wess beispielsweise hätte es mindestens genauso verdient gehabt – er war der beste Außenverteidiger der Welt. Sein Problem war, dass er „nur" ein unheimlich guter Hockeyspieler war. Es ist ein bisschen wie im Fußball, wo auch keiner an Ronaldo und Messi vorbeikommt, obwohl das objektiv gesehen unfair ist. Aber es geht eben um das Gesamtpaket, und das passte bei mir einfach. (Wobei ich mich ausdrücklich nicht mit Ronaldo und Messi vergleichen möchte. Höchstens mit Andres Iniesta, aber dazu später mehr.)

Ich persönlich finde, dass ich es 2011 viel eher verdient gehabt hätte, denn bei der EM war ich so stark wie nie. Damals wurde jedoch der Australier Jamie Dwyer gewählt, obwohl er fast das ganze Jahr verletzt war und nur bei der Champions Trophy in Neuseeland glänzte, die ich mit meinem Kreuzbandriss verpasste. Aber Jamie hat mir danach eine sehr liebe Nachricht geschrieben, dass er mir den Titel gönne.

Und wie wird ein solcher Titel gefeiert? Eigentlich eher unspektakulär. Es gibt keine Gala in Zürich oder irgendeine große Zeremonie. Die Übergabe fand einfach so direkt nach einem Gruppenspiel der Champions Trophy statt. Ich war mit meinem UHC-Teamkollegen Tom Mieling auf einem Zimmer, wir haben ein Foto von uns mit der Auszeichnung gepostet. Ein Preisgeld gibt es natürlich auch nicht, man erhält eine Medaille, die schon am ersten Abend kaputt gegangen ist. Heute weiß ich leider gar nicht mehr, wo sie ist. Ich bin ein sehr schlechter Sammler von Erinnerungsstücken. Außer meinen drei Olympiamedaillen habe ich nichts aufbewahrt, was mich an die Stationen meiner Karriere erinnert.

Der Bundestrainer hielt eine sehr nette und bewegende Ansprache, in der er daran erinnerte, dass er mir 2010 gesagt hatte, ich hätte das Potenzial zum Welthockeyspieler, müsse dafür aber noch einiges an Leistung drauflegen. Und dass er stolz sei, dass ich das habe umsetzen können. Und das war es auch schon. Das Turnier ging weiter, und als neuer Welthockeyspieler war es umso schwieriger, dem Erwartungsdruck standzuhalten, da jetzt alle noch genauer auf mich schauten.

Der Abend hielt für mich aber noch einen weiteren und viel bedeutenderen Erfolg bereit, denn erstmals seit unserer Trennung im Juni 2011 erhielt ich eine persönliche Nachricht von Steph, um die ich in den Monaten zuvor gekämpft hatte. Bis dahin hatte sie jeden Kontakt gemieden. Das war der Beginn der Annäherung, die uns im Sommer 2013 wieder zusammenführte.

Waren die 15 Monate Wahnsinn von September 2011 bis Dezember 2012 die wichtigste Phase in meiner persönlichen Entwicklung? Auch wenn drei sportliche Highlights innerhalb dieser Zeit dafür sprechen, waren viele Wochen auch gar nicht schön, es war viel Kampf und Krampf, Schweiß und Quälerei notwendig. Dennoch glaube ich, dass ich damals erkannt habe, was mir wirklich wichtig ist im Leben. Ich habe gespürt, was mir mein Sport bedeutet, aber auch, wie wichtig mir Familie und Freunde sind. Ich hatte sehr viel Zuspruch, allen voran von meinem engsten Vertrauten Mo Falcke, mit dem ich über alles reden konnte.

Aber vor allem habe ich gelernt, mich selbst kritisch zu sehen. Ich glaube, dass es sehr wichtig ist, einmal im Leben den Punkt zu erreichen, an dem man sich und sein bisheriges Tun hinterfragt und etwas verändert. Es war mir eben nicht egal, was andere von mir halten, ich war nicht so sehr mit mir im Reinen. Die Egal-Haltung war eine ziemlich narzisstische Attitüde. Um zu dieser Erkenntnis zu gelangen, brauchte es sehr viel Selbsterkenntnis. Für mich war es in der Phase interessant zu sehen, wie Veränderungen, die ich bewusst vornehmen wollte, auch von meinem Umfeld wahrgenommen wurden. Deshalb kann ich sagen, dass die 15 Monate Wahnsinn viel zu dem beigetragen haben, der ich heute bin. Was auf dem Weg dorthin passierte und wie all das meinen Blick auf den Sport und die Gesellschaft geprägt hat – davon möchte ich euch in diesem Buch berichten.

ERSTES VIERTEL: MEIN GROSSWERDEN

KAPITEL 2

WARUM HOCKEY?
MEINE ANFÄNGE IM SPORT

In Deutschland, sagt man, spielt jeder Junge irgendwann in seinem Leben einmal Fußball im Verein. Nun, dann bin ich wohl eine dieser Ausnahmen, die die Regel bestätigen. Ich mag Fußball sehr, und ich habe wirklich unendlich viele Stunden mit Kicken verbracht. Aber eben immer nur zum Spaß, denn im Verein gab es für mich nur zwei Sportarten: Hockey und Tennis. Das mag niemanden verwundern, der weiß, dass mein Heimatverein Uhlenhorster HC nur diese beiden Sportarten anbietet. Trotzdem hätte es genügend Möglichkeiten gegeben, in einer Millionenstadt wie Hamburg in einem Klub in meiner Nähe Fußball zu spielen. Für mich stellte sich diese Frage nie.

Hockey, das war der Sport, den mein Vater Peter liebte, deshalb war mein Weg wohl vorherbestimmt. Er hatte es selbst zwar nicht in die Bundesliga geschafft, aber für den Klipper THC, einen der Traditionsklubs im Hamburger Nordosten, und für unseren UHC in der Zweiten Hockey-Bundesliga gespielt. Deshalb war es für mich von Anfang an selbstverständlich, mit auf den Platz zu gehen. Natürlich habe ich daran keine aktiven Erinnerungen mehr, aber wie solche frühkindlichen Erfahrungen unterbewusst prägen, sehe ich heute selbst an meiner Tochter Emma, die mit ihren drei Jahren in den Spielpausen auch schon über den Kunstrasen flitzt und erste Schlagversuche macht. So war das bei mir auch.

Meine ersten Trainingseinheiten im UHC-Kindergarten hatte ich als Sechsjähriger. Früher ging es nicht, da wir zweieinhalb Jahre in Hirscheid, einer Kleinstadt nahe Bamberg, gelebt hatten. Dort war Hockey kein Thema, aber als wir 1989 nach Hamburg zurückkehrten, konnte ich endlich mit dem Hockey anfangen. Wir wohnten damals in Wellingsbüttel, nur durch einen Gartenzaun von der Anlage des noblen Clubs an der Alster getrennt. Ich hätte also genauso gut dort landen können. Aber mein Vater war halt UHC-ler, und so hatten wir – mein Bruder Jonas ist zwei Jahre jünger als ich – zwar zehn Minuten Fahrtweg zum Training mehr, spielten dafür aber im Herzensverein unseres Vaters. Und das sollte einige Jahre lang so bleiben.

Ich erinnere nicht viel aus der ganz frühen Zeit, Hockey stand da sowieso noch nicht im Fokus. Aktiv setzen meine Erinnerungen erst im C-Knaben-Bereich ein. Da war ich sieben Jahre alt und hatte einen Trainer, der mich nachhaltig geprägt hat. Siegfried „Siggi" Lück ist der Vater unseres heutigen Klubwirts Steffen Lück. Mittlerweile ist er über 80, kommt aber immer noch zu den Heimspielen der UHC-Herren und sagt mir nach dem Spiel, was falsch gelaufen ist. Siggi hat eine echte Berliner Schnauze, und seine Sprüche haben sich tief in mein Bewusstsein eingebrannt. „Da sind ja meine Rennschnecken schneller", rief er immer, wenn wir im Training zu langsam liefen. Und er liebte es, uns den „Bauerntrick" beizubringen: Mit Tempo auf den Gegner zulaufen, den Ball auf der einen Seite an ihm vorbeilegen und auf der anderen Seite vorbeilaufen. Den haben wir wirklich in jedem Training geübt.

Lücki war ein Trainer der alten Schule, eine Respektsperson – und zugleich ein Vertrauter wie ein Großvater. Er versuchte immer, uns zu pushen und das Beste aus uns herauszuholen, aber dabei den Spaß nicht zu vergessen. Immer gut gelaunt konnte man ihm wirklich nie böse sein. Was ich von einigen anderen meiner Trainer nicht sagen kann, aber dazu später mehr. Rückblickend behaupte ich, dass er ein wichtiger Faktor dafür war, dass ich so lange beim Hockey geblieben bin, denn er vermittelte mir, dass Sport in erster Linie mit Spaß zu tun haben sollte.

Einmal hat er uns für den zweitrangigen Pokalwettbewerb angemeldet anstatt für die Meisterschaftsrunde. Heute würden 20 Eltern versuchen, den Trainer dafür zu feuern, dass er die

Mannschaft freiwillig für den schwächeren Wettbewerb meldet. Aber für uns war das eine tolle Erfahrung, weil wir mehr Spiele und am Ende sogar den Pokal gewannen. Lücki hatte uns damit gezeigt, dass Erfolg in der Jugend zwar wichtig, aber nicht alles ist. Natürlich wollten wir erfolgreich sein und unsere Spiele gewinnen. Aber vorrangig ging es darum, in einer Gemeinschaft etwas zu erleben. Und das war für mich der Reiz am Hockey im Verein.

Im Hockey hatte ich meinen Freundeskreis. Viele meiner Kumpels aus der Schule waren auch beim UHC. Mein bester Freund, Alex Plum, der in unserer Straße wohnte, spielte auch in meinem Team, wir fuhren gemeinsam mit dem Rad zum Training. Jedes Jahr hatten wir ein Pfingstturnier in Berlin, an dem rund 100 Mannschaften aller Altersklassen teilnahmen. Für mich war das immer der Höhepunkt des Jahres. Mit mehreren UHC-Teams ging es in einem Reisebus nach Berlin, und als einer der Kleinen durfte ich für die älteren Jahrgänge, die im Bus hinten saßen, kleine Liebesbriefe zu den Mädchenteams nach vorn tragen. Mann, was war ich stolz!

An diese Zeit erinnere ich mich sehr gern zurück, weil es einfach darum ging, Zeit mit seinen Freunden zu verbringen und nebenbei auch noch Hockey zu spielen. Im B-Knaben-Bereich hatten wir mal ein Endrundenspiel der Hamburger Meisterschaft auf Naturrasen gegen Großflottbek, den Erzrivalen aus dem Hamburger Westen. Dort spielte Philip Witte, mit dem ich 2008 in Peking Olympiasieger werden sollte. Vor dem Spiel waren wir zusammen in ein an den Platz angrenzendes Maisfeld gestürmt und hatten dort mit unseren Hockeyschlägern Maiskolben heruntergeschlagen. Erst als unsere Trainer laut nach uns riefen, merkten wir, dass wir auf den Platz mussten. Die Prioritäten waren also klar gesetzt, und diese Unbeschwertheit habe ich sehr genossen.

Im Alter zwischen sieben und 16 hatte ich keinerlei Vision davon, was ich im Hockey mal erreichen wollte. Abseits meiner eigenen Spiele war dieser Sport Nebensache. An die Olympischen Spiele 1992, 1996 und 2000 habe ich viele Erinnerungen, weil ich sie im Fernsehen verfolgt habe, aber Hockey habe ich gar nicht geschaut. Ich kannte auch keinen der Bundesliga- oder Nationalspieler. Mein Sportheld war Boris Becker, was sicherlich auch daran lag, dass ich besser Tennis als Hockey spielte. Ich hatte mit sieben Jahren angefangen, das Racket zu schwingen. Einer meiner Teamkameraden war Mischa Zverev, der heute erfolgreicher Profi ist und dessen Vater Alexander uns trainierte. Für den UHC nahm ich an Mannschaftswettkämpfen und an Hamburger Meisterschaften teil. Tennis war mir so wichtig, dass ich vor Medenspielen, die unter der Woche stattfanden, in der Schule kaum stillsitzen konnte, weil ich so aufgeregt war. Einmal konnte mich meine Mutter nicht zur vereinbarten Zeit aus der Schule abholen und zum Tennis fahren, weil sie einen schweren Hörsturz erlitten hatte. Ich war verzweifelt und lief, in Tränen aufgelöst, siebeneinhalb Kilometer zu Fuß nach Hause, um von dort mit dem Rad in den Klub zu rasen. Immerhin kam ich noch rechtzeitig, um Doppel spielen zu können.

Mit 15, als die Schulzeit auf dem Gymnasium langsam in die entscheidende Phase ging, stellte meine Mutter mich vor die Wahl: Hockey oder Tennis? Beides war zeitlich einfach nicht mehr miteinander vereinbar, und auch wenn ich Tennis liebte und ich darin wahrscheinlich mehr Talent hatte, fiel mir die Entscheidung für Hockey leicht. Beim Tennis hatte ich nicht viele Freunde. Mit Mischa verstand ich mich gut – ich verfolge seine Karriere und die seines zehn Jahre jüngeren und inzwischen noch erfolgreicheren Bruders Sascha mit großem Respekt. Aber Hockey war meine Welt: Da waren die Jungs, mit denen ich abhängen wollte. Dieses Miteinander war und ist mir enorm wichtig, ich wollte immer lieber mit meinen Freunden spielen als gegen sie.

Nie habe ich ein Training versäumt. Hockey, das ist für mich gleichzeitig Ort des mentalen Abschaltens wie auch des körperlichen Auspowerns, und dieses Zusammenspiel ist für mich unglaublich entspannend. Deshalb habe ich auch schon zwei Tage nach dem Tod meines Vaters, auf den ich im nächsten Kapitel näher eingehen werde, den Hockeyschläger wieder in die

Hand genommen; und am Tag, als mein Schwiegervater starb, ein Hallenbundesligaspiel gegen Braunschweig bestritten. Gerade in solchen Phasen ist Hockey für mich immer ein Ventil gewesen, das Geschehene zu verarbeiten. Und gleichzeitig auch das perfekte Zeichen, dass das Leben weiter geht, den Blick immer nach vorn gerichtet. Die Entscheidung für den Hockeysport habe ich kein einziges Mal bereut, obwohl ich manchmal schon gern wissen würde, wie weit ich es im Tennis hätte bringen können.

Bisweilen sinniere ich darüber – allein oder im Gespräch mit anderen Sportlern –, ob die Entscheidung zwischen Einzel- und Mannschaftssport eine Charakterfrage ist. Mit dem Golfprofi Martin Kaymer hatte ich eine sehr interessante Diskussion. Als ich ihn fragte, ob er sich bei Olympia neben dem Einzelwettkampf nicht auch einen Teamwettbewerb wünschen würde, um die Chance auf eine weitere Medaille zu haben, antwortete er, dass das der Horror für ihn wäre: die Vorstellung, dass ein Anderer mit einem schlechten Tag seine eigene Leistung kaputtmachen könnte. Darüber hatte ich bis dahin nie nachgedacht. Im Teamsport nimmt man in Kauf, dass Fehler, die jedem passieren können, dazugehören und man sie entweder gemeinsam ausbügelt oder verarbeitet.

Ein Einzelsportler denkt anders, und deshalb bin ich mir auch sicher, dass ich im Tennis nie so weit gekommen wäre wie im Hockey. Mir täte es nicht gut, mich zu viel mit mir selbst zu beschäftigen. Vor allem aber brauche ich die Gemeinschaft, um mich überhaupt zum Training zu motivieren, wenigstens dann, wenn Schläger und Ball nicht berührt werden, sondern Kondition oder Kraft gebolzt werden müssen. Wenn ich diese vielen hundert Einheiten, die ich in meiner Laufbahn absolviert habe, nur für mich hätte machen müssen, dann hätte ich wahrscheinlich maximal zehn Prozent hinter mich gebracht. Zu wissen, dass die anderen Jungs auch da sind, und dass sie erwarten können, dass ich mich für sie quäle, hat mich immer wieder den inneren Schweinehund überwinden lassen.

Wenn Ball und Schläger im Spiel waren, dann war sowieso alles gut. Den Impuls, den Hockeyschläger an den Nagel zu hängen, habe ich tatsächlich nicht ein einziges Mal gehabt. Nur einmal war ich kurz davor. Mit 16 Jahren als B-Jugend-Spieler fühlte ich mich von meinem damaligen Trainer Frank Hänel so ungerecht behandelt, dass ich das erste und einzige Mal in meinem Leben meine Mutter bat, ein Gespräch mit einem meiner Coaches zu führen. Das tat sie auch, kam aber mit der Antwort zurück, dass ich mich entspannen könne. „Der Trainer sagt, so lange er dich anschreit, könntest du sicher sein, dass er dich gut findet. Erst wenn er dich links liegen lässt, musst du dir Sorgen machen." Das reichte mir als Antwort, damit kam ich klar.

Ansonsten gab es keine Sinnkrisen in meiner Jugend, was wohl auch daran lag, dass ich ein untypischer Teenager war. Angesichts des Rufs als Partytier, den wir Hockeyspieler irgendwie alle haben, mag das vielleicht sonderbar klingen, aber ich war nie der große Rebell, sondern eigentlich ziemlich brav. Bei einem Schulausflug in der sechsten Klasse sind wir mal vor der Scientology-Kirche in der Hamburger Innenstadt hängen geblieben. Keiner wusste, was das war, und irgendwann kam ein Scientologe raus und fragte, ob wir nicht mal reinkommen wollten. Alle sind mitgegangen, nur ich nicht. Warum, weiß ich nicht, es fühlte sich einfach falsch an, dort hineinzugehen. Ich rief stattdessen von einer Telefonzelle aus meine Mutter an, damit sie mich abholte. Sie war stolz, dass ich nicht mitgegangen war. Und ich war stolz, weil Mama stolz war. Natürlich hatte ich auch meinen eigenen Kopf und habe Mist gebaut. Einmal habe ich mit einem Kumpel Mercedessterne von parkenden Autos abgebrochen und sie in der Schule verteilt. Warum? Weiß ich nicht. Wahrscheinlich dachte ich, das wäre cool. Ebenso wie an dem Tag, als wir ein Klassenzimmer mit Deospray einnebelten und ein Lehrer mit Hausstauballergie deshalb einen schweren Asthmaanfall bekam. Aber grundsätzlich war ich relativ angepasst. Als Jugendlicher blieb ich nie länger weg, als ich durfte, hatte aber trotzdem nicht das Gefühl, irgendetwas verpasst zu haben. Ich konnte auf Schulpartys gehen und trotzdem am nächsten Tag auf dem Hockeyplatz gut spielen. Verzicht kannte ich nicht, mir hat es immer Spaß gemacht, auch weil ich meinen Freundeskreis ja im Sport hatte und wir uns gegenseitig bestärkten. Die Hockeywelt war mein zweites Zuhause und das Verständnis, was man gegenseitig füreinander aufbrachte, machte meinen Freundeskreis aus..

Jeder Sportart haften Klischees an, und über Hockey sagt man, es sei ein elitärer Sport für Leute, die ihre Poloshirts mit hochgestelltem Kragen tragen. Hab ich zwar wirklich selten getan, aber es gab früher einige Jungs, die sogar Haarspray benutzten, damit der Stehkragen selbst im Bett noch aufrecht stand. Sicherlich ist es auch nicht wegzudiskutieren, dass Hockeyspieler mehrheitlich aus einem sozial starken Umfeld kommen. Die finanziellen Hürden durch die nicht unerheblichen Jahresbeiträge in den Vereinen sind hoch, keine Frage. Aber ob man deswegen von Ausgrenzung sprechen muss?

Mit der Frage, wann ich gemerkt habe, dass ich es im Hockey in die Weltklasse schaffen könnte, werde ich häufiger konfrontiert. Die Antwort darauf ist: eigentlich erst, als ich kurz davor war, den Schritt zu machen. In meiner Kindheit und Jugend stand tatsächlich, wie eingangs beschrieben, der Spaß im Vordergrund. Die Tatsache, dass ich in keiner Jugend-Nationalmannschaft gespielt habe, unterstreicht das. Ich stand mit dem UHC auch niemals in einer Endrunde um die deutsche Meisterschaft.

Einmal, im A-Knaben-Alter, waren wir ganz kurz davor, es in der Halle zu packen. Im Spiel um Platz drei bei der nordostdeutschen Meisterschaft hätten wir gegen Rissen gewinnen müssen. Wir führten 4:0, und ein Rissener Spieler hatte, was in dieser Altersklasse höchst selten war, eine Rote Karte gesehen, weil er unseren Torhüter Maxi Paulus mit einem Roundhouse-Kick gegen den Brustpanzer umgetreten hatte. Wir spielten also in Überzahl, schafften es aber trotzdem noch, das Spiel 4:5 zu verlieren – irgendwie sinnbildlich für meine damalige Mannschaft. Wir waren zwar nicht schlecht, aber unsere Priorität war die Hamburger Meisterschaft. Alles, was darüber hinausging, konnten wir uns nicht vorstellen.

So war der Hamburger Hallenmeistertitel mit den B-Knaben lange der einzige Titel, den wir gewinnen konnten – bis wir es in unserem letzten Jahr im A-Jugend-Bereich noch einmal schafften: 2001, als wir in der Halle des Clubs an der Alster im Finale gegen den Großflottbeker THGC spielten, die damals klarer Favorit waren, weil sie den Eckenspezialisten John Patrick Appelt in ihren Reihen hatten. Bei uns stand mit Dirk Feldmann ein Feldspieler im Tor, weil unser Keeper Maxi Paulus, der heute in den USA ein Imperium von mehr als 40 Hotels leitet, zum Studieren ins Ausland gegangen war. Dirk hielt beim Stand von 5:4 für uns eine Schlussecke sensationell, sodass wir die große Überraschung schafften. Das war mein größter Erfolg im Jugendbereich!

Was mich betraf, so zählte ich in meiner Mannschaft zwar sicherlich zu den besten Spielern und war letztlich der Einzige, der es später in den Bundesligakader schaffte. Aber in Hamburg gehörte ich nicht zu den absoluten Topspielern. Körperlich eher schlaksig und schmächtig spielte ich keine feste Position; wie fast jeder Junge liebte ich es, Tore zu schießen. Das hat sich bis heute nicht geändert. Den Job als Innenverteidiger kann ich nur annehmen, weil ich die Strafecken und Siebenmeter schießen darf und so immer wieder auch Tore erzielen kann.

Auf der Mittelfeldposition spielte ich mich eigentlich erst nach dem Wechsel zu den Herren fest. Es machte mir schon immer Spaß, das Spiel zu gestalten und aus dem offensiven Mittelfeld heraus torgefährlich zu agieren. Dass man auf der Position an fast allen Spielsituationen beteiligt war, gefiel mir. Ein Defensivmonster war ich nie, mir lag das kreative Element mehr am Herzen; wohl auch, weil meine Stärke darin liegt, eine gute Spielübersicht zu haben, ein gutes Auge für Passwege und -lücken, die andere oft nicht sehen. Außerdem bin ich schwer vom Ball zu trennen, weil ich das Tempo gut verschleppen und meinen Körper gut zwischen Ball und Gegner stellen kann.

All diese Fähigkeiten haben sich tatsächlich erst im Erwachsenenbereich entwickelt. Mein Durchbruch kam meiner

Wahrnehmung nach, als ich als 17-Jähriger mein erstes Bundesligaspiel bestreiten durfte. Eigentlich war ich mit der A-Jugend unterwegs zum Zeltturnier in Mönchengladbach, als am Samstagabend der Herren-Cheftrainer Frank Hänel, der mich in der Jugend so getriezt hatte, bei unserem Coach anrief und mich für den darauffolgenden Tag zum Spiel gegen Neuss anforderte. Also stieg ich in den Zug und reiste zurück nach Hamburg. Mein Bruder hatte mir, das erinnere ich noch genau, als Motivation einen Klebestreifen an die Küchenwand geklebt, auf dem stand: „UHC – Neuss 1:0, Torschütze M. Fürste". So kam es dann zwar nicht, wir siegten 2:1, aber ich spielte kaum und schoss auch kein Tor. Dennoch: Der Anfang war gemacht, und das war der Moment, in dem ich spürte, dass ich mehr erreichen wollte. Zur Saison 2002/03 gehörte ich fest zum Bundesligakader und habe im ersten Saisonspiel beim 3:3 bei Rot-Weiß Köln mein erstes Tor geschossen.

Und genau so hat sich meine Karriere über die Jahre gestaltet: Immer dann, wenn der nächste Schritt möglich war, konnte ich auch die nötige Leistung abrufen, weil ich ein realistisches Ziel vor Augen hatte. Ich gehörte im Sport nie zu denjenigen, die an das große Ganze gedacht haben. Mir hat es geholfen, dass es erst sehr spät um Leistung ging. Ich habe in meiner Zeit im Herrenbereich Spieler erlebt, die in der Jugend neun deutsche Endspiele in Serie gespielt hatten, bevor sie in den Herrenbereich wechselten. Wie willst du denen dann erklären, dass es das Größte ist, mit den Herren ein Finale zu spielen?

Für mich war es das aber. Als ich Bundesligaspieler war, träumte ich keineswegs vom Nationalkader. Der war für mich genauso weit weg wie die Fußballnationalmannschaft. Der Fokus lag darauf, ein guter Bundesligaspieler zu werden und irgendwann ein Endspiel mitmachen zu dürfen. So bin ich Schritt für Schritt weitergekommen und alles hat seinen Lauf genommen.

Bevor ich davon aber ausführlicher berichte, muss ich noch erklären, warum sich dieses Buch in 21 Kapitel gliedert. Die 21 ist meine Rückennummer, seit ich sieben Jahre alt bin. Damals wurden im Training die Trikots verteilt. Natürlich wollte ich eine der coolen einstelligen Nummern ergattern, aber mein Vater hatte sich verspätet, und ich kam erst an, als alle anderen schon gewählt hatten. Ich war völlig fertig und heulte. Mein Vater aber schaffte es, mir die 21 schmackhaft zu machen, indem er mir erklärte, dass beim HSV, seinem und unserem Lieblingsverein, ein Mittelfeldspieler namens Harald Spörl diese Rückennummer trüge und es doch wohl das Tollste der Welt wäre, wenn ich auch diese Nummer hätte. Fand ich dann auch toll, obwohl mir Harald Spörl nie besonders aufgefallen war. So ging ich freudestrahlend zum Trainer und wünschte mir die 21.

Seitdem habe ich im UHC diese Rückennummer gebucht. In der Nationalmannschaft musste ich dagegen bis 2012 warten, um sie zu bekommen. 2006, vor der Heim-WM in Mönchengladbach, weigerte sich der damals vierte Torwart, mein heutiger guter Freund Max Weinhold, sie herauszugeben, obwohl er nicht mal im Kader stand! Und weil er danach „leider" so gut wurde, dass er es bis zum Stammtorwart brachte und uns zwei Goldmedaillen bescherte, musste ich bis zu seinem Karriereende warten. Bis dahin trug ich für Deutschland die Neun, die im UHC mein Bruder Jonas hatte. Ein guter Ersatz!

Im Ernst: Ich bin nicht abergläubisch, habe auch im UHC schon mal mit anderen Rückennummern gespielt, wenn ich mal wieder so schusselig war und mein Trikot vergessen hatte. Aber ich verbinde schon viele Emotionen mit dieser Zahl. Wer meine Freunde fragt, was sie mit der 21 verbinden, werden sie meinen Namen nennen. Vor zehn Jahren habe ich mir die zwei Ziffern auf den linken Oberarm tätowieren lassen, trage sie so immer bei mir. Wenn ich hin und wieder einen Casinobesuch starte, setze ich immer einen Chip auf die 21. Ich könnte es nicht ertragen, wenn ein anderer mit „meiner" Zahl gewinnen würde.

Und letztlich erinnert mich die 21 natürlich auch an meinen Vater, den ich so früh verloren habe. An den Menschen, der meinen Weg in den Sport geebnet und der mir all das mitgegeben hat, wovon ich auf den kommenden Seiten mehr erzählen möchte.

KAPITEL 3

WIE EIN MOMENT ALLES VERÄNDERN KANN

An den Moment, der mein Leben auf den Kopf stellte, habe ich keine klaren Erinnerungen mehr. Vielleicht ist es gut, dass man traumatische Erlebnisse nicht so sehr im Gedächtnis behält, sodass sie einen nicht viele Jahre quälen können. Und sehr wahrscheinlich ist es normal, dass man als Neunjähriger nicht auf den Wortlaut achtet, mit dem die eigene Mutter das Unvorstellbare zu erklären versucht.

Ich weiß noch, dass mein Bruder Jonas und ich an jenem 29. September 1994 in bester Laune nach Hause kamen. Am Vortag waren wir zu einem Freund zur Übernachtung ausquartiert worden. Die Sonne schien, als wir mit den Fahrrädern an unserem Haus in Lemsahl-Mellingstedt vorfuhren. Meine Mutter lebt hier heute noch und es ist für uns immer noch der Ort, den wir Heimat nennen. Das Einzige, was anders war als sonst, waren die vielen Autos, die vor der Tür parkten. Das registrierte ich, dachte mir aber nichts dabei.

Im Haus waren viele Leute. Mama nahm uns in Empfang und führte uns ins gemeinsame Kinderzimmer. Und dann hat sie versucht, uns so schonend wie möglich, aber auch so offen wie nötig zu erklären, dass unser Papa Peter am Vortag an Bord der Autofähre *Estonia* gewesen war, die vor der finnischen Insel Utö gesunken war. Papa galt als vermisst; die Hoffnung, ihn lebend aus der 13 °C kalten Ostsee zu bergen, tendierte gegen null. Als Neunjähriger erfasst man die Tragweite einer solchen Nachricht natürlich nicht in vollem Umfang. Joni und ich weinten gemeinsam mit Mama und versuchten dann, uns mit Fußballspielen abzulenken. Aber das klappte natürlich nicht.

Was macht es mit einem neun Jahre alten Jungen, wenn er das Schlimmste erlebt, was er sich vorstellen konnte – außer vielleicht, beide Eltern auf einen Schlag zu verlieren? Natürlich habe ich mir diese Frage gestellt, noch viel öfter ist sie mir gestellt worden. Und natürlich habe ich auch versucht, Antworten auf diese Frage zu finden. Hat sich mein Charakter durch diesen Schicksalsschlag verändert? Wäre ich ein anderer geworden, wenn ich meinen Vater nicht verloren hätte?

Es mag sich komisch anhören, aber die aktiven Erinnerungen, die ich an meinen Vater habe, sind sehr diffus und auch nicht besonders zahlreich. Einerseits macht mich das manchmal traurig, andererseits ist es eine normale menschliche Reaktion, dass man vor allem negative Erinnerungen verdrängt, um nicht in jeder Situation an den Verlust denken zu müssen. Ein paar Bilder habe ich vor Augen, wenn ich an Papa denke. Wie er Joni hochhebt und ihn durchkitzelt und wir uns alle drei totlachen. Oder wie wir bei Sommerregen in Unterhosen durch den Garten toben und Mama uns dabei fotografiert. Papa hatte eine unheimlich positive, herzenswarme Ausstrahlung, er war ein total verspielter Vater, für den wir zwei Jungs einfach alles waren. Und er war ja selber noch sehr jung. 1994 war er gerade 37 Jahre alt.

Und dann gibt es diese unterbewussten Erinnerungen, die situationsbedingt aufwallen. Zum Beispiel liebe ich es, bei starkem Regen das Fenster zu öffnen und mit diesem Hintergrundgeräusch Tennis zu schauen. Das haben wir nämlich mit unserem Vater getan, im Hamburger Sommer, wenn es draußen schüttete. Dann öffnete er die Terrassentür, und wir saßen gemeinsam auf dem Sofa und schauten Wimbledon. Den Sport-Enthusiasmus, der Teil meiner DNA ist, den habe ich von meinem Vater. Und das ist auch eine meiner Hauptmotivationen, weshalb mir das Thema so sehr am Herzen liegt – glaube ich.

Und sein Hockeytalent habe ich auch geerbt. Auch wenn er nie Bundesliga gespielt hat, beschreiben ihn alte Freunde und Weggefährten als einen sehr talentierten Spieler, der aber vor allem dank seiner Art ein sehr beliebter Teamkollege war, für den bei allem Ehrgeiz immer der Spaß am Spiel im Vordergrund stand. Über die Jahre haben mir immer wieder Menschen, die ihn kannten, gesagt, dass ich ihm nicht nur wie aus dem Gesicht geschnitten ähnlich sehe, sondern auch vom Charakter und als Spielertyp sehr viel von ihm in mir vereinen würde. Ich höre das unheimlich gern und bin darüber sehr glücklich. Manchmal halten diese Weggefährten minutenlange Monologe darüber, was für ein besonderer Mensch mein Vater war. Als ich 25 Jahre alt war, ließ meine Mama mich die Briefe lesen, die Arbeitskollegen ihr nach seinem Tod geschickt hatten. Die waren herzzerreißend und haben mich tief bewegt. In dem Moment nahm ich mir vor: Ich möchte, dass die Leute später auch in dieser Art und Weise über mich sprechen. Dann hätte ich alles erreicht.

Die Monate nach Papas Tod waren selbstverständlich extrem schwer, vor allem jedoch für Mama und meine Oma. Drei Wochen vor dem *Estonia*-Unglück hatte Mama ihren Vater und Oma ihren Mann verloren. Nun blieb überhaupt keine Zeit mehr, den Verlust unseres Opas zu betrauern, weil es für meine Mama darum ging, Jonas und mir eine starke Stütze zu sein, und für Oma Tordis darum, ihrer Tochter beizustehen. Wenn ich mir heute, als zweifacher Vater, vorstelle, wie viel Kraft das erfordert haben muss, gibt es keine Worte, um den Respekt und die tiefe Dankbarkeit zu beschreiben, die ich dafür empfinde, was die beiden durchgemacht haben.

Man darf ja darüber hinaus nicht vergessen, dass der Tod des voll berufstätigen Vaters auch ein finanzieller Einschnitt ist. Mama hat sich das aber niemals anmerken lassen und uns immer das Gefühl gegeben, dass alles in Ordnung sei.

Natürlich litten Jonas und ich unter der Situation, wenn auch auf unterschiedliche Art. Joni ging mit dem Gefühl der Trauer offener um, er redete darüber und zeigte ohne Scham, wenn es ihm schlecht ging. Ich dagegen reagierte eher introvertiert und versuchte, stark zu sein. Mama hatte uns zwar gesagt, dass wir die Trauer zulassen sollten, wenn sie uns überkam. Aber ich sah, wie traurig Mama selbst war, und da wollte ich sie nicht noch trauriger machen dadurch, dass ich offen meine eigene Betroffenheit zeigte.

In der Schule geschah es bisweilen, dass ich an manchen Tagen aus der Klasse geholt wurde, um Joni zu trösten, wenn er von seiner Trauer übermannt wurde. Damals habe ich mich für ihn verantwortlich gefühlt. Heute denke ich, dass das eine ganz schöne Last für einen Zehnjährigen war. Aber in der Situation war es selbstverständlich: Ich wollte helfen, meine Mama zu entlasten, und ich wollte für meinen Bruder da sein.

Dabei ging es mir selbst manchmal auch sehr schlecht. Der Gedanke der Endlichkeit hat mich einige Jahre beschäftigt. Bis heute ist es für mich die deprimierendste Vorstellung, zu wissen, dass irgendwann das Ende kommt und man selber nicht mehr da ist. Zu wissen, dass mein Papa nicht mehr wiederkommen würde, war dagegen meine Realität. Joni und ich schauten in den Wochen nach dem Unglück manchmal heimlich die Nachrichten oder durchforsteten die Listen mit Namen der Vermissten, in der Hoffnung, irgendwo ein Zeichen zu entdecken, dass Papa doch noch leben könnte. Wir dachten, dass er sich vielleicht auf eine Insel gerettet hatte. Und auch wenn es natürlich völlig unrealistisch ist, verlässt einen diese Hoffnung nie so ganz. Sein Leichnam ist nie gefunden worden, es gibt deshalb auch kein Grab, an das wir gehen können. Mama hielt das nicht für richtig, und ich stimme ihr zu, während Jonas gern einen Ort gehabt hätte, an den er zum Trauern hätte gehen können.

Auch wenn das Leben schon am Tag, nachdem wir von Papas Tod erfahren hatten, weiterging wie zuvor, weil wir wieder in die Schule mussten, beherrschte mich viele Monate lang ein diffuses Gefühl, das ich irgendwann einfach als „Weltschmerz" bezeichnete. Das äußerte sich darin, dass ich auf Partys bei Freunden von einem auf den anderen Moment in tiefe Traurigkeit fiel. Der Auslöser konnte ein Musikstück sein, das mich berührte, oder irgendeine Situation, die Erinnerungen zurückholte. Ich habe mich dann meist im Badezimmer eingeschlossen und hemmungslos geheult, bis mich irgendwann meine Freunde rausholten, wenn ich mich wieder beruhigt hatte.

Natürlich war mir das unangenehm, aber das war meine Art, das Erlebte zu verarbeiten. Wobei ich den Begriff „verarbeiten" nicht mag, weil ein solch einschneidendes Erlebnis niemals verarbeitet werden kann, es bleibt für immer prägend. Mama hat sich häufig gefragt, ob ihre Art der Trauerbewältigung die richtige gewesen ist. Sie hat selbst nie professionelle psychologische Hilfe in Anspruch genommen und auch uns nicht damit in Berührung gebracht. Sie sah den Sinn darin nicht, in alten Wunden zu rühren und Erinnerungen heraufzubeschwören, und ich kann das nachvollziehen. Es gibt sowieso nicht den einen, richtigen Weg, mit einem solchen Erlebnis umzugehen. Jeder muss selbst herausfinden, was ihm hilft und was ihm guttut.

Ich selbst rede heute gern und offen über den Tod, allerdings nicht immer, nicht überall und auch nicht mit jedem. Zum 20. Jahrestag der *Estonia*-Katastrophe haben Mama, Joni und ich dem *Hamburger Abendblatt* unser einziges Interview zu dem Thema gegeben. Für uns war das eine Art Schlussstrich unter das Kapitel und die Chance, etwas zu haben, auf das wir verweisen können, wenn wieder Fragen dazu kommen. Ansonsten hatte Mama nie einen Sinn darin gesehen, das Private in der Öffentlichkeit auszubreiten.

Für mich kam irgendwann der Moment, als der Weltschmerz verschwand und auch nicht mehr wiederkehrte. Seitdem bin ich ein durchweg positiver Mensch, der sich ungern mit Problemen beschäftigt, sondern lieber in Lösungen denkt. Mein Glas ist immer halb voll. Ich halte es grundsätzlich für verschwendete Zeit, sich über Dinge Gedanken zu machen, die nicht mehr zu ändern sind. Deshalb lebe ich überhaupt nicht in der Vergangenheit, sondern immer im Hier und Jetzt.

Das gilt im Übrigen nicht nur für negative Dinge, sondern auch für Erfolge. Ich habe beispielsweise noch nie Aufzeichnungen der gewonnenen Olympia-Endspiele gesehen. Einzig meine Tore im Rio-Viertelfinale 2016 gegen Neuseeland, als wir in der Schlussminute aus einem 1:2 ein 3:2 gemacht haben, habe ich mehrfach gesehen, weil sie in Rückblick-Videos immer wieder laufen. Als ich in diesem Frühjahr für die TV-Serie *Ewige Helden*, an der ich als einer von acht Sportlern teilnehmen durfte, einen Rückblick auf mein Leben gezeigt bekam, gab es viele Bilder, die ich nicht kannte. Und schon beim ersten Video musste ich total losheulen. Es zeigte mich als Sechsjährigen, wie ich auf den Hockeyplatz renne und mein Vater mir als Betreuer unseres Teams auf den Po klopft. Ich hatte das Video selbst noch nie gesehen und war tief berührt.

Überhaupt würde ich mich als sehr emotionalen Menschen bezeichnen. Alles, was meine eigene kleine Familie, meine Frau Stephanie und meine Töchter Emma und Lotta, angeht, nimmt mich mit. Und ich bin ganz nah am Wasser gebaut. Ich habe eine hohe Affinität zu guter Musik und zu Menschen mit besonderen Talenten. Wenn ich in einer Castingshow einen richtig guten Sänger höre, ist es um mich geschehen, dann sind Tränen absolut gesetzt, da kann ich gar nichts machen.

Allerdings, und diese Einschränkung muss ich eingestehen, bin ich beim Thema Tod ziemlich abgestumpft, was mir manchmal Diskussionen mit meiner Frau einbringt. Sie nimmt Anteil daran, wenn eine Verwandte einer entfernten Bekannten stirbt, die sie gar nicht kennt. Ich sage dann immer: „Wenn ich so etwas an mich herankommen lassen würde, müsste ich den ganzen Tag traurig sein!" Wir leben in einer Zeit, in der in den Nachrichten von 137 Toten bei einem Anschlag in Kabul berichtet und im nächsten Atemzug das Ergebnis des Champions-League-Spiels vom Vorabend verkündet wird. Das ist manchmal verstörend, bedeutet aber schlicht und einfach, dass wir uns um unser eigenes Leben kümmern müssen.

Ich habe deshalb eine Art Schutzschild um mich herum hochgezogen. Wenn jemand im Alter von 25 das erste Mal mit dem Tod konfrontiert wird, weil ein Großelternteil stirbt, dann mag das traurig sein, aber letztlich ist es der normale Lauf des Lebens. Wer dagegen mit neun Jahren seinen Vater verliert, der hat das Furchtbarste erlebt, was ein Kind erleben kann. Daraus ist bei mir eine gewisse Härte entstanden, die mich Negativerlebnisse leichter ertragen lässt. Und wenn man so will, dann ist das das Positive, was ich aus Papas Tod mitgenommen habe, natürlich ohne darüber glücklich zu sein. Aber eine gefährdete Versetzung im Alter von 13 Jahren erscheint einfach weniger bedrohlich, wenn man weiß, was man schon überstanden hat. Und auch wenn dieses Beispiel natürlich sehr plakativ ist, so beschreibt es doch, wie ich über Negatives denke. Ich würde deshalb sagen, dass mich die Erfahrung, Papa zu verlieren, sehr früh hat reifen lassen.

Die Frage, was es mit mir gemacht hat, Papa viel zu früh zu verlieren, kann ich allerdings bis heute nicht schlüssig beantworten. Selbstverständlich war es einschneidend, keinen Mann als Rollenvorbild in der Familie zu haben, an dem man sich ausrichten und später vielleicht auch abarbeiten kann. Auch wenn Mama ihre Rolle als Alleinerziehende sensationell ausgefüllt hat und ich in vielen Lebenslagen Rat bei ihr finden konnte, war das eine Lücke, die da war, und wie ich sie kompensiert habe, kann ich gar nicht sagen.

Einen Vaterersatz gab es für mich nie, und ich meine sagen zu können, dass ich mich danach auch nie gesehnt habe. Wir hatten dank unserer Nachbarn Barbara und Helmut Stobbe, bei denen wir sehr viel Zeit verbrachten, und Steffi und Lutz Reiher, den besten Freunden meiner Mutter, großartige Ansprechpartner, die uns sehr geholfen haben. Und auch Thosi, der Halbbruder meines Vaters, und seine Frau Gerti haben sich sehr um Joni und mich gekümmert. Zudem sind einige ehemalige Mitspieler aus Papas Team heute, trotz des Altersunterschieds, gute Freunde für mich geworden. Das hat sich über die Jahre entwickelt, und wahrscheinlich waren all diese Einflüsse zusammengenommen eine Art Vaterersatz für mich.

Was der Tod meines Vaters für meine Karriere bedeutet hat? Ob die Reife und das Verantwortungsbewusstsein, die ich auf dem Platz ausstrahle, damit zusammenhängen, dass ich so früh erwachsen werden musste? Natürlich sind auch diese Fragen hypothetisch, aber ich glaube, dass das Gegenteil der Fall ist. Nach Papas Tod wollte ich vielmehr im Hockey Spaß und Glück erleben. Hockey gab mir die Möglichkeit, den Kopf freizubekommen und an schöne Dinge zu denken, deshalb habe ich auch drei Tage nach der schlimmen Todesnachricht schon wieder für den UHC gespielt – und gegen Großflottbek einen entscheidenden Siebenmeter verwandelt.

Ich wollte einfach glücklich sein, und dieses Glück fand ich bei meinen Freunden im Hockeyteam. An Leistung, Verantwortung oder solche Dinge habe ich damals gar nicht gedacht. Das kam erst viel später dazu, deshalb denke ich, dass Papas Tod auf meine Leistungssportkarriere keine konkreten Auswirkungen gehabt hat. Mit der Ausnahme vielleicht: Die Entscheidung für den Teamsport Hockey und gegen den Einzelsport Tennis habe ich auch deshalb getroffen, weil mir das Gefühl, in einem Team aufgefangen zu werden, anstatt auf mich allein gestellt zu sein, umso wichtiger war, weil ich gespürt hatte, wie sehr mir das geholfen hat, als es mir schlecht ging. Mir gefällt der Gedanke, dass alles auch so gelaufen wäre, wie es gelaufen ist, wenn Papa noch leben würde. Ich finde, man kann daraus Trost und Mut schöpfen, dass selbst härteste Einschnitte ein Leben nicht zwangsläufig kaputt machen müssen.

Natürlich wünsche ich mir manchmal, Papa hätte das alles erleben können. Viele, die ihn kannten, sagen, dass er der stolzeste Vater der Welt wäre. Aber nicht vorrangig, weil Joni und ich sportlich so erfolgreich geworden sind. Sondern deshalb, weil wir so geworden sind, wie er es war und wie er es für uns gewollt hätte. In den ersten Monaten nach seinem Tod habe ich ihn mir oft zurückgewünscht, aber nachdem ich die Realität angenommen hatte, habe ich nicht mehr häufig darüber nachgedacht, wie er sich fühlen würde. Dass ich nach beiden Olympiasiegen in den Himmel geschaut habe, ist eher unterbewusst passiert. Aber es zeigt, dass zwischen uns eine Verbindung existiert.

Auch heute noch habe ich Probleme mit dem Gedanken an die Endlichkeit des Lebens. Angst vor dem Tod ist das falsche Wort, es ist eher dieses Gefühl der Hilflosigkeit, das ich furchtbar finde. Der Tod verliert nicht den Schrecken, wenn er einem das genommen hat, was man am meisten liebt. Und seit ich selbst Kinder habe, ist da auch etwas, das ich mir noch schrecklicher vorstelle als den Verlust der eigenen Eltern.

Aber glücklicherweise habe ich die Gabe, solche negativen Gedanken herauszufiltern und sofort wegzuschieben, wenn sie auftreten. Ich finde das Leben so lebenswert, dass ich mir einfach nicht vorstellen will, wie es ist, nicht mehr da zu sein und auf einen Schlag nicht nur einen geliebten Menschen zu verlieren, sondern alle; auch wenn man selbst davon höchstwahrscheinlich gar nichts mitbekommt.

Im Berufsleben muss man Dinge von allen Seiten betrachten und auch einen Plan dafür haben, wenn der schlechteste Fall eintritt. Aber für das Leben und für den Sport braucht man kein Worst-Case-Szenario, sondern nur positive Energie. So wie mein Vater sie hatte. Dass er mir viel davon mit auf meinen Weg gegeben hat, war das Beste, was mir passieren konnte. Und dafür bin ich sehr dankbar.

KAPITEL 4

MEIN UHC

Das Paradies stellen viele Menschen sich vor wie einen endlosen Sandstrand mit Palmen und kristallklarem Wasser. Finde ich zwar auch schön, aber mein Paradies, das war viele Jahre lang die Anlage meines Heimatvereins Uhlenhorster HC. Ich weiß natürlich, dass wohl fast jeder Hockeyklub in Deutschland seine eigene Anlage als die schönste bezeichnet. Aber ich bin überzeugt davon, dass wir am Wesselblek im Hamburger Stadtteil Hummelsbüttel ein wirklich überragend schönes Gelände haben.

Als ich 1990 von meinen Eltern, die beide Mitglieder waren – mein Vater spielte Hockey, meine Mutter Tennis –, im UHC angemeldet wurde, sah die Anlage gar nicht so viel anders aus als heute. Der hintere Platz, der heute auch Kunstrasenbelag hat, war noch Naturrasen. Aber die große Tennis- und Hockeyhalle war schon da, der große Kunstrasenplatz auch. Am coolsten fanden wir als Kinder aber die vielen alten Bäume auf dem Gelände. Und weil es nur zwei Eingänge zur Anlage gibt und der Rest rundherum eingezäunt ist, durften wir als Kinder immer völlig unbeobachtet herumtoben. Einzige Regel: Die beiden Eingangstore durften nicht passiert werden. Ansonsten konnten wir tun, was wir wollten, und das haben wir absolut ausgekostet.

In meiner Jugend verbrachte ich bestimmt an vier Wochentagen meine Freizeit im Klub, die Punktspiele im Tennis und Hockey an den Wochenenden nicht mitgerechnet. Da mein Bruder Jonas zwei Jahre jünger ist und deshalb zu anderen Zeiten Training hatte, wurde ich einfach mit in den Klub genommen, weil meine Mutter natürlich nicht dauernd hin- und herfahren wollte. Wenn Joni trainierte, habe ich mit Freunden Fußball gespielt, und andersherum ging das genauso. Entsprechend viel

Zeit haben wir beim UHC verbracht, und natürlich entsteht so über die Jahre eine enorme Bindung an den Verein. Wir waren, später auch bedingt durch den Tod unseres Vaters, bekannt wie bunte Hunde, jeder hat sich um uns gekümmert und uns das Aufwachsen ein Stück weit zu erleichtern versucht.

Von den Jungs, mit denen ich gemeinsam mit dem Hockey angefangen habe, haben es nur Paddy Breitenstein und Moritz Falcke auch in die Bundesliga geschafft. Nicht zu vergessen Josip Somin, aber der musste dafür leider zum Harvestehuder THC wechseln, was für ihn und den HTHC gut war, für uns aber umso trauriger. Ich erinnere mich sehr gern an meine erste UHC-Clique, zu der auch Jungs wie Benny Plass, Matze Fahrenholtz oder Johannes Müller-Wieland gehörten.

Im Herrenbereich waren es anfangs Jungs wie Philip Sunkel, Bene Köpp und Jörg Schonhardt, die den Ton angaben. Dazu kam irgendwann Eike Duckwitz, ein ganz krasser Typ. Wenn jemand das komplette Gegenteil von mir ist, dann Eike. Er war einer, der spielerisch zunächst nicht weiter auffiel, und der dennoch einen Mörderjob in der Defensive machte. (Das bezieht sich ausschließlich aufs Spielerische und nicht auf den Menschen!) Ein Highlight war 2005 der Zugang von Carlos Nevado. Carlos, der von Frankfurt 1880 kam, war der erste Nationalspieler, den der UHC von außerhalb holen konnte. Später folgten dann mit Olli Korn, Philip Witte und Jan-Philipp Rabente weitere menschliche sowie sportliche Granaten, die den Verein prägten bzw. noch prägen.

Zu allen habe ich heute noch Kontakt, auch wenn Rabbi – Jan-Philipp Rabente – der Einzige ist, mit dem ich noch zusammenspiele. Mo Falcke ist sogar mein Trauzeuge. Und genau das ist es, was ich am Mannschaftssport so liebe: Dass es egal ist, wenn man sich mal Monate oder sogar Jahre nicht sieht, weil die alte Vertrautheit, die man über 25 Jahre aufgebaut hat, sofort wieder zurück ist, wenn man sich trifft. Das fällt mir besonders auf, wenn ich Linus Butt oder Oskar Deecke treffe, die in Krefeld spielen, und die ich trotz der räumlichen Entfernung zu meinen besten Freunden zähle.

In unserem Sport sprechen wir ja gern von der Hockeyfamilie. Vielleicht wird der Begriff manchmal etwas überstrapaziert, und ich weiß, dass Außenstehende über das „Hockeygeklüngel" bisweilen genervt die Nase rümpfen. Aber wenn es wirklich wichtig ist, kann man immer wieder spüren, dass da viel Wahres dran ist.

Ein Beispiel: Als wir im Sommer 2017 im Internet einen Aufruf starteten, um für unseren schottischen Mitspieler Michael Bremner eine Wohnung zu finden, was in Hamburg ungefähr so einfach ist wie die berühmte Nadel im Heuhaufen zu finden, hatten wir nach 24 Stunden ein Apartment zum halben Preis.

Und, noch beeindruckender: Als im Herbst 2017 ein Stammzellenspender für die an Leukämie erkrankte Großflottbeker Torhüterin Silja Paul gesucht wurde, hat es innerhalb weniger Wochen in ganz Deutschland Typisierungsaktionen vieler Hockeyspieler/-innen gegeben. Selbst in Mannheim, wo wir an einem Wochenende spielten, gab es diesbezüglich überall Hinweise und Aktionen. Und der Facebook-Post, den ich zu dem Thema geteilt habe, war der erfolgreichste, den ich je gemacht habe. Damit wurden fast 300.000 Menschen erreicht. In solchen Momenten bin ich sehr glücklich, zur Hockeyfamilie zu gehören.

Die DNA des UHC ist die Bodenständigkeit seiner Mitglieder und der Fokus auf die Jugendarbeit. Wir verstehen uns zu 100 Prozent als Familienklub, und auch wenn in den Leistungsmannschaften natürlich versucht wird, in der Spitze Gas zu geben, ist die Maxime, immer wieder Nachwuchs aus der eigenen Jugend an die Bundesliga heranzuführen. Wenn wir einen deutschen Spieler oder eine deutsche Spielerin von auswärts holen, dann muss er/sie internationale Klasse besitzen. Wenn wir jemanden aus dem Ausland holen, muss es ein Nationalspieler sein. Das ist unser Anspruch. Alles andere decken wir aus Eigenmitteln ab, da der UHC ohne große externe finanzielle Hilfe auskommen muss. Klar gibt es Unterstützung durch Sponsoren, das meiste Geld aber fließt immer noch aus Gönnertaschen in die Kassen. Damit basteln wir uns einen Etat, der allerdings mit dem der finanzstarken Klubs wie Rot-Weiß Köln, Mannheimer HC oder auch Club an der Alster nicht mithalten kann. Deshalb argumentieren wir vor allem mit Aspekten wie Zusammenhalt und Klubleben, wenn wir neue Mitglieder für uns begeistern wollen.

Es wäre allerdings eine furchtbare Missachtung ihrer Arbeit, wenn ich nicht die Menschen nennen würde, die alles dafür geben, den UHC auch finanziell angemessen auszustatten. Alles beginnt mit dem „Club der 50", das ist ein Zusammenschluss von Sponsoren, der vor mehr als 20 Jahren von Tommy Thomsen gegründet wurde. Tommy hat das Modelabel Venice aufgebaut, und mit dem „Club der 50" sammelt er zweckbezogen Sponsorengeld für die Belange der Ersten Hockeyherren des UHC ein. Wenn wir über Neuzugänge reden, sitzt er noch immer mit am Tisch, obwohl er aus dem hockeyfachlichen Bereich schon viele Jahre raus ist.

Die zweite Generation der Unterstützer wird angeführt von Andy Kutter, dessen Sohn Chrischi mittlerweile auch im Bundesligakader steht. Ohne Andy wäre in den vergangenen zehn Jahren vieles nicht möglich gewesen, weil er wirklich unglaubliche Anstrengungen unternimmt, um uns zu unterstützen. Andy ist nicht nur Förderer, sondern auch einfach ein guter Freund. Und seine „Hamburg-Präsentkörbe", die er an potenzielle Partner oder Neuzugänge verschickt, um ihnen den UHC schmackhaft zu machen, sind legendär!

Nicht wegzudenken sind auch Christian Kopplow („Stulle") und Christoph Kreusler („Kreusi"), die sich aufgrund ihrer Expertise in juristischen Dingen und Immobiliengeschäften um Rechtsberatung oder Wohnungssuche für Mitglieder kümmern. Alle drei waren früher schon gute Freunde meines Vaters, was ein Zusammensein umso angenehmer macht. Oder Ilja Steiner und Hartmut Carl, in dessen Firma mein Bruder Jonas seit einigen Jahren arbeitet: Menschen, die ebenfalls alles geben, um unsere Spieler mit Jobangeboten oder ähnlichem Support zu unterstützen. Dazu kommen unsere langjährigen Teammanager. Am Anfang meiner Karriere war das vor allem Tom Plum, Vater meines besten Jugendfreundes Alex, und später jahrelang Thomas Friedemeyer. Thosi ist mein Onkel und war lange Zeit ein riesiger Mehrwert für unser Team. Und das sind Menschen, die sich ausschließlich um die Bundesliga-Hockeyherren kümmern. Im Gesamtverein gibt es noch viel mehr positiv Verrückte.

Peter Müller ist so einer, der mit seinen 80 plus x Jahren – sein genaues Alter verrät er nicht – noch immer fast jedes Heimspiel besucht. Peter hat viele Jahre das Viernationenturnier „Hamburg Masters", das 2017 leider wohl zum letzten Mal bei uns am Wesselblek ausgetragen wurde, organisiert und sich auch um eine ganze Reihe infrastruktureller Projekte gekümmert. Oder Ingrid Perdoni, die zu dem Kreis derer gehört, die 2008 die „Blaue Wand" initiiert haben.

Das ist die Gruppe der Unterstützer, die uns im Europapokal ins Ausland begleitet oder zu Endrunden um die deutschen Meisterschaften. Das Beispiel hat Schule gemacht: Heute haben viele Vereine irgendwelche bunten Wände oder Wellen. Und Ingrid kennt die Eltern eines jeden Bundesligaspielers, obwohl ihr Sohn Alexander schon seit 2012 nicht mehr für den UHC spielt. Sie organisiert alle Reisen und lädt Eltern von auswärtigen Spielern zum Essen ein, wenn die in Hamburg zu Besuch sind. All diese Unterstützer machen einfach sensationelle Arbeit und sind für die Außendarstellung unseres Klubs immens wichtig.

Selbstverständlich spielt für die Atmosphäre in einem Verein der Vorstand eine wichtige Rolle. In den fast 30 Jahren, die ich jetzt Mitglied im UHC bin, habe ich mit Axel Schneider und unserem aktuellen Präsidenten Horst Müller-Wieland nur zwei Klubchefs erlebt. Diese Kontinuität ist beispielhaft und belegt den familiären Zusammenhalt. Der UHC-Ansatz ist nicht profitorientiert, jeder weiß, wie viel ehrenamtliches Engagement notwendig ist, damit der Verein so funktioniert, wie er es tut. Der

Impuls ist immer, Probleme gemeinsam zu lösen, anstatt anders denkende Mitglieder auszugrenzen oder gar auszuschließen. Und dafür, dass sie diesen Weg mitgehen, anstatt selbstherrlich zu agieren, gebührte früher Axel und gebührt heute Horst und seiner Ehefrau Anja mein größter Respekt.

Selbstverständlich gibt es in jeder Familie auch schlechte Tage und Menschen, die einander nicht mögen. Ein solches Negativbeispiel war die Entlassung des damaligen Herren-Cheftrainers Lutz Reiher im Jahr 2006, der in seinem Urlaub angerufen und von seiner Absetzung in Kenntnis gesetzt wurde. Da seine Frau Steffi und er enge Freunde meiner Mutter sind, war ich dabei und erlebte mit, wie verzweifelt er nach dem Anruf war. Lutz war ein UHC-Eigengewächs par excellence, deshalb war sein Abgang ein harter Schlag, auch für mich. Vor allem weil sich die Wege komplett getrennt haben, was sehr traurig ist. Schön ist, dass er als Sportlicher Leiter beim TTK Sachsenwald neues Glück gefunden hat.

Grundsätzlich aber ist der Fakt, Verlässlichkeit zu haben, zu wissen, was man hat an dem, was man liebt – gerade in Deutschland, wo die Menschen im Allgemeinen wenig Lust auf Veränderung haben, weil es ihnen in ihrem Status Quo gut genug geht – ein wichtiger Aspekt. Und der wird im UHC enorm ernst genommen.

Trotzdem ist nicht wegzudiskutieren, dass sich das Vereinsleben über die vergangenen 25 Jahre gewandelt hat. Ich erinnere mich, dass wir in der Jugend sehr oft auf Veranstaltungen mit allen anderen Jugendmannschaften des Klubs waren. Jedes Jahr gab es in der Tennishalle ein riesiges Herbstfest, wo auch Nichtmitglieder dabei sein konnten. Dafür wurde in den umliegenden Schulen geworben, und regelmäßig kamen 800 bis 1000 Gäste. Ein Megaspaß war das – aber natürlich auch ein enormer Aufwand, und deshalb gibt es von solchen Events heute viel weniger.

Gleiches gilt für das Jugendtraining, das früher für Bundesligaspieler fast Pflichtprogramm war. Als ich 2003 im Herrenbereich anfing, trainierte fast jeder Kaderspieler irgendeine Jugendmannschaft. Das führte zu einer großen Bindung innerhalb des Vereins. Ist doch eine logische Rechnung: Wenn man im Schnitt zehn Spieler nimmt, die durchschnittlich zwölf Kinder trainieren, dann bindet man damit 120 Kinder und 240 Eltern emotional an die Bundesligamannschaft. Das sind für jedes Heimspiel schon einmal fast 400 potenzielle Zuschauer, die durch die persönliche Ansprache auch emotional ganz anders mitfiebern. Ich habe mit 25 noch damit geprahlt, fast jedes Kind im Klub zu kennen. Heute glaube ich kaum, dass irgendein Youngster auch nur ein Zehntel der Jugendlichen kennt. Das ist sehr schade, hat aber gute Gründe.

Von den Jungs, die in den vergangenen Jahren in den Herrenbereich aufgerückt sind, leitet kaum noch jemand ein Jugendtraining, und ich kann und will ihnen das auch gar nicht vorhalten. Wir haben uns durch das Training früher 400 Euro dazuverdient. Die Jungs heute bekommen das Geld so, als Auflauf- oder Siegprämie. Es hat sich eben auch im Hockey eingebürgert, dass wenigstens in der Bundesliga gewisse Aufwandsentschädigungen gezahlt werden. Und wer als junger Spieler dann die Wahl hat, der geht eben dorthin, wo das Geld auch fließt, ohne dass man zusätzlich zu seiner sportlichen Arbeitskraft auch noch anderweitig mitanpacken muss.

Eine weitere Erklärung ist selbstverständlich die Verdichtung des Arbeitslebens und die damit einhergegangene Verknappung der Zeit. Früher war es so, dass die Eltern Mitglieder im Klub waren und ihre Kinder dann selbstverständlich auch anmeldeten. Heute sind viele Eltern gar nicht mehr Mitglied und deshalb auch nicht in das Klubleben eingebunden, sondern geben nur noch ihre Kinder zur Betreuung und Bespaßung ab. Die Zeit, sich freiwillig und ehrenamtlich einzubringen, können immer weniger Erwachsene aufbringen. Und viele wollen es auch gar nicht, weil sie fürchten, sonst die Zeit nicht zu haben, um im Beruf oder im Privatleben mitzukommen.

Früher war der Sportverein der Ort, den Menschen aufsuchten, um zu entschleunigen. Das findet heute entweder in irgendwelchen Wellness-Hotels statt – oder gar nicht mehr. Und daran hat natürlich der technische Fortschritt einen großen Anteil. Ich bin als überzeugter und reger Nutzer der sozialen Medien bekannt und finde viele Dinge, die uns das Internet ermöglicht, enorm spannend, wichtig und segensreich. Dennoch ist der Nachteil von Facebook und Co., dass vielen Menschen die Stunden, die sie früher für geselliges Klubleben aufgewendet haben, heute fehlen. Wenn ich sehe, wie viel Zeit auch ältere und alte Menschen mit ihrem Mobiltelefon oder dem iPad verbringen, dann finde ich das schon manchmal irre.

Es werden jeden Tag unfassbare Datenmengen ins Nichts gejagt, viele mit unsäglich unnötigem Inhalt. Anstatt sich mit seinen Kindern oder Enkeln zu beschäftigen, werden diese beim Spielen gefilmt oder fotografiert, als gelte es, die Speicherkarte so schnell wie möglich zum Überlaufen zu bringen. Ich bin mir sicher, dass sehr viele dieser Aufnahmen später nie mehr angeschaut werden. Aber da ich mich oftmals nicht anders verhalte, ist das schlicht eine Feststellung. Na gut, und vielleicht auch ein Appell, dieses Verhalten zu überdenken, der mich mit einschließt. Wir leben heutzutage viel weniger offline als uns guttäte. Und darunter leidet die Gemeinschaft, zu der Sportvereine zählen, weil Interagieren sich vom realen ins virtuelle Leben verschoben hat.

Ein gewaltiger Faktor, der auf das verknappte Zeitkonto einzahlt, ist zudem das Thema Ganztagsschule und die Verkürzung der Zeit bis zum Abitur von 13 auf 12 Jahre. Dieser enorme Druck steht dem Vereinsleben total entgegen. Jugendliche müssen heute ihre außerschulischen Aktivitäten, die früher zwischen 14 und 20 Uhr erledigt werden konnten, in die Stunden von 17 bis 20 Uhr quetschen. Wie ich früher fünf Stunden nachmittags im Klub abzuhängen, das kann sich heute kein Kind mehr erlauben – abgesehen davon, dass ich kaum von Computer- oder Videospielen abgelenkt wurde. Wenn ich heute Jugendlichen beim Spielen zuschaue, dann stelle ich fest, dass in den Pausen, wo wir früher einfach nur dasaßen und uns ausruhten oder dummes Zeug redeten, Fotos von sich beim Spielen gepostet und die sozialen Netzwerke gecheckt werden. Die Welt ist schneller geworden, und weil die meisten die Schnellsten, Besten und Coolsten sein wollen, kommt Entschleunigung immer zu kurz.

Das soll nun aber nicht so klingen, als würde ich das alles nur beklagen und wehleidig am Rand stehen, während unsere schöne Welt vor die Hunde geht. Wir sind gefragt, Lösungen zu finden – Wege, die für alle Seiten zum Erfolg führen können. Dafür müssen wir uns aber klarmachen, dass es so, wie es jetzt ist, nicht weitergehen kann, wenn wir im Leistungssport im weltweiten Vergleich nicht den Anschluss verlieren wollen. In Deutschland ist die Kultur auf das Vereinsleben aufgebaut, nicht umsonst unterstützt der Deutsche Olympische Sportbund (DOSB) mit seinen 27 Millionen Mitgliedern in 90.000 Vereinen die Forderung, das deutsche Vereinswesen zum immateriellen Weltkulturerbe zu ernennen. Aber das aktuelle Schulsystem ist kontraproduktiv für das Vereinsleben.

Was also könnte man tun, um das zu ändern? Ein Blick in die USA, nach Australien oder Großbritannien zeigt, wie es möglich wäre, Leistungssport und Ganztagsschule zu vereinen. In diesen Ländern ist Sport Teil des Unterrichts, das bedeutet, dass die Trainingszeiten im Stundenplan stehen und deshalb kein Kind oder Jugendlicher am Ende des Schultags noch in einen Verein hetzen muss, um sein Training zu absolvieren. Der Nachteil ist, dass die Sportlerinnen und Sportler dort für ihre Schulen oder Universitäten antreten und es ein Vereinswesen in der deutschen Form überhaupt nicht gibt. Und das kann hierzulande auch niemand wollen.

Ein Lösungsansatz liegt für mich deshalb darin, dass Schulen und Vereine miteinander ein passendes Konzept ausarbeiten, um das System zu reformieren. Die Vereine könnten ihre Jugendtrainer tagsüber an die Schulen in der Umgebung schicken, damit sie dort zu festgelegten Zeiten Training geben. Sinnvoll wäre dafür ein festes Schema, nach dem die verschiedenen Altersklassen zu gleichbleibenden Uhrzeiten Training haben: zum Beispiel die Achtjährigen von 8 bis 9 Uhr, danach die Neunjährigen von 9 bis 10 Uhr und so weiter. Das würde auch dazu führen, dass die wirtschaftlich nachgewiesene Bedeutung von körperlicher Betätigung für die Entwicklung und das Wohlbefinden der Menschen endlich angemessen in der Schule umgesetzt würde, weil die tägliche Sportstunde Pflicht wäre. Diejenigen, die keinen Sport finden, der zu ihnen passt oder zu dem sie Lust haben, könnten in der Zeit eine ehrenamtliche Tätigkeit ausüben.

Sollte es logistisch nicht möglich sein, dass die Vereinstrainer an die Schulen gehen, weil beispielsweise die Hockeyspieler an verschiedenen Schulen im Einzugsgebiet lernen, dann müssten die Schüler eben zu ihren Vereinen. Die würden sich freuen, dass ihre Anlagen endlich auch mal bis 14 Uhr gut ausgelastet sind. Ich sehe strukturell einen riesigen Bedarf dafür, die Trainingszeiten zu entzerren. Heute sind die Anlagen nachmittags und abends in den Stoßzeiten so überfüllt, dass es viel zu wenig Trainingszeiten gibt. Wenn einige Einheiten davon vormittags ausgetragen würden, wäre allen geholfen. Dafür könnte es sogar sinnvoll sein, einen Shuttledienst einzurichten, um die Kinder von der Schule abzuholen und wieder hinzubringen. Natürlich muss man all das genauer durchrechnen und auf die wirtschaftliche Machbarkeit abklopfen. Aber eine Reform des Leistungssports im Jugendbereich ist unumgänglich, wenn wir nicht immer weiter hinter die vielen Nationen zurückfallen wollen, die alles auf den Sport setzen.

Als Kind des deutschen Vereinswesens im Allgemeinen und des Uhlenhorster HC im Besonderen dürfte es niemanden verwundern, dass mir das Wohlergehen der Vereine sehr am Herzen liegt. Um in eine erfolgreiche Zukunft starten zu können, müssen sich jedoch auch die Vereine deutlich verändern. Im Idealfall ist ein Verein wie eine zweite Heimat, für manche vielleicht sogar die erste. Er muss ein Ort sein, an dem man sich einfach gern aufhält. Wenn meine dreijährige Tochter Emma heute das UHC-Logo sieht, ruft sie mit leuchtenden Augen „UHC!". Und wenn ich sie anziehe und ihr sage, dass wir in den Klub fahren, dann reißt sie die Arme hoch und ruft: „Hockey, ja!" Sie spielt mittlerweile selbst schon gern mit anderen Kindern in der Halbzeit meiner Spiele auf dem großen Kunstrasen. Zu sehen, dass sie ähnlich empfindet wie ich in ihrem Alter (und auch noch lange danach), erfüllt mich mit einem großen Glücksgefühl. Wenn ein Verein diese Gefühle auslöst, dann ist es schon fast egal, was er anbietet. Wenn sich dazu auch noch Erfolg einstellt, ist das das Maximum, das ein Verein erreichen kann.

Aber dass sportlicher Erfolg nicht der Maßstab dafür ist, dass Menschen sich an einen Verein gebunden fühlen, ist in Hamburg sicherlich perfekt am HSV abzulesen. Aber auch im Hockey sieht man es daran, dass zu den Spielen der Zweitligateams unseres Nachbarklubs Klipper THC nicht viel weniger Menschen kommen als die 400, die wir im Schnitt bei unseren Bundesligaspielen begrüßen dürfen. Und das liegt daran, dass sich die Menschen dort zu Hause fühlen. Diese emotionale Bindung ist die Voraussetzung für nachhaltiges Wachstum. Zu unseren Herrenspielen kommen deutlich mehr Zuschauer als zu den Damen, obwohl die sportlich absolut hochwertig abliefern und seit Jahren erfolgreicher sind als wir. Aber dennoch fühlen sich dem Herrenteam mehr Leute verbunden, was aber sicherlich auch daran liegt – und das mögen die Damen mir verzeihen –, dass Herrenhockey einfach rasanter und dadurch spannender anzuschauen ist.

Noch besser kann man dieses emotionale Attachment am Beispiel Fußball erklären. Das Spiel an sich ist ja nicht spannender als viele andere Sportarten. Dennoch pilgern regelmäßig mehr als 50.000 Fans zu den Heimspielen des HSV. Warum? Weil sie emotional mitgenommen werden und weil das Drumherum wesentlich professioneller ist. Es ist also Aufgabe der Vereine, sich die Frage zu stellen, welchen Anreiz wir Sportfans bieten, um uns zuzuschauen, anstatt immer nur zu lamentieren, dass es zu wenige tun. Und wie es uns gelingt, viel mehr Menschen dazu zu bringen, Mitglied zu werden und sich aktiv ins Vereinsleben einzubringen.

Um das zu erreichen, muss sich jeder Verein in Bezug auf seine Angebote zwar nicht stetig neu erfinden, aber der Zeit anpassen. Dazu gehört, dass die Mitglieder Kritik üben, ihr Feedback dann aber auch ernst genommen und umgesetzt wird. Ich verdeutliche das an einem Beispiel aus dem UHC, wo der Wunsch nach einem modernen Fitnessbereich aus der Mitgliedschaft laut wurde und im Jahr 2016 auch umgesetzt wurde. Das hat zu einer enormen Aufwertung unserer Anlage und einem deutlich erhöhten Wohlfühlfaktor geführt. Solche Dinge spielen auch eine Rolle, wenn man die Abwanderung in die Wellness-Oasen eindämmen möchte.

Eine Frage, die mir häufig gestellt wird, ist die nach einem Vereinswechsel. Innerhalb Deutschlands habe ich für keinen anderen Klub als den UHC gespielt, und tatsächlich gab es auch nie die Verlockung, es zu versuchen. Es mag manchen komisch vorkommen, aber seit ich in der Bundesliga spiele, gab es noch kein einziges Angebot von einem anderen deutschen Klub, nicht einmal eine vorsichtige Anfrage! In die Niederlande, die die beste Liga der Welt haben, hätte ich jedes Jahr wechseln können, aber wahrscheinlich wussten und wissen die deutschen Vereine, dass ich mit dem UHC verheiratet bin, und respektieren das.

Wobei ich, und da muss man ehrlich sein, einen Wechsel nie ausgeschlossen habe. Ich hätte mir ein Angebot aus Mannheim oder Krefeld in jedem Fall angehört und mir sogar vorstellen können, innerhalb Hamburgs zu wechseln. Natürlich gibt es die Rivalität unter den großen Klubs, und es wäre, gerade aufgrund meiner Verbundenheit und unserer Familiengeschichte sicherlich sehr schwer geworden, einen Wechsel zu einem anderen Hamburger Verein zu erklären. Aber ich habe großen Respekt vor der Arbeit, die beim Harvestehuder THC oder beim Club an der

Alster geleistet wird, und schätze diese Klubs sehr. Deshalb war es für mich nie undenkbar, für sie aufzulaufen.

Tatsächlich hätte es sogar passieren können, allerdings war das noch vor meiner Zeit als Bundesligaspieler. Ich war 18 und stand vor dem Sprung in den Herrenkader, als der UHC mit den argentinischen Nationalspielern German Orozco und Matias Paredes, den schwedischen Auswahlakteuren Magnus Mattson und Anders Eliason und dem deutschen Nationalspieler Christoph Gläser fünf Topspieler verpflichtete. Natürlich befürchtete ich, nachdem ich in der Saison 2002/03 als junges Nachwuchstalent fast keine Spielzeit im Herrenkader bekommen hatte, dass sich meine Lage noch verschlechtern würde.

In dieser Zeit gab es eine Anfrage vom HTHC, ob ich mir einen Wechsel vorstellen könnte. Ich bin dann zu dem oben bereits erwähnten Familienfreund Lutz Reiher gegangen und habe ihn um seine ehrliche Meinung gebeten. Und noch heute bin ich dankbar für das, was er sagte. Sein Rat war: „Nimm nicht das erste Angebot an, sondern versuche erst einmal, dich hier durchzubeißen. Wenn es nicht klappt, kannst du in zwei Jahren immer noch gehen. Aber du wirst glücklich sein, dass du es wenigstens versucht hast, um deinen Platz zu kämpfen."

Genauso ist es gekommen. Ich habe mir Lutz' Rat zum Credo gemacht, und heute sehe ich es immens kritisch, dass die Zahl der Wechsel innerhalb Hamburgs und auch allgemein so zugenommen hat. Das mag kontrovers zu dem Fakt erscheinen, dass ich mir einen solchen Wechsel ebenfalls hätte vorstellen können. Aber ich hätte ihn nur gemacht, wenn es sportlich keinen anderen Weg gegeben hätte, um Spielzeit zu bekommen, oder wenn wir mit dem UHC abgestiegen wären, denn dann wäre mein sportlicher Ehrgeiz vielleicht doch größer gewesen als die Vereinsliebe.

Oftmals jedoch werden Wechsel heute vollzogen, weil sie den Weg des geringeren Widerstands bedeuten, oder schlicht, weil der andere Verein ein paar Taler mehr bietet. Und das finde ich fatal. Früher gab es keinen Grund, innerhalb von Hamburg zu wechseln, weil die großen drei auf einem ähnlichen sportlichen Level waren und Geld keine Rolle spielte. Heute sammeln viele Jungs lieber ein paar Euro ein, die sie kurzfristig vielleicht glücklich machen, geben dafür aber ein Netzwerk und eine zweite Familie auf, die ihnen langfristig viel mehr genutzt hätten. Das ist eine bedenkliche Entwicklung, und ich bin überzeugt davon, dass am Ende diejenigen am meisten Erfolg haben werden, die sich auch mal Widerständen stellen, anstatt vor ihnen wegzulaufen.

Dass es für die Persönlichkeitsentwicklung wichtig sein kann, sich auch mal in einem anderen Umfeld beweisen zu müssen, möchte ich gar nicht bestreiten. Ich habe es selbst erleben dürfen, als ich in der Saison 2012/13 für den Club de Campo in Madrid spielte. Die vier Saisons in der indischen Profiliga, auf die ich in einem eigenen Kapitel eingehe, zähle ich insofern nicht mit, als diese nur jeweils wenige Wochen eines Jahres umfassten und ich währenddessen ganz normal für den UHC spielen konnte.

In Spanien hatte ich das Glück, in einem Verein zu spielen, in dem die Hockeyabteilung mit der des UHC vergleichbar war. Da waren immer dieselben Leute bei den Heimspielen, man hat gemeinsam gegessen und gefeiert, es war eine tolle Gemeinschaft, in der ich mich sehr wohlgefühlt habe. Auch deshalb habe ich kein übermäßiges Heimweh gehabt oder den UHC übertrieben vermisst, obwohl ich noch genau weiß, wie Olli Korn, der mit mir dort war, und ich bei den UHC-Spielen immer am Liveticker mitgefiebert haben. Was mich besonders beeindruckt hat, war der Fakt, dass die Hockeyfamilie sich nicht nur auf Deutschland beschränkt, sondern international ist. Ich behaupte, dass ich von den 208 Ländern, die es auf der Welt gibt, 120 besuchen könnte, in denen ich dank meiner Verbindung zum Hockey sofort irgendwo einen Schlafplatz finden würde.

Ich habe mir schon manches Mal Gedanken darüber gemacht, was ich von meinem UHC in den kommenden Jahren und Jahrzehnten erwarte. Kurzfristig werden wir im Leistungssport umdenken müssen, weil unser bisheriger Weg langfristig leider nicht erfolgreich bleiben kann. Es wird immer weniger Spieler geben, die kompromisslos ein Leben lang in einem Verein spielen werden. Das bedeutet, dass wir uns auch finanziell Strukturen aufbauen müssen, die es ermöglichen, Spieler an den Verein zu binden und ihnen Perspektiven zu bieten. Die Jugendarbeit bleibt die wichtigste Säule, aber sie allein genügt nicht, wir brauchen immer wieder Top-Verstärkungen, und dafür ist es notwendig, Geld in die Hand zu nehmen. Aber diese Erkenntnis ist bei den Verantwortlichen angekommen.

Ansonsten wünsche ich mir ein Stück weit eine Rückbesinnung auf das Gemeinschaftsgefühl, das den UHC zu dem Familienverein gemacht hat, den wir alle so lieben. Meine Kinder sollen ebenso glücklich am Wesselblek aufwachsen, wie es mir vergönnt war. Ich selbst werde immer versuchen, dem UHC zu helfen, wo es möglich ist. Schon jetzt arbeitet einer unserer Spieler, Michael Bremner, als Grafikdesigner in meinem Unternehmen. Ob ich irgendwann auch einen offiziellen Posten übernehme, weiß ich noch nicht. Es liegt ja auch nicht nur in meiner Hand. Ich strebe es nicht an, schließe es aber auch nicht aus. Was ich ausschließe, ist, dass der UHC irgendwann seinen Platz in meinem Herzen verliert. Er wird immer mein kleines Paradies sein.

KAPITEL 5

DRUCK UND EHRGEIZ IM JUGENDBEREICH

Ich möchte im Folgenden gern von meinem ersten Länderspiel für Deutschland erzählen. Das war 2003, ich war 18 Jahre alt und wurde für die U21-Juniorenauswahl nominiert. Das heißt, eigentlich war es eher die zweite Mannschaft, denn der Stammkader der U21 musste bei einem A-Kader-Turnier auflaufen, weil der A-Kader noch eine andere Verpflichtung hatte. So ist das im Hockey manchmal, und so durfte ich nach Posen zum Challenge Cup reisen. Natürlich war ich stolz, denn auch wenn es nur eine Ersatztruppe war, ist dieses Gefühl, zum ersten Mal das Trikot mit dem Adler zu tragen, ein ganz besonderes.

Im ersten Spiel gegen Gastgeber Polen habe ich auch mein erstes Länderspieltor gemacht. Das hat sich aber komisch angefühlt, weil wir von den Jungs 7:4 auf die Mütze bekommen haben, was einiges über die „Qualität" unseres Teams aussagte. Und im Verlauf des Turniers habe ich so schlecht gespielt, dass ich eigentlich, realistisch betrachtet, alle Hoffnungen auf eine internationale Karriere begraben musste. Ich hatte schon als Sechsjähriger in Poesiealben meiner Freunde als Berufswunsch „Hockeynationalspieler" geschrieben, auch wenn das für mich damals nicht greifbar war. Doch diese Tage in Polen waren die Zeit, in der ich dachte, dass der Weg zur absoluten Spitze nicht meiner wäre. Noch viele Jahre haben mein Kumpel Kim Felixmüller, der damals für den HTHC spielte, und ich uns darüber totgelacht, wie wir versucht haben, die technisch hochklassigen Pakistanis durch Brettlegen vom Ball zu trennen.

Warum ich das erzähle? Ganz einfach: Weil es mir wichtig ist, zu verdeutlichen, dass eine internationale Karriere auch möglich ist, ohne in der Jugend oder als Juniorenspieler der große Überflieger zu sein. Und genau das ist mir ein ganz wichtiges Anliegen. Ich möchte dafür plädieren, den Leistungsdruck im Jugendbereich wieder ein Stück weit zurückzufahren und sich auf das zu besinnen, was Sport – und das gilt auch für Sport im Hochleistungsbereich – vor allem sein soll: körperliche Auslastung, die in erster Linie Spaß macht und den Erfolg nicht über alles andere stellt.

Als ich mit dem Hockeyspielen anfing, sah eine Trainingseinheit so aus: zehn Minuten warmlaufen, dann an den Stock, Techniktraining, und zum Abschluss wurde natürlich gespielt. Athletiktraining gab es nicht, und zweimal Training in der Woche war Standard. Besonders happy waren wir vor allem dann, wenn die ganze Einheit nur aus Spielen bestand – Jackpot-Tag! Denn genau das war es, was ich am Hockey so liebte: das Spielen. Ich hatte einfach immer Lust auf Hockey, und das nicht etwa, weil ich immer gewann oder überall der Beste war. Nein, weil es einfach Spaß machte, mit den Kumpels zu zocken. Und das hat sich bis heute nicht geändert.

Inzwischen ist es so, dass schon die Zwölfjährigen dreimal in der Woche trainieren, dazu kommen dann noch Athletikeinheiten. Ich kenne Vereine, in denen wird für Neunjährige morgens um 6.30 Uhr die erste Trainingseinheit angeboten, noch vor der Schule. Wenn man zu den Besseren gehört, müssen auch noch Sichtungslehrgänge und Auswahltraining berücksichtigt werden. Es gibt Livestreams und Ticker von den Endrunden, und überhaupt werden die Meisterschaften zum „wichtigsten Event des ganzen Jahres" erklärt – schon bei Zehnjährigen. Wir mussten mit unserem Bundesligakader während der Woche ein Testspiel gegen unsere A-Jugend machen, um sie auf die deutsche Endrunde vorzubereiten, obwohl wir selbst im Tabellenkeller standen und eigentlich andere Prioritäten hatten. Wir gewannen hoch, und ich glaube nicht, dass irgendjemand davon profitiert hat. Die Jungs wurden zwar im Anschluss deutscher Meister, aber die Frage ist, ob trotz oder wegen dieses Testspiels.

Was ich verdeutlichen will: Man ist schon als Jugendlicher einem permanenten Wettkampfsystem unterworfen, und das sorgt selbstverständlich für Leistungsdruck. Dieser Leistungsdruck wirkt sich aber nicht nur im Sport auf die Kinder aus, sondern auch auf allen anderen gesellschaftlichen Ebenen. In der Schule gibt es Vergleichstests wie Pisa, die darauf ausgerichtet sind, den Wettbewerb untereinander zu verschärfen. Die Globalisierung, so bläut man unserer Jugend ein, ist gefährlich, die Konkurrenz weltweit groß, da darf man nicht nachlassen, sondern muss sich immer wieder beweisen. Und natürlich ist das nicht ganz falsch. Aber der Weg, schon in der frühen Jugend diesen Wettkampfmodus überzustrapazieren, der ist falsch.

Ich gebe ein Beispiel: Im IT-Bereich sind die Inder eine sehr starke Nation, sie bilden hoch spezialisierte Informatiker aus. Aber die Leute, die mit den Indern mithalten sollen, die finden wir hier in Deutschland doch nicht mit 14! Das Problem des deutschen Ausbildungssystems ist meines Erachtens, dass wir viel zu früh aussieben und auf Spezialisierung setzen, anstatt eine breite Basis zu schaffen, aus der eine Spitze entstehen kann. In den Schulen werden solche Fähigkeiten nicht genug gefördert. So bleibt die Fähigkeit eine Nische und wir als Land nicht konkurrenzfähig. Stattdessen setzen wir in Bereichen auf Breite, in denen es ohnehin eine hohe Konzentration an Fachleuten gibt. Beides ist nicht zielführend.

Zurück zum Sport, und zurück zum Thema Überforderung. Ich frage mich schon lange, warum man im Hockey bereits bei den Zwölfjährigen um die deutsche Meisterschaft spielen muss. Der Sprung vom B-Knaben-Spiel auf dem Dreiviertelfeld zum nächsthöheren A-Knaben-/Mädchen-Bereich, wo es bereits um die deutsche Meisterschaft geht, ist viel zu groß. Man braucht mehr Zeit, um an Herausforderungen herangeführt zu werden.

In meinen Augen birgt das aktuelle System zwei Probleme. Zum einen kann ein Jugendspieler im Optimalfall zwölf Endspiele um den nationalen Titel bestreiten, da sich die jeweiligen Altersklassen Knaben/Mädchen A, weibliche/männliche Jugend B und A über je zwei Jahre erstrecken. Wie will man dann im Herrenbereich so einem Spieler vermitteln, dass die deutsche Meisterschaft das Größte ist? Ich hatte im UHC diesen Fall, dass Spieler neun deutsche Endspiele in Folge gespielt und fünf davon gewonnen hatten, als sie ins Bundesligateam kamen. Dass die nicht mit 110 Prozent motiviert in den Herrenbereich starten, kann ich nachvollziehen. Das weit größere Problem ist aber, dass das System der deutschen Meisterschaft darauf zugeschnitten ist, weite Teile der deutschen Hockeylandschaft auszugrenzen. Auf lokaler Ebene muss man unter die besten drei Teams kommen, damit man die deutsche Zwischenrunde erreicht. Da gilt es dann, Erster zu werden, um die Endrunde mit vier Teams zu erreichen. Das bedeutet, dass nur ganz wenige Mannschaften es schaffen, um Titel zu spielen. Weil es aber viele Jugendliche gibt, die gerne Titel gewinnen wollen (oder von ihren Eltern dazu gedrängt werden), wechseln die besten Talente aus kleinen Klubs oft schon sehr früh zu den Platzhirschen.

Daraus resultiert eine Verödung der Hockeylandschaft. In den Feld-Bundesligen spielt kein einziges Team aus den neuen Bundesländern, und auch im Südwesten oder in Niedersachsen sind weite Gebiete, was das Leistungshockey angeht, verwaist. Das liegt daran, dass sich in diesen Regionen alles auf wenige große Klubs konzentriert. An jedem Tag fahren viele Hundert Eltern ihre Kinder quer durch die Republik zum Training, manchmal mehrere Stunden. Der Idealismus ist anfangs riesig, aber wer es nicht rasch in die erste Mannschaft schafft, der verliert die Lust und hört mit dem Sport auf. Wie viele Talente wir dadurch verlieren, dass der Leistungsgedanke zu früh im Mittelpunkt steht und die Jugendlichen zu früh damit konfrontiert werden, durch das Leistungssieb zu rutschen, davon macht man sich gar kein Bild.

Ein gutes Beispiel liefert der Dürkheimer HC, ein Traditionsklub aus dem rheinland-pfälzischen Bad Dürkheim. Der DHC ist ein kleiner, perfekt organisierter Verein, der eine großartige Jugendarbeit macht. Aber seit vielen Jahren bekommt man hier keine Spitzenmannschaft im Erwachsenenbereich mehr zusammen, weil alle Topspieler bereits in der Jugend 25 Kilometer weiter nach Osten zum großen Mannheimer HC abwandern. Um das zu ändern, reicht es leider nicht, dann und wann eine starke Jugendmannschaft zu haben. Man bräuchte vier, fünf richtig starke Jahrgänge, um wieder die nötige Spielersubstanz aufzubauen. Aber das ist im heutigen System nicht vorgesehen.

Wie wäre Abhilfe zu schaffen? Ich kenne mich in den Statuten des Deutschen Hockey-Bundes zu wenig aus, um beurteilen zu können, was möglich ist und was nicht, und natürlich habe ich auch kein Allheilmittel. Aber ich bin der Überzeugung, dass sich die Situation schon verbessern könnte, wenn die Knaben/Mädchen-A zunächst die regionalen Punktspielrunden mit Hin- und Rückspiel absolvieren und dann zum Ende hin deutschlandweit vier große Turniere veranstaltet werden, an denen jeweils zum Beispiel 16 Teams teilnehmen könnten. Das würde die Chancen auch für kleine Klubs erhöhen, Erfolge zu erreichen, und ermöglichen, sich öfter mit den stärkeren Vereinen messen zu können. Sicherlich würde darunter auch der Leistungsgedanke nicht leiden, weil man in dem Alter doch noch gar nicht einzuordnen weiß, warum eine deutsche Meisterschaft toller ist als ein gewonnenes Turnier.

Wir müssen den Jugendlichen wieder mehr Chancen geben, in ihren Heimatvereinen länger erfolgreich spielen zu können, anstatt sie zu frühen Wechseln zu zwingen. Viele Talente könnten so an auch kleine Klubs gebunden und diese in der Konsequenz wieder konkurrenzfähiger werden. Je länger die Konkurrenz groß ist, desto interessanter ist es auch für gute Trainer, in kleineren Klubs zu arbeiten. Das stärkt die Breite, die wir in Deutschland unbedingt brauchen. Andere Topnationen haben das Geld, um sich die Spitze darüber zu finanzieren. Wir müssen unsere Spitze aus der Breite heraus kreieren, und das geht nur, indem wir diese sinnvoll fördern. Aktuell ist der Streuverlust in der Jugend aber so hoch, dass er ein Problem ist.

Noch krasser ist diese Leistungsfokussierung in Einzelsportarten wie Tennis, wo es schon in der Jugend nur die Turnierform gibt, die einen einzigen Sieger kennt. Da wird der Erfolgszwang noch viel früher so stark, dass viele Talente nicht dranbleiben, weil sie zu wenige Erfolgserlebnisse haben dürfen/können. Umso härter wird es dann im internationalen Vergleich, wenn man auf Sportler aus Nationen trifft, die alles auf Sport setzen und die Auslese der Besten auf die Spitze treiben. Es fällt auf, dass Nationen aus Asien und Osteuropa oft in den Einzelsportarten überragen, im Teamsport aber nicht besonders gut sind.

Ich habe mich schon oft gefragt, warum Chinesen beispielsweise im Fußball oder Handball so schlecht sind. Aber ich glaube, das ist genau das beschriebene Phänomen: Es setzen sich einige wenige durch, und die vielen, die vielleicht auch Talent haben, aber nie die nötigen Erfolge und damit den unabdingbaren Spaß, fallen durchs Raster. Für Teamsportarten braucht man mehr gute Athleten und auch mehr gute Trainingspartner. Deshalb: Fördert die Breite!

Ein sehr positives Beispiel habe ich im Fußball kennengelernt, der natürlich aufgrund seiner gesellschaftlichen Stellung in Deutschland kaum mit anderen Sportarten zu vergleichen ist, weil er aus der angesprochenen Breite schöpft, die ich mir für jeden Sport wünschen würde. Vor einigen Jahren besuchte ich als Gast des ehemaligen Hockeybundestrainers Bernhard Peters die TSG Hoffenheim, als er dort als Technischer Direktor arbeitete. Die TSG bot damals schon allen U12-Talenten aus umliegenden Vereinen an, zweimal in der Woche in Hoffenheim mit den Trainern des Vereins zu trainieren, am Wochenende jedoch für ihre Klubs zu spielen. Ein sehr schönes System, weil es eine langsame Heranführung an die nächste Stufe ermöglicht.

Außerdem war ich beeindruckt davon, wie umfassend sich der Verein um seine Talente kümmerte. Damals war Julian Nagelsmann, der als eines der heißesten Trainertalente in Deutschland gilt, noch Cheftrainer der U17-Auswahl, in der der inzwischen beim FC Bayern engagierte Nationalspieler Niklas Süle spielte. Als Hockeynationalspieler durfte ich an einer Teamsitzung teilnehmen, in der es darum ging, wie Rückschläge zu verarbeiten sind. Ich hatte nicht erwartet, dass sich die 16-Jährigen dieser Thematik öffnen würden. Aber plötzlich fragte mich einer der Spieler, ob ich einen Rat hätte, wie man aus dem Loch herausfinden kann, in das man fällt, wenn man ein wichtiges Gegentor verschuldet hat. Wir diskutierten zehn Minuten sehr ernsthaft darüber. Es zeigte, dass in Hoffenheim ein sehr wichtiger Aspekt ernst genommen wird: die mentale Vorbereitung.

Im Sport ist es immens wichtig, den Geist zu trainieren. Aber ich bin der Meinung, dass auch hier zu früh die Leistungsoptimierung im Mittelpunkt steht. Mentales Training ist oft hauptsächlich darauf ausgerichtet, dass der Sportler den Weg zum maximalen Erfolg findet. Ein Zwölfjähriger sollte aber viel eher darauf vorbereitet werden, wie es ist, Rückschläge zu erleiden und diese anzunehmen und zu verarbeiten. Zu lernen, mit seinen Schwächen richtig umzugehen und spielerisch seine Stärken weiter zu entwickeln, wäre wichtiger, kommt aber oft viel zu kurz. Wer aber nicht versteht, dass zum Sport Sieg und Niederlage gleichermaßen gehören, und Niederlagen stattdessen als Scheitern empfindet, der wird schneller aufgeben.

Ich glaube, dass die Altersklasse Jugend B der „Königsjahrgang" im Hockey ist. In der Jugend A schaffen die Besten oft schon den Sprung in die Erste Herren oder Damen des Vereins, deshalb ist die Jugend B die Zeit, in der der Fokus auf dem gemeinsamen Erfolg als Team liegt. Für mich ist das Alter zwischen 14 und 15 genau der richtige Zeitpunkt, um mit Leistungsoptimierung zu beginnen, denn in diesem Alter trifft man erstmals selbstständig die Entscheidung, wie viel man investieren und was man mit seinem Sport erreichen möchte. Bei mir war es so, dass ich mit 15 entschieden habe, Tennis aufzugeben und beim Hockey zu bleiben. Und erst mit 17, als die Chance realistisch erschien, habe ich beschlossen, dass ich den Sprung in die Bundesliga schaffen wollte. Deshalb halte ich es für sinnvoll, erst in der Jugend B um die deutsche Meisterschaft zu spielen.

Dass es beim Deutschen Hockey-Bund kein Auswahlteam unterhalb der U16 gibt, begrüße ich sehr. Ebenso die Entscheidung, in der Altersklasse U16, nicht an den Europameisterschaften teilzunehmen. Auch wenn diese vorrangig aus Kostengründen getroffen wurde, halte ich es für absolut unnötig, in dem Alter schon internationale Turniere mit ultimativem Wettkampfcharakter spielen zu müssen. Der U16-Kader sollte extrem groß gehalten werden, damit möglichst viele Spieler/-innen in den Genuss kommen, auch mal ein Länderspiel zu bestreiten.

Eine Stammmannschaft zu haben, ist in diesem Alter überhaupt nicht nötig, sofern man nicht den größtmöglichen Erfolg erzwingen muss. Ein Kader von 50 Spielern könnte hervorragend Spielpraxis auf mehreren Turnieren sammeln, anstatt mit 16 Topleuten einem EM-Titel nachzujagen, der keine Bedeutung dafür hat, ob man später ein guter A-Kader-Spieler wird. Nicht zu unterschätzen ist dabei auch, dass der Nominierungsprozess bei den möglichen Teilnehmern für einen unglaublichen Stress sorgen kann. Leistungsfokussierung in dieser extremen Form kann sehr belastend sein, deshalb sollte sie so spät wie möglich erfolgen. Lieber auf einen breiten Kader bauen, der vielen Talenten Erfolgserlebnisse bescheren kann. (Abgesehen davon, sind die Jugendlichen in diesem Alter auch schulisch dem höchsten Lerndruck ausgesetzt.)

An dieser Stelle ist es angebracht, über die Rolle der Trainer zu sprechen. Dass die Übungsleiter dem System unterworfen sind, ist problematisch. Wer schon im A-Knaben-/Mädchen-Bereich um die deutsche Meisterschaft spielen soll, der muss alles dem Erfolg unterordnen. In einem solchen Umfeld darauf zu achten, auch die Breite zu fördern, ist unheimlich schwer und manchmal schlicht nicht möglich.

Dennoch appelliere ich an die Trainer – und natürlich auch an die Vereine –, so lange wie möglich den spielerischen Charakter des Sports zu fördern. Ich wünsche mir Coaches, die bis zum 14. Lebensjahr nicht vorrangig auf Ergebnisse schauen, sondern eine langfristige Strategie verfolgen. Trainer müssen bis zu diesem Alter keine Motivatoren sein, die mit mitreißenden Ansprachen auffallen, wodurch Kinder und Jugendliche überfordert werden. Die wollen einfach spielen und bringen diese Motivation aus sich selbst heraus mit, und genau das sollte man fördern. Deshalb halte ich bis zum Jugend-B-Bereich auch junge Bundesligaspieler für die besten Trainer, weil sie diese Elemente oft intuitiv besser fördern als ausgebildete Trainer. Ich möchte nicht falsch verstanden werden: Ich predige keineswegs die Abkehr vom Leistungsgedanken. Sehr wichtig ist, dass man technische und taktische Grundlagen schult. Und richtig ist, dass Trainer früh nach Trainingsleistungen aufstellen und Fleiß belohnen. Aber es ist falsch und kontraproduktiv, nur die Leistung in den Vordergrund zu rücken. Kinder sollen zum Training kommen, weil sie es wollen und weil es ihnen Spaß macht, nicht, weil sie es als Pflicht empfinden, um am Wochenende auch mitspielen zu dürfen. Deshalb müssen Trainer auch darauf achten, dass die Spielzeiten so lange wie möglich auf alle Spieler gerecht aufgeteilt werden. Das fördert den Zusammenhalt und letztlich auch die Breite eines jeden Kaders.

Umso mehr liegt mir am Herzen, auch die Rolle der Eltern zu hinterfragen, denn die ist äußerst wichtig und gerät leider sehr oft zum zerstörenden Element, anstatt aufbauend zu wirken. Eltern unterschätzen oft, wie sehr sie ihre Kinder unterbewusst unter Druck setzen. Sie wollen grundsätzlich das Beste für ihren Nachwuchs, merken dabei aber nicht, dass das Beste nicht zwangsläufig bedeutet, unbedingt in der ersten Mannschaft zu spielen.

Manchmal kann ein Schritt zurück dafür sorgen, dass Kinder zwei Schritte nach vorn machen. Deshalb wünsche ich mir, dass es viel häufiger akzeptiert würde, wenn ein Trainer zum Neustart in einer unterklassigen Mannschaft rät. Kinder können mit vermeintlichen Rückschlägen oft viel besser umgehen als ihre Eltern. Die ärgern sich zwar auch über Niederlagen oder Nichtnominierungen, kommen damit allein aber besser zurecht, als damit, dass ihre Eltern sich einschalten und Druck aufbauen.

Das Wichtigste ist, dass Eltern in der Altersstufe von 7 bis 14 Jahre einfach für ihre Kinder da sind und sie immer wieder aufbauen und bestärken. Stattdessen nehmen sie einen verbalen Anranzer des Trainers viel ernster als ihre Kinder und versuchen, sich als Vermittler einzuschalten. Ich habe zehn Jahre lang im UHC den weiblichen Nachwuchs trainiert, von den C-Mädchen bis zur Jugend B. Wie viele Stunden ich am Telefon verbracht habe, um mit besorgten oder enttäuschten Eltern über die Aufstellung zu diskutieren, kann ich nicht zählen. Es waren meistens nette Gespräche, inhaltlich habe ich mich aber oft gefragt, ob wir noch über ein Problem des Kindes oder eher über eines der Eltern sprechen.

Ich bekomme auch heute noch sehr häufig Anfragen über Facebook von Eltern, die wissen wollen, wie ihr Kind noch besser werden kann. Da geht es dann um Zwölfjährige, die den Sprung in die Landesauswahl geschafft haben und nun natürlich auch unbedingt auf den Weg in Richtung Nationalmannschaft geschickt werden sollen. Ich verstehe den Stolz der Eltern und ihren Impuls, ihr Kind erfolgreich zu machen. Aber es ist wirklich völlig egal, ob man in jungen Jahren in einer Auswahl spielt. Erfolge sind schön und gut, aber sie sind für eine langfristige internationale Karriere nicht von Belang. Es kommt viel mehr darauf an, seinen eigenen Weg zu finden, Spaß zu haben und dann irgendwann von selbst den Impuls zu entwickeln, alles für den größtmöglichen Erfolg geben zu wollen.

Niemand sollte vergessen: Der Niederländer Teun de Nooijer, nachweislich einer der besten Hockeyspieler der Geschichte, hat erst als Elfjähriger mit dem Sport angefangen! Und mein Freund

Tobias Hauke, der ein Jahr nach mir Welthockeyspieler wurde, und ich, wir haben keine (ich) oder nur wenige (Tobi) U16- oder U18-Länderspiele gemacht, sondern sind erst in der U21 richtig durchgestartet. Für mich wäre es kontraproduktiv gewesen, wenn ich mit 80 Länderspielen in den A-Kader gekommen wäre. Ich hatte 32, und die habe ich allesamt im Zeitraum 2004/2005 gemacht. Heute stoßen Jungs zum A-Kader, die schon mehr als 100-mal für Deutschland gespielt haben. Dass diesen jungen Menschen manchmal Lust und Motivation fehlen, ist nachvollziehbar. Dass ich meine Jugendzeit abseits des Leistungsgedankens genießen konnte, hat meiner Entwicklung sehr gut getan.

Den Sprung in die U21 habe ich trotz meines „Versagens" in Polen doch noch geschafft. Im April 2004 rief der damalige Junioren-Bundestrainer Ulli Forstner bei unserem UHC-Bundesligacoach Lutz Reiher an. Er suchte einen Ersatz für einen verletzten Spieler und wollte eigentlich meinen Teamkollegen Philipp Grosser nominieren. Lutz aber sagte, er habe da ein Talent, das den Sprung in die Bundesliga geschafft und das es verdient habe, eingeladen zu werden. Das war ich, und so war ich für die Testspielserie in Belgien am Start, die so gut lief, dass ich für die EM 2004 in Nivel nominiert wurde.

Das war mein Durchbruch in der U21-Auswahl, ein Jahr später war ich bei der WM in Rotterdam bereits Vizekapitän und durfte die Ecken schießen. Im dritten Spiel riss ich mir drei Bänder, habe im vierten Spiel mit Tapeverband dennoch gespielt und mir dann bei einer „fantastischen Kopfballflanke" des späteren Olympiasiegers Thilo Stralkowski das Handgelenk gebrochen, als ich versuchte, meinen Kopf zu schützen. Trotzdem reichte es, um Ende 2005 vor der Champions Trophy eine Einladung zum A-Kader-Lehrgang nach Leipzig zu erhalten. Und das war der Beginn der Karriere, die ich im zweiten Viertel dieses Buches genauer beleuchten möchte.

1. PAUSE

KAPITEL 6

WARUM TITEL UNVERGLEICHBAR SIND UND IHRE EIGENE GESCHICHTE HABEN

Ein deutsches Sprichwort besagt, dass es grundsätzlich keine dummen Fragen gibt, sondern nur dumme Antworten. Das mag stimmen, dennoch gibt es immerhin Fragen, die ich ungern beantworte, weil mir die Antwort darauf so schwer fällt. Dumm ist dann nur, wenn eine solche Frage zu den am meisten gestellten zählt, wie zum Beispiel die, welcher Titel für mich den größten Wert hat. Und weil mir die Antwort darauf schon viel Kopfzerbrechen bereitet hat, möchte ich ihr nun ein wenig mehr Platz einräumen.

Titel lassen sich grundsätzlich nicht miteinander vergleichen, weil alle ihre eigene Geschichte haben. Obwohl ich schon 1990 mit dem Hockeyspielen angefangen habe, konnte ich den ersten Titel erst im Januar 2002 feiern, in meinem letzten Jahr im Jugendbereich. Mit der A-Jugend des Uhlenhorster HC gewannen wir im Endspiel mit 5:4 gegen den Favoriten Großflottbek, obwohl unser Stammtorwart fehlte. Und wurden Hamburger Hallenmeister.

Unser Ersatzkeeper Dirk Feldmann hatte in der letzten Minute eine Schlussecke gehalten, weil er einfach auf der Linie stehen geblieben war und angeschossen wurde. Auf der Titelfeier im Klubhaus grölten wir immer nur ein Lied: „Ich bleib steh'n" hieß es, weil das der Satz war, den Dirk vor der Ecke gesagt hatte. Und obwohl wir ihm geraten hatten, auf keinen Fall stehen zu bleiben, sondern so schnell wie möglich rauszulaufen und den Winkel zu verkürzen, hatte er recht behalten.

Nur eine Woche später reiste ich mit den Ersten Herren zur Endrunde um die deutsche Hallenmeisterschaft in Duisburg. Im mit 17:2 gewonnenen Viertelfinale bei den Zehlendorfer Wespen hatte ich viel Spielzeit bekommen, sodass ich mir auch für diese Endrunde einiges ausrechnete. Aber ich kam dort überhaupt nicht zum Einsatz. Dass wir Deutscher Meister wurden, war natürlich super, aber ich fühlte mich nicht richtig zugehörig.

Der Übergang vom Jugend- in den Herrenbereich ist immer eine Grauzone und schwierig. Man pendelt zwischen beiden Mannschaften und fühlt sich keiner Mannschaft richtig zugehörig. Auch ich bekam damals zu spüren, was das bedeutet, wenn man den Titel nur als Zuschauer miterlebt. Hinzu kam das schwierige Verhältnis zum sehr dominanten Trainer Frank Hänel, für den der Beweis von Wertschätzung darin bestand, seine Spieler anzuschreien. An so etwas muss man sich als Jugendlicher erst einmal gewöhnen. Dass es der einzige nationale Titel bleiben würde, den ich mit dem UHC bei den Herren gewinnen konnte, ahnte ich damals nicht. Ich vergesse trotzdem bisweilen, diesen Titel zu erwähnen, weil er mich emotional nicht so berührt hat.

Natürlich war der deutsche Meistertitel bei den Herren sportlich höher einzuschätzen als die Hamburger A-Jugend-Hallenmeisterschaft. Schließlich bedeutete Letztere nur die Qualifikation für eine deutsche Zwischenrunde, bei der wir als Siebter kläglich ausschieden. Aber durch die aktive Teilnahme auf dem Platz war er für mich um ein Vielfaches emotionaler, und genau deshalb auch nicht weniger wert als die Deutsche Meisterschaft mit den Herren.

Gleiches gilt im Übrigen auch für den Titel bei der Hallen-EM in Wien 2014. Er bedeutet mir mehr als der Triumph bei der Feld-EM 2013 im belgischen Boom, obwohl dieser sportlich deutlich wertvoller ist. In Wien holten wir den Titel mit einer bunt gemischten Truppe aus Spielern, die alle außer mir keine A-Kader-Erfahrung hatten. Unter diesen Umständen war die abgelieferte Leistung eine Sensation. In Belgien dagegen war ich zwar Kapitän des Teams, spielte aber das schlechteste Turnier meiner internationalen Laufbahn. Uns reichte eine höchstens durchschnittliche Leistung zum Titel, weil auch die Gegner im nacholympischen Jahr nicht in Bestform antraten.

Ein weiteres Beispiel: Sportlich gesehen müssten die Olympiasiege 2008 in Peking und 2012 in London eigentlich auf einer Stufe stehen – Gold ist schließlich Gold. Aber London ist für mich mit viel mehr Emotionen verbunden als Peking, da ich mich vor dem Turnier 2012 durch meine schwerste Verletzungsphase kämpfen musste, von der ich am Anfang dieses Buches schon berichtet habe. Diese Phase dann mit dem Olympiasieg abzuschließen ist schlicht die Krönung. Ist dadurch der Titel in Peking weniger wert?

Emotional sind die Siege in der mit der Champions League im Fußball vergleichbaren Euro Hockey League, die ich mit dem UHC 2008, 2010 und 2012 gefeiert habe, auch höher anzusiedeln als einige Titel mit der Nationalmannschaft. Wenn man für Deutschland spielt, bildet man eine Zweckgemeinschaft, die nur ein Ziel hat: einen Titel zu holen. Im Verein dagegen spielt man für den Klub, dem man sich angeschlossen hat. Mit den Jungs, die zu Freunden geworden sind, verbringt man tagein, tagaus jede Menge Zeit. Mit einer solchen Mannschaft den größtmöglichen Erfolg zu schaffen, der auf Vereinsebene möglich ist, das ist für mich nicht weniger wert als ein Olympiasieg, obwohl der Vergleich aus sportlicher Sicht natürlich hinkt. Im Nationalteam ist man getrieben vom Erfolgsdenken, im Verein vom Vorhaben, gemeinsam Spaß zu haben und das Bestmögliche herauszuholen. Beides hat seinen Reiz. Aber dieser Unterschied ist meine Erklärung dafür, dass ich meine Titel nicht in eine Rangliste einordnen kann und möchte.

Startpunkt für meine Titelsammlung ist die Weltmeisterschaft 2006. Das „Sommermärchen" der Fußballer war nur zwei Monate her und die Menschen in Deutschland waren immer noch euphorisiert. Da kam die WM im eigenen Land gerade recht. Bis zu 12.000 Zuschauer besuchten die Spiele, die Autos trugen Fahnen und die Gesichter der Fans waren schwarz-rotgold geschminkt: eine gigantische Atmosphäre. Mit 21 Jahren nahm ich als jüngster Spieler in der Mannschaft teil. Vorausgegangen waren im Dezember 2005 meine ersten Länderspiele im A-Kader bei der Champions Trophy in Indien.

Dass wir in Mönchengladbach den WM-Titel gewannen, der für mich der einzige bleiben sollte, war der Moment, in dem ich endgültig wusste, warum ich dem Hockey mein Leben widmen wollte. Der Titel öffnete das Tor zur großen Sportwelt. Ich nahm danach zum ersten Mal bei der Wahl zum „Sportler des Jahres" in Baden-Baden teil, durfte zum ersten Mal in den „Club der Champions" und wurde in meiner Heimatstadt Hamburg zum „Sportler des Jahres" gewählt. Einen so großen Erfolg in dem Alter zu verarbeiten ist ein wichtiger Lernprozess. Anfangs dachte ich, die ganze Welt dreht sich um diesen WM-Titel. Aber zurück im Verein und im Alltag wird man schnell geerdet. Spätestens im zweiten Training fragt keiner mehr nach dem Titel. Dann muss man sich wieder neu beweisen.

Was ändert sich nach dem Gewinn eines großen Titels? Spieler, die große Titel gewonnen haben, stellen öfter fest, dass beispielsweise Gegner in der Bundesliga ganz anders auftreten, wenn der Topspieler gegen sie aufläuft. Es ist die öffentliche Wahrnehmung, die sich ändert, der entgegengebrachte Respekt. Mich hat es unglaublich angespornt, wenn ich merkte, dass Gegner mir eine besondere Bedeutung beimaßen. Sei es durch härtere Zweikämpfe, durch verstärktes Provozieren oder auch durch verbale Äußerungen. Das hat mir die Motivation verliehen, mich auch nach dem Gewinn eines Turniers wieder richtig reinzuhängen.

Die Automatismen des Leistungssports sorgen dafür, dass erfolgreiche Athleten ihren Fokus nie verlieren. Das Gefühl zu genießen, das Erlebte zu verarbeiten, dazu bleibt im Hockey keine Zeit. Spätestens nach drei Wochen beginnt die Bundesliga wieder. Ich habe dadurch gelernt, ein Turnier als geschlossenen Komplex zu betrachten, der spätestens mit dem Finalsieg endet – oder eben dann, wenn man ausscheidet. Olympische Spiele waren Geschichte, wenn ich auf der Rückreise nach Deutschland im Flieger saß. Oliver Kahn hat das mit seinem prägnanten „Weiter, immer weiter" gut zum Ausdruck gebracht. Man hat keine Zeit, sich auf Lorbeeren auszuruhen, weil der Olympiasieg schnell in den Hintergrund rückt, wenn man beim nächsten Turnier in der Vorrunde ausscheidet. Deshalb gilt der banale Satz „Das nächste Spiel ist immer das wichtigste" tatsächlich.

Um sich wieder neu fokussieren zu können, gönnt sich jeder Sportler – nicht nur wir Hockeyspieler – nach Titeln eine ordentliche Party; ein wichtiges Ventil dafür, um mal Druck abzulassen und nicht irgendwann – bildlich gesprochen – daran zu zerplatzen. Ich persönlich nehme Galas wie den Ball des Sports oder Wahlen zum „Sportler des Jahres" gern zum Anlass, um innezuhalten und zurückzuschauen, deshalb freue ich mich immer sehr darauf, an solchen Veranstaltungen teilzunehmen.

Das Immer-weiter beantwortet auch die Frage, wie man es schafft, sich nach großen Triumphen für das nächste kleinere Turnier neu zu motivieren. Ich sehe grundsätzlich jeden Wettkampf, ob Trainingsspiel oder Olympiafinale, als neue Herausforderung und will gewinnen. Dass manchmal der Kopf nicht zu 100 Prozent bei der Sache ist, weil private Dinge ihn belasten, ist menschlich. Und dass der Fokus auf den Sport mit den Anforderungen wächst, ist auch klar. Aber der unbedingte Siegeswille beim Wettkampf ist nicht die alleinige Motivation. Mir ging – und geht es bis heute – darum, die Leidenschaft für meinen Sport mit Freunden und Teamkollegen auszuleben.

Materielle Anreize bieten Titel im Hockey nicht. Das ist bei Profisportlern anders, die auch deshalb nach Titeln streben, weil sie mit Preisgeldern verbunden sind. Aber da es so etwas im Hockey sehr selten gibt, ist der bloße Gewinn eines Titels kein Antrieb für mich. Vielmehr geht es darum, den Weg dorthin als

Chance zu begreifen, neue Erfahrungen in der Gruppe und als Individuum zu machen, Emotionen zu durchleben. Das gilt gleichermaßen für Siege wie für Niederlagen.

Titel wären ohne emotionale Bindung gar nichts wert, und genau das ist es, was sich Sportler immer wieder klarmachen müssen. Ohne die bedingungslose Leidenschaft für ihren Sport könnten sie langfristig nicht erfolgreich sein, deshalb sind die mit den Titeln verbundenen Emotionen viel mehr wert. Warum sonst wollen viele Topsportler, die in ihren Bereichen schon alles gewonnen haben, immer wieder zu Olympia? Weil sie wissen, dass ihnen diese Erlebnisse viel mehr geben können als viele Turniersiege. Deshalb werde ich auch niemals die Sportler verstehen, die eine Olympiateilnahme absagen, obwohl sie qualifiziert sind, nur weil sie ihnen vielleicht kein Preisgeld bringt. Wer so denkt, hat seinen Sport nie wirklich geliebt.

Ich bin sehr dankbar für alle Titel, die ich gewinnen durfte, denn selbstverständlich werden Emotionen durch den Gewinn eines Finales wesentlich verstärkt. Und sicherlich würde ich anders auf meine Karriere zurückschauen, wenn ich keinen Titel gewonnen hätte. Aber ich war nie darauf fixiert, weil mich das Ergebnisdenken, diese Fixierung auf den ersten Platz, in Deutschland zunehmend stört. Keine Frage: Am Ende geht es immer auch um das Ergebnis, und es macht keinen Sinn, wenn Trainer oder Spieler sagen, sie könnten auch mit einer knappen Niederlage zufrieden sein, wenn die Leistung gestimmt hätte. Kein Leistungssportler darf mit einer Niederlage zufrieden sein. Aber es gibt in meiner Wahrnehmung kaum eine westliche Nation, in der sportliche Leistung so sehr auf Titel zugespitzt wird, wie bei uns.

Ein Beispiel: Ich werde oft als Doppel-Olympiasieger vorgestellt. Dass ich in Rio die Bronzemedaille gewonnen habe, wird gar nicht erwähnt, dabei war das unter den gegebenen Umständen eine riesige Leistung unseres Teams, die für mich auch emotional eine immens hohe Bedeutung hat. Aber in der deutschen

Wahrnehmung ist schon der zweite Platz nichts mehr wert, wenn man mal Erster war. Eigentlich sagt man diese „The Winner takes it all"-Mentalität den Amerikanern nach. Aber dort rühmen sich viele Sportler mit ihrem Status „Olympiateilnehmer" und werden, auch wenn sie nur den 43. Platz belegt haben, dafür geachtet. Zu Recht, denn es ist eine großartige Leistung, es überhaupt zu Olympischen Spielen zu schaffen. In Deutschland zählt das überhaupt nichts, und das sagt leider viel aus über die mangelnde Wertschätzung, die Leistungssportler hierzulande erfahren.

Das kann man sehr gut an der Bambi-Verleihung 2016 festmachen, als dem Kunstturner Andreas Toba der Publikumspreis verliehen wurde. Er hatte bei den Spielen in Rio trotz eines im Wettkampf am Boden erlittenen Kreuzbandrisses den Mehrkampf zu Ende geturnt. Das ist selbstverständlich eine Leistung, die höchsten Respekt verdient und deshalb möchte ich die Kritik an der Entscheidung auch nicht als Affront gegen die Person Andy Toba verstanden wissen. Aber ich kenne keinen einzigen Sportler, der an seiner Stelle aufgegeben hätte. Für die Übung am Pauschenpferd ist die Belastung für das Knie geringer, und jeder, den ich kenne, hätte seine Mannschaft genauso wenig im Stich gelassen, wie Toba es tat.

Dass aber dann er den Bambi bekommt und nicht sein Kunstturnkollege Fabian Hambüchen, der zuvor Gold im Einzelwettkampf am Reck gewonnen und den Mehrkampf ebenso durchgeturnt hatte, zeigt mir, dass sportliche Leistung in Deutschland nicht in dem Maße anerkannt wird, wie es verdient wäre. Wer im Teamsport beheimatet ist, für den sind persönliche Auszeichnungen immer auch ein Stück weit skurril. Als ich 2006 zu „Hamburgs Sportler des Jahres" gewählt wurde, wusste ich, dass es Sebastian Biederlack vom Club an der Alster, der auch zum siegreichen WM-Team gehörte, mindestens genauso sehr verdient gehabt hätte. Als ich 2012 Welthockeyspieler wurde, gab es ebenfalls eine Reihe anderer Jungs, die hätten gewählt werden können. Mein Fazit: Solche Auszeichnungen sind immer subjektiv. Am Ende entscheidet das Gesamtpaket aus persönlicher Leistung, dem Erfolg der Mannschaft und der Geschichte um den Erfolg herum. Und trotzdem sind solche Auszeichnungen natürlich sehr schön, wenn man nicht den Fehler macht, sie überzubewerten.

Schämen muss sich allerdings kein Sportler für einen verliehenen oder gewonnenen Titel. Ich erinnere mich natürlich an Endspiele, nach denen jeder neutrale Beobachter das Gefühl hatte, dass der Sieger nicht der war, der es verdient gehabt hätte. Das Champions-League-Finale 2012 zwischen Bayern München und Chelsea London war so ein Spiel. Auch wenn nicht immer der Bessere gewinnt, ist der, der den Titel holt, im Gesamtpaket auch nicht der Schlechtere gewesen.

Was ich viel wichtiger finde, ist, im Moment des Triumphs die nötige Demut zu zeigen und den Gegner wertzuschätzen. Demut im Erfolg, das ist ein wichtiges Thema. „Man muss auch verlieren können", heißt es, wenn Sportler nach Niederlagen Frust schieben. Ich finde viel eher, dass man auch gewinnen können muss, denn im Triumph Haltung zu bewahren ist wichtiger als in der Niederlage.

ZWEITES VIERTEL: NATIONALTEAM

KAPITEL 7

WELLENBEWEGUNGEN. PERFORMEN, WENN ES DRAUF ANKOMMT – DER WM-TITEL 2006

Ich war kein besonders guter Schüler. Mein Abiturschnitt war 2,9 – und das auch nur, weil ich meiner Mutter in der 7. Klasse versprochen hatte, dass in meinem Abschlusszeugnis eine Zwei vor dem Komma stehen würde. Ansonsten hätte ich wahrscheinlich noch weniger um meine schulischen Leistungen gegeben. Oftmals habe ich mich im Nachhinein darüber geärgert, denn es wäre mit wenig Aufwand möglich gewesen, die Noten ein bisschen nach oben zu korrigieren!

Nachdem ich also 2004 mein Abitur bestanden hatte, begann ich ein BWL-Studium an der Universität Hamburg. Den Studienplatz musste ich sogar einklagen, was leider die Durchschnittlichkeit meines Abschlusses unterstreicht. Warum ich das erzähle? Weil ich im Grundstudium der Betriebswirtschaftslehre zum ersten Mal mit einem Begriff in Berührung kam, der danach so etwas wie mein sportlicher Leitfaden werden sollte: **Just-in-Time-Bestellungen**. Grob gesagt bedeutet das, dass ein Unternehmen für die Fertigung seiner Produkte benötigte Rohstoffe zeitlich bestellt, wenn sie gebraucht und sofort verarbeitet werden, um Lagerkosten und -kapazitäten zu optimieren. Dieser Begriff, Just-in-Time, passt perfekt in den Leistungssport. Zu performen, wenn es darauf ankommt; die beste Leistung abrufen zu können, wenn sie notwendig ist. Wer das beherrscht, der wird den maximalen Erfolg zumindest möglicher machen. Diese Fähigkeit zu erlangen ist die wichtigste, gleichzeitig aber auch die schwierigste Anforderung, die ein Spitzenathlet an sich stellen kann.

Man hat als Spitzensportler keine Zeit, langsam auf diesen einen Moment hinzuarbeiten, an dem man seine Bestleistung abrufen muss. Oftmals bekommen junge Athleten nur eine Chance, sich für die nächsthöhere Aufgabe zu beweisen. Wer diese dann verpasst, hat es ungleich schwerer, sich erneut eine Möglichkeit zu erarbeiten, um sich zu behaupten. Deshalb ist es umso wichtiger zu wissen, worauf es ankommt, und das möchte ich anhand meines Weges veranschaulichen.

Im Sommer 2005 hatte ich mich bei der Junioren-WM schwer am Handgelenk verletzt. Dennoch wurde ich ein paar Monate später zum Lehrgang des A-Kaders nach Leipzig eingeladen. Es galt, sich auf die Champions Trophy im indischen Chennai vorzubereiten. Die Champions Trophy, die es heute nicht mehr gibt, war damals ein Turnier für die besten acht Teams der Weltrangliste, das zwar die Chance bot, sich auf Topniveau zu messen. Sportlich besaß es aber nicht die höchste Wertigkeit. Deshalb spielten dort häufig die Perspektivteams der einzelnen Nationen, um Talente an den A-Kader heranzuführen.

Da allerdings im September 2006 die Heim-WM in Mönchengladbach anstand, hatte Bundestrainer Bernhard Peters beschlossen, in Chennai mit der besten Mannschaft anzutreten, um sich optimal auf das große Highlight einspielen zu können. Für mich, der ich gerade 21 Jahre alt geworden war, bedeutete das, dass ich nach dem Leipzig-Lehrgang nicht nominiert wurde. Das fand ich zwar schade, weil es zu 95 Prozent auch mein WM-Aus bedeutete, aber da ich den Lehrgang ohne große Erwartungen absolviert hatte, konnte ich mit der Entscheidung durchaus leben.

Zwei Tage vor dem Turnierstart in Chennai spielten eine Welt- und eine Asien-Auswahl zugunsten der Opfer des schlimmen Tsunamis im Indischen Ozean Weihnachten 2004 ein Benefizmatch gegeneinander. In diesem Spiel verletzte sich der deutsche Mittelfeldstratege Björn Emmerling am Knie und musste aus dem Kader für die Trophy gestrichen werden. Sein Pech war mein Glück, und deshalb muss ich an dieser Stelle nachdrücklich erwähnen, dass zu einer erfolgreichen Karriere immer auch Glück dazugehört. Dass dieses Glück im Sport oftmals das Pech eines Teamkollegen ist, ist Schicksal.

Ich erinnere mich noch sehr gut an den Anruf von Bernhard Peters. Ich hatte gerade eins meiner ersten Mobiltelefone bekommen, das nun klingelte. Ich nahm den Anruf entgegen, und das Erste, was der Trainer fragte, war: „Bist du geimpft, Junge?" Damit konnte ich nichts anfangen und fragte zurück: „Was?" „Ja", sagte er, „du musst mal kurz nach Indien rüberfliegen." Am selben Tag holte ich die für Indien notwendigen Impfungen nach, am nächsten Tag saß ich im Flieger und kam nachts um drei Uhr in Chennai an.

Weil für mich kein Zimmer vorgesehen war, teilte ich erst einmal das Zimmer mit Timo Wess und Christian Schulte. Ich kannte zwar die meisten der Nationalspieler, hatte aber zu den wenigsten einen Bezug und wusste nicht so recht, wie ich mich als Nachrücker im Kreis des A-Teams bewegen sollte. Ich hatte mich nicht damit befasst, mit ihnen gemeinsam ein Turnier zu spielen. Ich musste also eine Strategie entwickeln, um diese unverhoffte Chance beim Schopf zu packen. Zwei positive Eigenschaften haben mir dabei geholfen.

Zum einen war – und ist – Aufregung für mich nicht negativ besetzt. Emotionen wie Vorfreude gemischt mit Respekt bestimmen meine Gefühlswelt in solchen Momenten. Sehr häufig schlafe ich vor wichtigen Spielen schlecht. Es ist schon vorgekommen, dass ich um zwei Uhr nachts an Hotelbars saß und dort mit den Nachtmenschen quatschte. Meiner Leistung am folgenden Tag war das nie abträglich. Kopf und Körper können trotzdem auf voller Leistung laufen, wenn der Fokus stimmt.

Zum anderen bin ich ein pragmatischer Typ, der sich wenig Gedanken um äußere Einflüsse macht. Das hilft die eigene Leistung objektiv einordnen zu können. Angefangen habe ich damit schon in der Schulzeit, wenn ich am Morgen nach Testspielen langweilige Unterrichtsstunden dazu nutzte, das Spiel vom Vortag zu analysieren und meine eigene Leistung zu benoten. Über die Jahre habe ich mich immer kritisch mit meiner Leistung auf dem Hockeyplatz auseinandergesetzt und versucht, meine Stärken und Schwächen schonungslos einzuschätzen.

Aus diesem Procedere ergab sich folgende Erkenntnis: Am stärksten spiele ich, wenn ich das mache, was ich immer mache, anstatt irgendetwas Verrücktes zu versuchen, um aufzufallen. Man muss seine Stärken erkennen, festigen und weiter ausbauen. Man fällt nicht auf, wenn man alles nur einigermaßen gut macht. Viel eher, wenn man das, was man richtig gut kann, genau so abliefert. Es ist wichtig, man selbst zu sein und an seine Fähigkeiten zu glauben.

Im dritten Gruppenspiel gegen Pakistan bekam ich meine Chance. In der Bundesliga spielte ich für den UHC im kreativ-offensiven Mittelfeld. Mein Glück war, dass die anderen Mittelfeldspieler im Nationalteam eher defensiv ausgerichtet waren. So konnte ich meine Spielweise gut einbringen, bereitete sogar ein Tor für meinen UHC-Teamkollegen Carlos Nevado vor. Nach der Partie bekam ich in der Kabine von den Zeller-Brüdern Christopher und Philipp und von Matthias Witthaus, alle drei Leistungsträger und absolute Stars des Teams, viel Lob für die offensive Interpretation der Mittelfeldposition – das war wie ein Ritterschlag. Von diesem Moment an fühlte ich mich in der Mannschaft akzeptiert und angekommen. Beim 2:5 gegen Spanien im Spiel um Bronze glückte mir sogar mein erstes Tor.

Ich habe bei dem Turnier zwar nicht überragend gespielt, aber es geschafft, die Rolle als Nachrücker unerwartet gut auszufüllen. Und genau das war der Schritt, den ich brauchte, um meine Karriere voranzutreiben – just in time.

Natürlich konnte ich damals nicht einordnen, wie wichtig dieser gelungene Start war. Manchmal sind es Kleinigkeiten, die über Karrieren entscheiden. Wie oft fragt man sich bei guten Spielern in der Bundesliga, warum die es nicht in die Nationalmannschaft geschafft haben. Es reicht einfach nicht, nur ein guter Spieler zu sein. Es gehört ein Gesamtpaket dazu, und das wichtigste Element dieses Pakets ist, dann die beste Performance zu bringen, wenn sie nötig ist.

Selbstverständlich trägt auch ein gutes, gesundes Umfeld eine gehörige Portion zum Erfolg bei. Mir hat es geholfen, dass ich mit dem Nationalcoach Bernhard Peters und seiner sehr eigenen, oft recht schroffen Art der Menschenführung gut umzugehen wusste. Er kannte mich schon von der Junioren-WM und konnte meiner offensiven Interpretation des Mittelfeldspiels zum Glück einiges abgewinnen. Bei ihm wusste ich immer, woran ich bin, denn er hat stets ehrlich und offen kommuniziert, manchmal auch subtil, aber nie hinter dem Rücken. Dennoch – oder vielleicht gerade deshalb – hatten vor allem wir jungen Spieler großen Respekt vor ihm. Bernhard war eine wichtige Bezugsperson für mich. Er hat mich auf die große Bühne gelassen und damit sehr großen Anteil daran, dass ich als Nationalspieler entdeckt wurde.

Ich erinnere, wie ich mir vor einem Testspiel mit meinem Freund Christoph Menke aus Köln Bälle zuschlug. Auf einmal unterbrach der Trainer das Aufwärmen, holte das ganze Team zusammen und schrie Chrissi und mich an, was uns einfiele, uns derart lässig einzuspielen. Wir waren total geschockt, weil wir uns im Grunde genommen einfach nur Bälle zugepasst hatten. Ein anderes Mal hat er Carlos Nevado in der Halbzeit eines Testspiels noch kleiner gemacht, als er ohnehin schon ist, weil er einen Schokokeks gegessen hatte, den ihm der Betreuer gereicht hatte. Aber so ist Bernhard: ein gnadenloser Disziplinfanatiker und Perfektionist, der am liebsten Tapestreifen auf den Kunstrasen geklebt hätte, um den Stürmern ihre Laufwege verbindlich vorzugeben.

Aber, und das habe ich immer an ihm geschätzt: Trotz seines autoritären Stils hat er sich Experten an die Seite geholt und die auf ihren Feldern arbeiten lassen, ohne ihnen reinzureden. Er wollte sich immer mit den Besten umgeben, um selbst besser zu werden, und der Erfolg, den er hatte, gibt ihm absolut recht. Wir haben viele Einzelgespräche geführt. Einmal hat er gegen mich sogar seinen Trainingsanzug von den Olympischen Spielen in Athen verwettet, weil er überzeugt davon war, dass der HSV nicht in den

Europapokal kommen würde, wo er in jener Zeit noch Dauergast war. Den Anzug habe ich heute noch im Schrank hängen.

Trotzdem darf es für einen Nationalspieler keine Rolle spielen, ob man den Trainer oder die Teamkollegen mag. In der Nationalmannschaft geht es vorrangig um den Erfolg. Sie ist in erster Linie eine Zweckgemeinschaft, die Titel gewinnen soll. Dass das besser funktioniert, wenn die Stimmung im Team ausgeglichen und freundschaftlich ist, kann sich jeder vorstellen.

War nun die erste Nominierung für die Nationalmannschaft die Erfüllung eines Traums? Meine Antwort darauf lautet „Nein", denn Träume sind für mich etwas Unerreichbares, Unerfüllbares und deshalb eher kontraproduktiv. Ich habe einen anderen Leitsatz formuliert: „Ziele sind die besseren Träume!" Die Ziele, die ich mir stecke, sind bestenfalls so realistisch, dass es eine Chance gibt, sie auch zu erreichen. Immer ein neues, wenn das gesteckte verwirklicht ist; immer mit Vollgas, um die Chance zu nutzen. So gelangte ich Schritt für Schritt nach oben.

Mein nächstes Ziel nach der Champions Trophy in Indien war die Heim-WM in Mönchengladbach. Um den Sprung in den Kader zu schaffen, galt es zunächst, den Zentrallehrgang in Südafrika zu bestehen. Traditionell reist die deutsche Nationalmannschaft im März dorthin, um in einem 14-tägigen Lehrgang die Grundlagen für die anstehenden Turniere zu legen. Diese Reisen sind sowohl für das Teambuilding als auch für die Kaderstruktur wichtig. Um die 40 Trainingseinheiten müssen absolviert werden, und im Jahr der Heim-WM war das Programm noch einmal verschärft worden. Es gab keinen einzigen Pausentag, dafür war im Anschluss an den Lehrgang eine dreitägige Safari versprochen worden.

Ich habe niemals mehr einen so harten Zentrallehrgang erlebt wie in jenem März 2006. Aber es war eine Zeit, die uns als Mannschaft unheimlich zusammenschweißte. Trotz der mörderischen Belastung schlichen wir uns an zwei Abenden aus dem Lager in einen Pub in der Stadt, tranken und tanzten bis vier Uhr morgens – geschlossen als Team, zusammen mit den Physios. Ich weiß bis heute nicht, ob die Trainer davon Wind bekommen haben, auf jeden Fall standen alle Mann pünktlich zum Morgenlauf um sieben Uhr parat und liefen sich den Kater aus den Beinen.

Man könnte uns Unprofessionalität vorhalten oder als die größten Feierbiester der Sportnation brandmarken. Aber es sind genau diese kleinen Fluchten aus dem Alltag, die unser Erfolgsgeheimnis sind. Von solchen Abenden zehrt die Mannschaft ein ganzes Jahr, weil es so viele lustige Geschichten gibt, die man gemeinsam erlebt. Diese Mischung aus Anspannung und Entspannung ist es, die den Kopf frei macht. Kopf und Körper profitieren davon. Natürlich muss man wissen, zu welchem Zeitpunkt man sich solche Ausbrüche erlaubt. Während eines wichtigen Turniers sollte man es nicht machen.

Inseln der Entspannung sind ein ganz wichtiger Baustein für das Erfolgsprojekt „Deutsche Hockeynationalmannschaft". Unmittelbar vor Turnieren bekamen wir Spieler sechs bis zehn Tage Urlaub. Zwar gab es für jeden einen Trainingsplan mit einer Einheit pro Tag an die Hand. Aber für die restliche Zeit sollten Familien oder Freunde im Vordergrund stehen. Nur nicht zu viel an Hockey denken!

Während die anderen Nationen sich schon vor dem Turnier einkasernierten, kamen wir erholt und mit großer Lust, wieder miteinander Zeit zu verbringen, kurz vor Turnierstart zusammen. Sicherlich war das einer der Schlüssel dazu, dass wir in der Zeit, die ich für das Nationalteam spielte, Welt- und Vizeweltmeister wurden, zweimal Olympiagold und einmal Bronze holten. Wir hatten in vielen Turnieren in der Vorrunde ein Spiel, das wir nicht mit vollem Einsatz angegangen sind, weil wir wussten, dass es nicht notwendig war. Aber performen, wenn es darauf ankommt, das ist nicht nur eine Aufgabe für jeden einzelnen Spieler, sondern auch für die ganze Mannschaft.

Nach dem Lehrgang in Südafrika fühlte ich mich als anerkanntes Mitglied der Nationalmannschaft. Nach der Champions Trophy in Barcelona Ende Juli hatte ich mir einen festen Platz im Team dadurch erarbeitet, dass ich meiner Linie treu geblieben war, die Mittelfeldposition offensiv zu spielen. Der Lohn dafür, dass ich fest an meine Stärken geglaubt habe: Ich löste das Ticket für die Heim-WM!

Und so machte ich mich Anfang September mit Carlos Nevado per Auto auf den Weg nach Mönchengladbach, mit einem Coffee to go in der Mittelkonsole. Auf halber Strecke haben wir zum ersten Mal realisiert, was da eigentlich passierte. Wir schwammen mit auf der immer noch euphorischen Fußball-Sommermärchen-Stimmung: Das 1:0 im Vorrundenspiel gegen Polen hatte ich auf der Reeperbahn geschaut und war anschließend siegestrunken mit vielen Fans über den Kiez gezogen. Die Halbfinalniederlage gegen Italien in Dortmund durften wir auf Einladung des DFB mit dem gesamten Team im Stadion erleben.

All das ging Carlos und mir durch den Kopf, je näher wir Mönchengladbach kamen, und uns belustigte der Gedanke, dass die Fußballer ebenfalls mit einem Kleinwagen zu ihrer Heim-WM hätten anreisen müssen. Aber der Deutsche Hockey-Bund hatte sich wahrhaft ins Zeug gelegt: Wir hatten ein tolles Hotel mit einer eigenen Etage, und erstmals war auch ein Spielzimmer eingerichtet, mit Kicker, Tischtennisplatte und anderen Dingen zum Zeitvertreib. Das sollte bei folgenden Turnieren Standard werden, denn nichts ist wichtiger als ein Aufenthaltsraum, in dem alle zusammenkommen können, anstatt zu zweit auf den Zimmern die Zeit totzuschlagen.

Absolut neu für uns Hockeyspieler war der Medienrummel, der uns zuteil wurde. Die *BILD*-Zeitung vergab Noten für unsere Leistungen, es gab eine Live-Schalte ins *ZDF-Sportstudio*, und zu unseren Spielen kamen regelmäßig 14.000 Zuschauer in den Warsteiner Hockeypark. Eine sehr ungewohnte Situation, aber natürlich auch ein großer Ansporn.

Auf einmal war WM, und ich war mittendrin. Im Auftaktspiel gegen Indien, das wir 3:2 gewannen, stand ich zum ersten Mal in der Startelf. Es sollte auch das einzige Mal bleiben, weil die Trainer der Meinung waren, dass ich als junger Spieler besser von der Bank kommen könnte als die Routiniers. Aber weil es im Hockey, anders als im Fußball, das Interchanging gibt – also Ein- und Auswechseln zu jeder Zeit und beliebig oft –, hat ein Platz in der Startelf auch nicht eine so überragende Bedeutung.

Der weitere Verlauf der Vorrunde ist schnell erzählt. Wir mussten in unserer Sechsergruppe Indien, England und Südafrika schlagen und dann entweder Südkorea oder Holland hinter uns lassen, um mindestens Zweiter zu werden und ins Halbfinale einzuziehen. Dem 3:2 gegen Indien folgte ein 2:2 gegen die Niederlande, bei dem mir mein erster WM-Treffer gelang – Zusch!, ein Schrubber vom Kreisrand in den rechten Winkel. Anschließend folgten Siege gegen England (2:1) und Südafrika (5:0), sodass uns im letzten Gruppenspiel ein Remis gegen die Koreaner reichte, die überraschend Holland mit 3:2 besiegt hatten und mit einem Punkt ebenfalls das Halbfinale erreichen konnten.

Was dann geschah, nehmen sie uns in Holland heute noch übel. Ich schwöre, dass nichts davon abgesprochen war, aber die Koreaner versuchten während des gesamten Spiels nicht ein einziges Mal, unser Tor anzugreifen. Und weil wir auch kein Risiko eingehen wollten, entwickelte sich ein nicht abgesprochener Nichtangriffspakt, der folgerichtig in ein torloses Unentschieden mündete. Als Gruppensieger erreichten wir das Halbfinale, die starke holländische Mannschaft musste die Heimreise antreten.

Im Halbfinale wartete Spanien, und es sollte eine der krassesten emotionalen Achterbahnfahrten meiner Karriere werden. Freitagabend, mein erstes Flutlichtspiel, im Stadion herrschte eine unfassbare Stimmung. Beim Stand von 1:1 schlug Matthias Witthaus eine überragende Rückhandflanke in den Kreis, die ich zum 2:1 ins Tor blocken konnte. Mitten in unseren Jubel hinein erzielte Spanien den Ausgleich, der die Verlängerung brachte. In den zweimal siebeneinhalb Minuten kam ich keine Sekunde zum Einsatz, weil Bernhard Peters auf die erfahrenen Spieler setzte. Aber als es ins Siebenmeterschießen ging, sagte er mit seiner charakteristisch-nasalen Stimme: „Du schießt einen Siebenmeter rein, oder?" Ich bejahte – und habe ihn eiskalt angelogen.

Ich stand also an der Mittellinie, bereit, den dritten Siebenmeter zu schießen. Vor mir hatten Christopher Zeller und Timo Wess getroffen, die Spanier hatten einmal vergeben. Voll im Tunnel dachte ich an nichts anderes als daran, diesen Siebenmeter zu versenken. Der spanische Torwart hatte sich bei den vorherigen Schüssen immer für eine Ecke entschieden, in die er gehechtet war. Also sagte ich zu Jan-Marco Montag, der neben mir stand: „Ich schieße hoch in die Mitte, dann treffe ich auf jeden Fall!" Und mit diesem Plan machte ich mich auf den langen Weg von der Mittellinie in den Schusskreis.

Aus dem Off sickerten die Worte von Stadionsprecher René Hiepen in mein Bewusstsein: „Jetzt kommt der jüngste Spieler des Teams, Magic Mo Fürste!" Den Spitznamen Magic hatte ich noch nie gehört, aber das Stadion kochte, die Spannung erreichte ihren Siedepunkt. Natürlich wäre es zu billig, den folgenden Fehlschuss darauf zu schieben, dass ich abgelenkt war. Vielmehr hatte der spanische Keeper sich dafür entschieden, diesmal nicht in eine Ecke abzutauchen. Er blieb einfach stehen, und mein zwar hart, aber unplatziert geschossener Ball klatschte auf seinen Handschuh. Totenstille im Stadion!

Der Weg zurück, wenn man im Halbfinale einer WM einen Siebenmeter verschossen hat, ist elend lang. Ich fühlte mich wie ein begossener Pudel, aber Philipp Zeller verwandelte seinen Siebenmeter, unser Torwart Uli Bubolz vereitelte einen weiteren Versuch der Spanier und wir standen im WM-Finale. Die Achterbahnfahrt hatte das bestmögliche Ende genommen, und deshalb habe ich mit meinem Fehlschuss auch nicht lange hadern müssen.

Am 17. September 2006 war die Mannschaft aus Down Under unser Gegner. An die erste Halbzeit erinnere ich mich kaum noch, aber als die Australier kurz nach der Halbzeit auf 3:1 davonzogen, schien das Spiel gelaufen. Zwei Tore Rückstand gegen diesen Gegner, der sich sehr dominant präsentierte, würden kaum aufzuholen sein. 24 Minuten vor dem Spielende brachte Christopher Zeller einen Freischlag auf meine Rückhand durch, sodass ich den Ball zum 2:3 ins Tor stechen konnte. Das war der Startschuss zu verrückten

Acht-Minuten-Aufholjagd. Nur drei Minuten später folgte die legendäre argentinische Rückhand von Björn Emmerling zum 3:3, und als Christopher Zeller 16 Minuten vor Spielende mit einem Traumtor das 4:3 schoss, gab es im Stadion kein Halten mehr. Wie wir den Vorsprung über die Zeit gerettet haben, ich weiß es nicht mehr. Nur, dass plötzlich die Schlusssirene ertönte und wir Weltmeister waren!

Da standen wir nun und wussten nicht so recht, was wir miteinander anfangen sollten. So ein Triumph kommt nicht sofort im Hirn an, man realisiert erst viel später, was passiert ist. Ich rannte zunächst in die Ecke des Stadions, wo meine Familie und meine Freunde standen, anschließend sprang ich unserem Torhüter Uli Bubolz in die Arme. Nach dem Spiel dauerte die offizielle Zeremonie eine gefühlte Ewigkeit. Am Abend feierten wir im Stadion auf der offiziellen Party der Turniersponsoren. Alle ungeduscht, alle im Trikot, bis zum frühen Morgen. Und um zehn Uhr saßen wir zigarrerauchend im Restaurant unseres Hotels und ließen das Turnier ausklingen.

Dann ging es auch schon nach Hause. Einen Empfang am Frankfurter Römer oder auf der Fanmeile in Berlin, wie ihn die Fußballer bekommen, gab es natürlich nicht. Mein privater Römer war die Auffahrt zum Haus meiner Mutter, wo mich meine Familie und die meiner damaligen Freundin und heutigen Frau Stephanie empfing. Für mich ein viel emotionalerer Rahmen als eine anonyme Party, zumal auch Stephs Vater, der schwer krebskrank war und noch im selben Jahr verstarb, mit dabei sein konnte. Das bedeutet mir bis heute viel.

Dieser erste WM-Titel hatte einen enormen Stellenwert für meine Karriere. Mein erster Titel, mein einziger WM-Triumph. Weil die WM nur alle vier Jahre stattfindet, ist sie für den Hockeysport unheimlich wichtig. Dass die deutschen Herren mehr Olympiasiege (drei) als Weltmeistertitel (zwei) geholt haben, unterstreicht den Stellenwert. Von der Sporthilfe gab es eine Siegprämie. Medaille und Trikot habe ich nicht aufbewahrt, aber meine Mutter und mein Bruder haben mir eine Collage aus Bildern und Zeitungsartikeln geschenkt, die mich immer daran erinnert.

In den Monaten nach diesem legendären Triumph bewegte sich einiges in meinem Leben: Es gab viele Zeitungsberichte über mich, ich wurde zu „Hamburgs Sportler des Jahres" gewählt und bekam von Michael Trautmann das Angebot, in seiner Werbeagentur ein duales Studium zu beginnen. Aber zu erkennen, welchen sportlichen Wert dieser WM-Titel letztendlich hatte, dazu war ich erst 2010 in der Lage, als wir bei der WM in Indien im Finale an Australien scheiterten und Silber holten.

Die WM 2006 war die Geburtsstunde der „Just-in-Time-Performance", eine Fähigkeit, die die Nationalmannschaft in der Folgezeit auszeichnen sollte. Dabei kommt es nicht nur darauf an, dass einzelne Spieler ihre Bestleistung abrufen, wenn sie gefordert ist. Das gesamte Team muss unter der Führung einiger Spieler zum nötigen Zeitpunkt seine Grenzen überschreiten. Damit das gelingt, sollte man seine eigenen Stärken ausbauen und lernen, den inneren Druck zu minimieren. Es hilft, Gespräche mit Menschen zu führen, die Erfahrung mit außerordentlichen Drucksituationen gemacht und diese gemeistert haben. Auch der Rat von professionellen Mentalcoaches ist sinnvoll, so wie bei der WM 2006, als wir den bei den Fußballern bekannt gewordenen Psychologen Hans-Dieter Hermann in unseren Reihen hatten, der entscheidend zum Erfolg beigetragen hat.

Frische im Kopf ist immens wichtig. Man erhält sie aufrecht, indem man Dinge tut, auf die man Lust hat, und sich von den Dingen trennt, die unnötiger Ballast sind. Dazu zähle ich auch abergläubische Rituale, die für mich die Fata Morgana des Leistungssports sind. Wer sich auf Rituale verlässt, gaukelt sich eine Sicherheit vor, die vom Wesentlichen ablenkt. 2006 hatte ich solche Rituale auch noch. Nach dem Motto „Feel fresh, play fresh" habe ich vor jedem Spiel im Hotel geduscht und mir die Zähne geputzt. Erst Jahre später merkte ich, dass das Unsinn ist, denn wer mal in Indien gespielt hat, der weiß, dass es nicht immer eine Dusche gibt. Dann muss man trotzdem performen, wenn es darauf ankommt. Zwei Jahre nach der WM, 2008 in Peking, kam es wieder einmal darauf an.

KAPITEL 8

MYTHOS OLYMPIA. VOM PAPARAZZI-TOURISTEN ZUM ERSTEN GOLD 2008

Ich kann mich sehr schlecht in Dinge hineinversetzen, von denen ich keine Ahnung habe. Ich weiß auch nicht, was ein Unternehmensberater den ganzen Tag treibt, und deswegen verstehe ich wenig von den Arbeitsinhalten meines Bruders Jonas. Ja, selbst als ich im Mai 2015 meinen Job bei der Werbeagentur Thjnk antrat, wusste ich bis zehn Minuten vor Arbeitsbeginn nicht wirklich, was auf mich zukommt.

Und genauso erging es mir bei meinen ersten Olympischen Spielen. Vor meiner Karriere in der Nationalmannschaft zählte ich nicht zu jenen Sportverrückten, die schon im Kindesalter davon träumen, einmal für ihr Land bei einer WM oder bei Olympia starten zu können. An die Sommerspiele meiner Jugend 1992 in Barcelona und 1996 in Atlanta habe ich nur rudimentäre Erinnerungen. 2000 in Sydney interessierten mich eher die Geschichten um das Ereignis herum als die eigentlichen Wettkämpfe. Beispielsweise faszinierte mich die Geschichte der australischen 400-Meter-Olympiasiegerin Cathy Freeman, die als Abgesandte der Aborigines für ihr Land startete.

Erst 2004, bei den Spielen in Athen, fing ich langsam an, ein Interesse für den sportlichen Teil dieses größten Sportspektakels der Welt zu entwickeln. Im deutschen Hockey-Herrenteam spielte mit Eike Duckwitz ein Teamkollege, und natürlich fieberte der ganze UHC mit ihm. Beim Spiel um Bronze hockte die gesamte Mannschaft vor dem Fernseher, um zu sehen, wie Eike gegen Spanien zum 2:2 ausglich, und wie Deutschland letztlich 4:3 durch ein Golden Goal von Björn Michel gewann. Nicht zu vergessen die deutschen Hockey-Damen, die völlig überraschend Gold holten.

Für mich war Olympia damals ungefähr so weit weg wie der Mars, unter einem Olympischen Dorf konnte ich mir überhaupt nichts vorstellen; und wenn etwas nicht greifbar ist oder kein realistisches Ziel für mich darstellt, dann fehlt mir einfach die Vorstellungskraft, um zu kapieren, was es bedeutet. Und genauso unbedarft schlitterte ich nach der Weltmeisterschaft 2006 in meinen ersten olympischen Zyklus.

Mit gestärktem Selbstbewusstsein durch den Triumph bei der Heim-WM 2006 und die im Anschluss ebenfalls gewonnene Hallen-WM 2007 ging es im August 2007 zur Feld-EM nach Manchester. Ich dachte, das würde ich als zweifacher Weltmeister ganz locker aus dem Ärmel schütteln – und genauso überheblich spielte ich. Es war das schlechteste Turnier meiner Karriere, und die Rahmenbedingungen passten sich meiner Leistung nahtlos an. Das Hotel war wie ein Gefängnis. Die Fenster waren vergittert, es gab keinen Aufenthaltsraum und nur furchtbares Essen. Nach einer 5:7-Halbfinalniederlage im Neunmeterschießen gegen Spanien und einem 3:4 gegen Belgien im Spiel um Bronze verpassten wir als Vierter die direkte Qualifikation für die Olympischen Spiele 2008 in Peking.

Erschwerend kam hinzu, dass es in der Mannschaft einen gehörigen Umbruch gegeben hatte. Nach dem WM-Titel 2006 hatte Bernhard Peters seinen Job als Bundestrainer an Markus Weise weitergereicht. Für das Team war das eine immense Umstellung, weil diese beiden Trainertypen sich diametral gegenüberstanden. Bernhard, der Kontrollfreak, hätte am liebsten jeden Laufweg aufgezeichnet. Bei ihm war schon am Vorabend jedes Spiels klar, wer in der Startelf stehen und wer auf der Bank sitzen würde.

Markus dagegen hat den Spielern in vielen Bereichen größere Freiheiten gelassen. Die Aufstellung erfuhren wir kurz vor Spielbeginn, wenn er sie auf seine kleine Trainertafel schrieb. Mit dieser neuen Freiheit im Denken und Handeln konnten viele von uns – mich eingeschlossen – anfangs nicht umgehen.

Jeder Spieler begann deshalb, seine Grenzen auszutesten und zu schauen, wie weit er seinen Freiheitshorizont individuell ausreizen konnte. Markus, der zudem auch noch den gesamten Trainerstab ausgetauscht hatte, versäumte es, seine Spielidee so zu erklären, dass er jeden mitnehmen konnte. Und wir Spieler brachten ihm nicht das nötige Vertrauen und auch nicht den gebotenen Respekt entgegen. Daraus entwickelte sich eine Phase, in der wir als Mannschaft nicht mehr funktionierten.

Nachdem die direkte Olympia-Qualifikation verspielt war, wollte ein Teil der Mannschaft den Verband dazu auffordern, sich so schnell wie möglich von Markus Weise zu trennen. Irgendwann im Herbst 2007 kam es zu der als „Sport-Bild-Treffen" bekannt gewordenen Aussprache, die ihren Namen daher hat, dass in der „Sport Bild" ein von einem Paparazzo geschossenes Foto auftauchte, auf dem wir durchs Fenster eines Kellerraums in der Sporthochschule Köln zu sehen waren. Bis heute wissen wir nicht, wer diesen Termin geleakt hatte.

Die Ergebnisse dieser Versammlung setzten einen sehr dynamischen Prozess in Gang – davon später mehr. Nur so viel: Ich selbst hatte noch keine feste Meinung zu der Sache und war mit der Situation unzufrieden. Selbstkritisch musste ich allerdings einräumen, dass mein eigenes Verhalten überheblich gewesen war und wir als Team sicherlich einen guten Teil zum Scheitern beigetragen hatten. Mit Sebastian Biederlack, der beim Hamburger Rivalen Club an der Alster spielte, gab es einen vehementen Fürsprecher für Markus Weise. Er überzeugte die Mannschaft davon, sich auszusprechen und einen weiteren Versuch zu starten. So wurde es auch gemacht.

Und es funktionierte. Anfang Dezember 2007 gewannen wir die Champions Trophy in Malaysia und hatten einen großartigen Teamgeist. Bei diesem Turnier starteten wir auch die sagenhafte Serie, dass wir niemals während desselben Turniers zweimal gegen den gleichen Gegner verloren. Im letzten Gruppenspiel in Malaysia waren wir 0:5 gegen Australien untergegangen, einen Tag später besiegten wir die Australier dann im Finale mit 1:0. Performen, wenn es darauf ankommt!

Mit diesem Rückenwind ging es für uns Anfang April 2008 zum Olympia-Qualifikationsturnier nach Kakamigahara in Japan. Zu wissen, was es bedeutete, sich für Olympia zu qualifizieren, erhöhte den Druck immens, denn nur noch ein einziger der zwölf Plätze für Peking war zu vergeben. Es gab eine Sechsergruppe, in der jeder gegen jeden spielte und der Gruppensieger sich dem -zweiten abschließend zum Finale um das Olympiaticket stellte.

Wir marschierten mit fünf Siegen und 30:0 Toren durch die Gruppenphase. Im Endspiel ging es erneut gegen Gastgeber Japan, den wir in der Gruppe 4:0 besiegt hatten. Das sind oft die gefährlichsten Spiele, weil du einerseits denkst, dass du den Gegner locker besiegen kannst, und andererseits weißt, dass dieses Endspiel für die Japaner im eigenen Land ein ganz besonderes werden würde. Ich brenne für diese Entscheidungsspiele. Außerdem war ich besonders motiviert dadurch, dass meine Mutter, mein Onkel Thosi und Andy Kutter, ein sehr guter Freund der Familie, nach Japan mitgereist waren und auf der Tribüne im deutschen „Mini-Fanblock" saßen. Als wir das Finale dann erneut mit 4:0 gewonnen hatten, fiel eine Menge Anspannung ab.

Allerdings: Anders als im Individualsport, wo sich jeder einzelne Athlet sein Ticket für Olympia mit seiner Leistung selbst erkämpft, holst du im Teamsport die Qualifikation für dein Land, kannst aber nicht sicher sein, dass du auch selbst dabei sein darfst. Deshalb ist die Freude nach dem Triumph zwar groß, aber eben nicht so nachhaltig. Recht schnell ereilen dich die Gedanken an den bevorstehenden Nominierungsprozess. Und du weißt: Jetzt geht die Arbeit erst richtig los!

Fast quälende drei Monate mussten wir warten, bis Ende Juni 2008, nach der Champions Trophy in Rotterdam, Markus seinen Kader für Peking bekannt geben wollte. Das tat er dann auch – und zwar auf sehr skurrile Art und Weise. Markus, der 2004 in Athen mit den Damen Gold geholt hatte, war der Meinung, daraus keine große Sache machen zu wollen. Er bat uns im Anschluss an das Spiel um Platz fünf auf einen Nebenplatz hinter dem Stadion. Dann zog er einen Zettel aus der Tasche und las die 16 Namen derer vor, die er für China ausgewählt hatte – in Art der Mannschaftsaufstellung und nicht in alphabetischer Reihenfolge. Kein Flipchart, keine Präsentation auf dem Beamer – nein, einfach nur ein Zettel!

Als der Name „Moritz Fürste" fiel, erhöhte sich mein Pulsschlag, das Kopfkino ratterte los und für einen Moment blendete ich die reale Umgebung aus. Auch meine UHC-Clubkollegen Carlos Nevado und Philip Witte waren nominiert worden und wir fielen uns jubelnd in die Arme. Im Mini meiner Freundin Stephanie traten wir ausgelassen den Heimweg an und auf dieser Fahrt begriff ich allmählich, was mir diese Nominierung bedeutete. Jetzt, da Olympia ein realistisches Ziel geworden war, konnte ich meinen gesamten Fokus darauf ausrichten, dass ich zum ersten Mal in meinem Leben am größten Sportereignis der Welt würde teilhaben dürfen.

So richtig klar wurde mir das allerdings erst bei der Einkleidung, die ungefähr vier Wochen vor dem Start der Spiele in der Mainzer Kurmainz-Kaserne stattfand. Mein Gott, dachte ich zunächst, da kriegst du halt ein paar Klamotten, was soll daran so toll sein? Dass es einer der spektakulärsten Tage meiner Karriere werden würde, hätte ich niemals erwartet.

Das gesamte Team, das gemeinsam eine Woche zuvor auf Lehrgang gewesen war, reiste an. Abends gingen wir auf Casino- und Kneipentour. Anschließend saß ich bis 5 Uhr morgens mit dem Berliner Florian Keller und meinem Hamburger Kumpel Tobias Hauke vom HTHC in der lauen Sommernacht vor der Kaserne und wir schwadronierten darüber, dass wir es wirklich zu Olympia geschafft hatten. Fünf Stunden später standen wir an der Kleiderausgabe und machten daraus eine große Modenschau. Jedes einzelne Teil wurde anprobiert, fotografiert und begutachtet. Mit zwei vollen Sporttaschen und einem prall gefüllten Rucksack verließen wir nach ein paar Stunden das Kasernengelände wieder. Sogar ein Mobiltelefon inklusive Guthabenkarte war dabei. Diesen Moment im Kreis der Mannschaft zu erleben, das war einfach großartig, und für mich der Startschuss für meine ersten Spiele.

Zwischen der Einkleidung und dem Abflug liegen nur wenige Wochen, die aber besonders anstrengend sind, weil es mental unglaublich schwierig ist, das Thema Olympia zu verdrängen. Wie bereits erwähnt bekommt die Nationalmannschaft vor großen Turnieren eine Woche hockeyfrei. In der Zeit haben wir Schlägerverbot und absolvieren nur ein Athletikprogramm. Ansonsten sollen wir den Kopf freipusten, und das tat ich auf Sylt, wo wir seit meiner Kindheit die Sommerferien in der Ferienwohnung meiner Oma nahe Rantum verbrachten. Anfang August erschien ich gut ausgeruht und mit vollen Akkus zum Abflug in Frankfurt am Main.

Beim Boarding für den Flug nach Peking gab es eine schöne Überraschung. Max Müller aus Nürnberg, Tobi Hauke und ich wurden – als einzige Spieler aus unserem 18-Mann-Kader – in die Businessklasse hochgestuft, weil es in der Economy zu voll war. Das gab eine ziemliche Aufregung im Team, weil natürlich niemand verstand, warum es ausgerechnet die Jüngsten getroffen hatte. Unser Torjäger Christopher Zeller drohte sogar im Scherz damit, er werde uns nicht zum Gold schießen, wenn er nicht Business fliegen dürfte. Uns waren Flachs und Neid aber egal, und so prosteten wir uns beim Start mit einem Champagner zu und kamen frisch und ausgeruht in China an.

Die Vielfliegerei und die häufig damit verbundenen Zeitumstellungen, die Leistungssportler generell und wir Hockeyspieler im Speziellen bewältigen müssen, bedeuten eine ungeheure Belastung für den Körper. Zumal die Athleten darauf angewiesen sind, dass ihr Körper am Zielort sofort funktioniert. Innerhalb von acht Monaten waren wir nach Malaysia (Champions Trophy 2007), Südafrika (Zentrallehrgang 2008), Japan (Olympia-Qualifikation) und China geflogen. Nicht alle können so wie ich gut im Flugzeug schlafen. Bisweilen verteilen die Teamärzte Schlafmittel. Mein viel größeres Problem ist der Jetlag. Die Faustregel, dass man pro Stunde Zeitverschiebung einen Tag zum Akklimatisieren einplanen muss, passt auf mich ziemlich genau. Die erste Nacht in Asien oder Australien ist für mich meist komplett schlaflos, die Nächte danach liege ich auch noch einige Stunden wach.

Nach der Ankunft in Peking ging es per Bus ins Olympische Dorf. Unser Gepäck war mit dem Schiff vorgeschickt worden, im Dorf nahmen wir es wieder in Empfang und bezogen, nachdem wir unsere Akkreditierung erhalten hatten, unsere Quartiere. Wir teilten uns ein Haus mit den Triathleten, die Damen mit den Basketballern um Dirk Nowitzki. Je sechs Sportler teilten sich ein Apartment.

Um sich im Dorf zurechtzufinden, braucht es ein paar Tage. Wir waren sechs Tage vor Turnierstart angereist, und die ersten fünf davon habe ich mich wie ein Tourist verhalten. Es ist eine unbeschreiblich coole Erfahrung, Leute wie Ronaldinho oder Lionel Messi zu sehen, Usain Bolt, Tony Parker oder Novak Djokovic. Ich habe alles und jeden fotografiert, die sportlichen Ambitionen traten in den Hintergrund. Olympische Spiele sind einfach keine normalen Wettkämpfe. Wer diese Emotionen nicht an sich heranlässt, der verkrampft und verpasst die Chance, sie in die notwendige positive Energie umzuwandeln. Niemand, der an Olympia teilnimmt, sollte daher die Eröffnungsfeier verpassen. Dieser Moment, in dem man selbst die Ehrenrunde hinter dem Fahnenträger dreht, ins Publikum winkt und alles wie im Traum an einem vorbeizieht, der ist magisch!

Vor dem Auszug hatten sich die Athleten aller Nationen in der großen Arena versammelt, wo die Turnwettbewerbe stattfanden.

Von der Show draußen bekamen wir nichts mit. Wir mussten warten, bis unsere Fahne auf dem Monitor eingeblendet und unsere Nation aufgerufen wurde. In den fast drei Stunden Wartezeit konnten wir viele Kontakte zu anderen Sportlern knüpfen. Da gab es großartige Szenen, zum Beispiel tanzte Novak Djokovic mit allen Neuseeländern deren Kriegstanz Haka – und die ganze Halle schaute gebannt zu.

Endlich leuchteten unsere Farben auf dem Monitor auf, und unter lauten „Dirk, wir woll'n die Fahne seh'n"-Gesängen schritten wir hinter unserem Fahnenträger Dirk Nowitzki in die riesige Arena, die sie in China Vogelnest nannten. Ich weiß nur noch, dass ich gar nichts von dem mitbekam, was um mich herum tobte. Die Runde ist kürzer, als man glaubt. Wir versammelten uns im Innenraum, Jacky Chan sang noch ein Lied, und dann war alles vorbei.

Von nun an musste der Fokus komplett auf dem Sport liegen. Jetzt galt es nicht mehr als Tourist staunend durch die Gegend zu laufen, sondern als Athlet um Gold zu kämpfen. Performen, wenn es drauf ankommt. Und die Eröffnungsfeier hatte den entscheidenden Impuls dafür gegeben.

Mit einem Schlag traten alle Randthemen, die rund um die Spiele für Diskussionsstoff gesorgt hatten, in den Hintergrund. In Peking ging es sehr viel um die politische Situation, um Zensur im Internet und Chinas fragwürdigen Umgang mit Menschenrechten. Aber all das durfte, als die Spiele begonnen hatten, für die Athleten keine Rolle mehr spielen. Dann interessierte viel mehr, ob die Bedingungen für die Wettkämpfe gut und fair waren. Jede/r Sportler/in wollte den Erfolg schaffen, den er/sie sich für den Höhepunkt seiner/ihrer Karriere vorgenommen hatte.

Das erklärt auch, warum beispielsweise die Winterspiele 2014 in Sotschi von vielen Teilnehmern, die ich kenne, als hervorragend bewertet wurden: Weil sie sehr gut organisiert waren und alles geordnet abgelaufen ist. Nach allem, was wir heute lesen und hören, war leider auch der Betrug sehr gut organisiert. Aber im Bewusstsein der Athleten, die innerhalb der 16 Wettkampftage nur ein Ziel kennen, spielt so etwas keine Rolle.

Natürlich ist es wichtig, dass Athleten eine Meinung haben und diese auch äußern können. Wer jedoch keine fundierte Meinung hat und beispielsweise die politische Lage oberflächlich kommentiert, bei Nachfragen allerdings keine Antwort hat, macht sich schnell unglaubwürdig und lächerlich. In China hatte die deutsche Olympia-Mannschaft mit der Fechterin Britta Heidemann und dem Tischtennisspieler Timo Boll zwei ausgewiesene China-Kenner im Team, die sich auch geäußert haben. Das Kommentieren und Bewerten politischer Lagen sollten sonst allerdings Verbände und Politik übernehmen.

Ich habe mich nach der Eröffnungsfeier zu einhundert Prozent auf meinen Sport fokussiert. Keine Stadtrundfahrt durch Peking, keine Tempelbesichtigungen, bloße Konzentration auf Hockey. Und so verbrachte ich die spielfreien Tage, an denen man während eines Turniers kaum trainiert, sondern nur regeneriert, hauptsächlich vor dem Fernseher, um die anderen Wettkämpfe zu beobachten.

Leider war die Logistik in Peking nicht so gut strukturiert, weswegen man es nur selten zu einem der vielen Live-Events schaffte. Aber einmal waren wir mit der gesamten Mannschaft bei den deutschen Handballern gegen Russland. Eigentlich brauchte man für jeden Wettkampf, den man besuchen wollte, eine Eintrittskarte, die der Deutsche Olympische Sportbund über die Verbände verteilt hatte. Wir hatten aber keine Karten, und so marschierten wir mit unseren Akkreditierungen um den Hals durch den Spielereingang. Den netten, aber überforderten chinesischen Ordnern gaukelten wir vor, das deutsche Handball-Team zu sein. Obwohl das Spiel zehn Minuten später beginnen sollte, machten die sich kurioserweise keinen Kopf und winkten uns durch. Wir saßen beim Spiel direkt hinter den Spielerbänken und konnten die Handballer anfeuern. Das war ein geiles Erlebnis.

Dieser Austausch mit anderen Sportlern gibt jedem einen zusätzlichen Push. Als Jan Frodeno, der mit uns im Haus wohnte, sensationell Gold im Triathlon gewann, feierten wir mit ihm. Ebenso mit den Tennismädels, Beachvolleyballern und vielen anderen aus dem deutschen Team. Zu den internationalen Athleten hatte ich in Peking noch nicht so intensiven Kontakt.

Das olympische Turnier begann für uns mit einem 4:1-Auftaktsieg gegen Gastgeber China. Weil aber danach zwei Unentschieden gegen Belgien (1:1) und Südkorea (3:3) folgten, standen wir vor dem vierten Spiel gegen Spanien gehörig unter Druck. Die Unzufriedenheit war groß, und so gab es, wie schon nach der EM 2007, eine weitere Keller-Krisensitzung, diesmal in den Katakomben des Olympischen Dorfs. Der Kölner Timo Wess eröffnete die von allen Seiten offen und schonungslos geführte Aussprache. Alles kam auf den Tisch: zu wenig Fokussierung bei einigen, zu schlechtes Regenerationsverhalten bei anderen. So eine Aussprache hat etwas Reinigendes und danach konnten wir besser aufeinander eingehen und uns individuell die Freiräume geben, die nötig waren.

Wir schlugen Spanien durch mein erstes Tor bei Olympia mit 1:0, brauchten dann allerdings einen weiteren Sieg über Neuseeland, um das Halbfinale zu erreichen. Das gelang mit einem souveränen 3:1. Von der Tribüne kam prominente Unterstützung: Morgens um 10.30 Uhr saß dort Dirk Nowitzki mit einer Dose Bier in der Hand. Er war mit den Basketballern am Vorabend in der Vorrunde gescheitert, hatte die Nacht durchgemacht und genoss nun sein Leben als Olympia-Zuschauer.

Im Halbfinale wartete dann kein geringerer Gegner als die Niederlande. Spiele gegen den Erzrivalen sind immer besonders, aber wenn es um eine Olympiamedaille geht, ist die Spannung förmlich zu greifen. Um etwas Entspannung zu finden, besuchte ich am Tag vor dem Spiel meine Familie, die in einem Hotel unweit des Olympischen Dorfs Quartier bezogen hatte. Im weiteren Tagesverlauf war ein Regenerationstraining angesetzt, und plötzlich merkte ich, dass die Zeit knapp wurde, dort auch pünktlich zu erscheinen. Ich entschied mich, ein Taxi zurück zu nehmen, hatte aber meine Rechnung ohne den Pekinger Verkehr gemacht: Eineinhalb Stunden standen wir im Stau, und als ich im Dorf ankam, war das Training beendet.

Nicht alle hatten meine Abwesenheit bemerkt, und da der Cheftrainer bei Regenerationseinheiten nicht zwingend anwesend ist, drang meine Eskapade nicht zu ihm durch. Allerdings bekam ich – völlig zu Recht – einen bitterbösen Einlauf von den Führungsspielern. Und damit nicht genug: Jeder Spieler hatte eine mannschaftsdienliche Aufgabe zu erledigen. Meine war es, nach jedem Training den Bottich zu reinigen, in dem das Elektrolytgetränk angemischt wurde. Gerade in Asien muss Hygiene für einen gesunden Hochleistungsorganismus extrem großgeschrieben werden, und deshalb legte Markus Weise höchsten Wert darauf, dass der Behälter ordentlich gespült wurde. Das jedoch hatte ich nach dem ganzen Stress vergessen, und so geriet die Ansprache ans Team am Abend zu einer Strafpredigt, in mich für den „Anschlag auf die Gesundheit des Teams" maßregelte. Zum Glück aber zeigte er sich gnädig und ließ mich im Aufgebot.

Das Halbfinale geriet zu einem der legendärsten Spiele meines Lebens. Lange lagen wir mit 0:1 im Rückstand. Zwei Minuten vor Schluss sah ich Philipp Zeller am langen Pfosten auftauchen, wo er als Verteidiger eigentlich gar nichts zu suchen hat. Meinen Pass blockte er bärenstark zum 1:1 ins Tor – das Siebenmeterschießen musste entscheiden. Und dort wurde unser Keeper Max Weinhold zum Helden. Gegen Taeke Taekema, den weltbesten Standardschützen der Hockeywelt, hielt er mit einer sensationellen Parade, nachdem er zuvor schon zwei Dinger rausgefischt hatte. Das bedeutete: Finale. Ich weiß noch, wie ich mit Carlos Nevado und Matthias Witthaus von der Mittellinie aus lossprintete, um unseren Keeper zu feiern. Auf dem Weg schrien wir uns gegenseitig zu: „Wir haben eine Medaille!" Denn das war ja nun durch den Finaleinzug sicher.

Ein olympisches Endspiel zu erleben, ist der pure Wahnsinn. Nun, da die Goldmedaille greifbar war, begannen die Gedanken in meinem Kopf Karussell zu fahren. Trotzdem gelang es der gesamten Mannschaft, sich genauso fokussiert vorzubereiten wie vor den anderen Partien auch. Gegner waren wieder die Spanier, die auch zugegebenermaßen die bessere Mannschaft waren. Aber wir gewannen wie im Vorrundenspiel mit 1:0. Christopher Zeller schoss das entscheidende Tor – und brach damit sein beim Abflug gegebenes Versprechen, uns nicht zum Titel zu schießen, wenn wir ihn nicht Businessclass würden fliegen lassen. Zum Glück hat er sich im entscheidenden Moment nicht daran erinnert!

Nach dem Abpfiff ersetzte ich im Überschwang das Trikot durch eine Deutschlandfahne und dann drehten wir komplett ab. Ein unglaublich emotionaler Moment, verstärkt dadurch, dass meine ganze Familie und vor allem auch Steph im Stadion waren. Nach der obligatorischen Medienarbeit fielen wir ins Deutsche Haus ein und haben den Mythos begründet, der sich seitdem hartnäckig hält: Hockeymänner sind die härtesten Feierbiester.

Ein paar Fakten sollen helfen, die Situation zu bewerten. Das Deutsche Haus in Peking, in dem an jedem Abend Athleten, Funktionäre und Sponsoren zusammengebracht wurden, war eine extrem spießige Angelegenheit. Frank „Buschi" Buschmann war dort Moderator, und er petzte in seiner unverblümten Art, wie lahm die Partys an den Tagen zuvor gewesen waren. Er hätte sich regelrecht dafür geschämt, mit wie wenig Enthusiasmus und Respekt die Medaillengewinner dort empfangen worden waren.

Den Hockeyherren hatte man, da das Haus am nächsten, letzten Tag der Spiele ohnehin abgebaut werden sollte, vonseiten des Deutschen Olympischen Sportbunds (DOSB) erlaubt, mit dem „Abbau" (Smiley) schon zu beginnen. Nur deshalb ließen wir unserer Feierwut von höchster Stelle autorisierten, freien Lauf. Es war aber auch wirklich ein geiles Fest. 400 Leute waren am Start und feierten bis in die Puppen. Darunter die neuseeländischen

Hockeyherren, die mit allen, die es wollten oder auch nicht, ihren Haka tanzten. Die Siebenkämpferin Jenny Oeser, die ich kürzlich im Rahmen der Fernsehshow *Ewige Helden* richtig kennenlernte, zeigte mir Fotos, die sie als Gast im Deutschen Haus von uns gemacht hatte. Das sind Aufnahmen für die Ewigkeit.

Am nächsten Tag hatten wir frei, weil der Rückflug erst für den folgenden Tag terminiert war. Wir lungerten im Olympischen Dorf am Pool herum und ärgerten die Holländer, die als Vierte das Turnier beendet hatten. Wir machten uns einen Spaß daraus, unsere Medaillen vor ihnen ins Wasser zu werfen und danach zu tauchen. Wenn wir sie hatten, reckten wir sie laut grölend wie eine Trophäe in die Höhe. Ich gebe zu: Das war weder taktvoll noch demütig, und ich schäme mich heute auch ein wenig dafür. Es fällt in die bereits erwähnte Kategorie, dass man als Sportler nicht nur verlieren, sondern vor allem auch gewinnen können muss. Aber die Fähigkeit, den Olympiasieg auf diese Weise zu reflektieren, ging mir zu diesem Zeitpunkt ab. Und zur Rivalität gehören solche Sticheleien vielleicht auch mal dazu.

Der Rückflug nach Deutschland reihte sich nahtlos in die Marathonparty ein, und als wir Hamburger Olympiasieger – Sebastian Biederlack, Tobi Hauke, Philip Witte, Carlos Nevado und ich – in Hamburg ankamen, war dort die Hölle los. Die gesamte Ankunftshalle war randvoll mit Mitgliedern der drei großen Hockeyklubs – einfach sensationell. Jeder wurde von seinem Verein anders empfangen. Tobi zum Beispiel durfte auf einem Schimmel ins Harvestehuder THC-Clubhaus reiten. Wir drei UHCler wurden mit einer Limousine ins Vereinsheim gekarrt, dort feierten 600 Menschen bis in den frühen Morgen.

Zeit, um das Erlebte zu genießen oder zu verarbeiten, blieb allerdings wie üblich nicht. „Weiter, immer weiter." Drei Wochen nach Olympia mit einer Woche Urlaub begann die neue Saison in der Feld-Bundesliga. Voller Euphorie verspürte ich richtige Lust auf Hockey und darauf, mich nun als Olympiasieger beweisen zu müssen.

Wie fällt das Fazit meiner ersten Olympischen Spiele 2008 in Peking aus? Leider muss man sagen, dass die Atmosphäre, die von den Rängen kam, nicht allzu begeisternd war. Zwar saßen bei unseren Spielen viele Zuschauer auf den Tribünen, aber man wurde das Gefühl nicht los, dass ihnen der Besuch verordnet worden war. Von unserem Sport hatten die Menschen wenig Ahnung, und das hat das Gesamterlebnis ein wenig geschmälert.

Die Goldmedaille war die Krönung eines sehr erfolgreichen Jahres, in dem ich mit dem UHC erstmals die Euro Hockey League, das Pendant zur Champions League im Fußball, gewinnen konnte. Emotional war das Gold das absolut Größte, was ich bis dahin erlebt hatte.

In meinem Bewusstsein konnte Peking bewirken, dass mich die Magie von Olympia vollständig in ihren Bann zog. Und bis heute hat mich dieser Zauber nicht mehr losgelassen. Das war nur möglich, weil ich die Spiele live miterleben konnte. Umso trauriger war ich, als die Hamburger Bevölkerung 2015 gegen eine Bewerbung für die Sommerspiele 2024 stimmte. Ich hätte es mir für meine Heimatstadt und deren sportbegeisterte Einwohner so sehr gewünscht, diese Erfahrung auch machen zu können. Denn wer es nicht erlebt hat, der wird den „Zauber der Ringe" niemals ganz verstehen.

Ein paar Wochen wirkte der Ruhm des Goldes nach. Wir waren als Team bei der Sportlerwahl nominiert, wir durften zum „Club der Champions" reisen, wir hatten einen Auftritt beim seinerzeit angesagten Stefan Raab in seiner Show *TV Total*.

Meine Goldmedaille aus Peking habe ich sehr gut aufbewahrt. Sie hängt, zusammen mit dem Gold aus London und der Bronze aus Rio, im Flur meiner Wohnung. Aber im Herbst 2008 hatte ich natürlich noch keinen blassen Schimmer davon, dass das chinesische Gold nicht allein bleiben sollte …

KAPITEL 9

WER LEISTUNG BRINGT, DARF AUCH FEIERN

Eine wesentliche Erkenntnis aus dem Prozess des Buchschreibens ist die, dass die spannendsten Momente im Leben eines Leistungssportlers gar nicht zwingend auf dem Spielfeld passieren. Dort, wo Leistung messbar ist, werden zwar die Grundlagen gelegt für all das, was man erreicht. Aber das, was sich aus Leistung ergibt; die Belohnung für das, was man sich über Monate erarbeitet hat, die gibt es manchmal in Hinterzimmern oder abseits der großen Bühne. Dort, wo nur der engste Kreis, der „Inner Circle", dabei sein kann. Und genau dorthin möchte ich euch nun mitnehmen, denn dort beginnen meine Erinnerungen an meine zweiten Olympischen Spiele.

Die Nominierung für die Sommerspiele 2012 fand auf Wunsch der Mannschaft in Düsseldorf statt, wo wir uns Ende Juni für einen Lehrgang und das traditionelle Vier-Nationen-Turnier „Ergo Masters" getroffen hatten. Nach den Erfahrungen von 2008, als Bundestrainer Markus Weise die Namen der Nominierten im Rahmen der Champions Trophy auf einem Nebenplatz in Rotterdam verlesen hatte, sollte diesmal der Kader schriftlich präsentiert werden. Und so hängte der Bundestrainer nach dem letzten Spiel beim Masters ein Plakat in der Kabine auf, auf dem die Namen der 16 London-Fahrer standen.

Man betritt die Kabine, Anspannung pur liegt in der Luft, hastig sucht man seinen Namen auf der Liste – und dann der Moment, in dem man ihn sieht, liest und realisiert: Man hat's geschafft. Ein unbeschreibliches Gefühl macht sich im ganzen Körper breit. Stellt euch vor, da ist etwas, worauf ihr so lange hingearbeitet habt. Und weil es eben nur ein so kurzer Augenblick ist, wenn sich die Buchstaben auf dem Papier zum eigenen Namen zusammensetzen, und man in diesem Augenblick auch gar nichts mehr tun kann, um die Situation noch zu verändern, ist es eine unglaubliche Anspannung, die sich von der einen auf die andere Sekunde löst.

Was es bedeutet, einen Mannschaftssport zu betreiben, wird in solchen Situationen besonders intensiv fühlbar. Es gab in Düsseldorf zwei Spieler, die aus dem Kader gestrichen wurden. Zum einen war das Mats Grambusch, mit 19 Lenzen unser Jüngster, der damit schon irgendwie gerechnet hatte. Natürlich war auch für ihn die Enttäuschung groß, aber er nahm es sportlich, sicherlich in dem Bewusstsein, noch einmal in seiner Karriere eine Chance zu bekommen. Vier Jahre später vor Rio war er wieder mit von der Partie. Mats umarmte alle Spieler und verabschiedete sich.

Zum anderen traf es Jan-Marco Montag, der vier Jahre zuvor nur als Ersatzspieler für Peking nominiert worden war, ab dem Halbfinale für Oliver Korn einspringen durfte und so seine Goldmedaille schon in der Tasche hatte. „Jambo" war ein supererfahrener Spieler und ein klasse Typ für jede Mannschaft. Ihn, der damals 28 Jahre alt war, traf die Nichtnominierung ungleich härter, weil er wusste, dass London seine letzte Olympiachance gewesen war. Wortlos stand er auf und verließ den Raum, und jeder von uns konnte das absolut nachvollziehen. Zehn Minuten später aber kam er zurück, nachdem er die erste Enttäuschung mit sich allein ausgemacht hatte, und verabschiedete sich unter Glückwünschen von jedem Nominierten. Das war eine absolut unglaubliche Reaktion. Der Respekt, den er in diesem Moment der Mannschaft zollte und der von der Mannschaft erwidert wurde, war einer der wertvollsten Teammomente meiner Karriere.

Meine Freude, das Ticket nach London gelöst zu haben, war riesig. Insbesondere weil die im Prolog erwähnten 16 Monate Wahnsinn mein Leben zwischen September 2011 und Dezember 2012 auf links und wieder zurück gedreht hatten. Der

Kreuzbandriss war überstanden, und dank des harten Rehatrainings fühlte ich mich so fit wie nie zuvor. Das hat mir hockeytechnisch auf dem Zentrallehrgang in Südafrika zwar nichts gebracht, aber zu wissen, dass ich mich auf meine Athletik verlassen konnte, half mir, an mein Knie keinerlei Gedanken zu verschwenden.

Anfang Mai spielten wir in der Londoner Riverbank Arena, dem späteren Schauplatz des Hockeyturniers im Olympiapark, einen Testwettkampf gegen Australien, die Niederlande und England. In jenen Tagen machte sich in mir die Vorfreude breit auf meine zweiten Spiele. Voller Einsatz war gefragt, um dabei sein zu dürfen. Ich hatte ein Pausensemester eingelegt und deshalb die Chance, mich nur auf meinen Sport zu konzentrieren. Parallel zum Hockey musste ich keinerlei Verpflichtungen nachkommen, sondern konnte wie ein Profi leben. Es war, als würde ich mit 27 mein Studentenleben nachholen, und nicht nur einmal habe ich mich dabei ertappt, wie ich die Fußballer darum beneide, dass sie immer den 100-prozentigen Fokus auf ihren Sport richten können.

Am 24. Juli, sechs Tage vor unserem ersten Gruppenspiel gegen Belgien, flog der gesamte Kader von Frankfurt am Main nach London.

Die Tage vor den Spielen habe ich deutlich entspannter in Erinnerung als vier Jahre zuvor. Die unbändige Euphorie war einer entspannten Gelassenheit gewichen, wodurch ich die Sache noch mehr genießen konnte. Das ganz eigene Flair, das nur Olympia ausstrahlt, ist faszinierend. Die Möglichkeit, Stars zu treffen, die man nur aus dem Fernsehen kannte, wirkte wieder wie eine Antriebsfeder.

Eine entscheidende Neuerung gegenüber den Spielen von Peking war das Aufkommen von Social Media. Ich war immer schon medienaffin und diesen Dingen gegenüber sehr aufgeschlossen. In einer Diskussion mit unserem Teampsychologen Michael Kuhn über das Pro und Contra wurde festgelegt, in welcher Form wir Spieler Twitter und Co. nutzen durften. Wie immer bei schwierigen Entscheidungen wurde durch die offene Auseinandersetzung ein Kompromiss geschlossen. An Spieltagen war ab der Spielbesprechung die Nutzung des Internets verboten – fertig.

Welche Kraft die sozialen Netzwerke entfalten, zeigte sich daran, dass wir Athleten uns über Twitter oder Facebook untereinander besser unterstützen und feiern konnten. Das war die Geburtsstunde für die Chatgruppe „Team Deutschland", in der alle miteinander in Kontakt treten konnten. Und man erfuhr auch aus anderen Teams, was gerade ging. Ich weiß noch, wie LeBron James, der Basketball-Superstar aus dem US-Dreamteam, seine Ankunft im Dorf twitterte, woraufhin viele unserer Jungs die Beine in die Hand nahmen und lossprinteten, um Fotos zu machen.

Das Olympische Dorf von London war mit sehr viel Liebe zum Detail gestaltet und steht beispielhaft für eine nachhaltige Nutzung auch über die Spiele hinaus. In dem zu einem lebendigen Viertel avancierten Areal leben heute ca. 10.000 Menschen. In London war es viel grüner. Die Chill-Areas mit Kickertischen, Tischtennisplatten und Dartscheiben waren in viel Grün eingebettet. Überall standen Sportmöglichkeiten zur Verfügung.

Drei verschieden gestaltete Verpflegungsstützpunkte versorgten die Athleten. Als akkreditierter Athlet im Dorf konnte man sich ohne Bezahlung an allen Stationen bedienen, so oft und so ausgiebig wie nötig oder gewünscht. Man konnte zwischen vier verschiedenen Themenbereichen für warme Speisen wählen: britisch, italienisch, asiatisch und mediterran. Das Essen war zwar keine ausgewiesene Sportlernahrung, aber doch weitestgehend so gut, dass man sich über drei Wochen hinweg sehr ausgewogen und abwechslungsreich ernähren konnte.

Einzige Regel: Nach dem Essen mussten die Hände desinfiziert werden. Die Mensa ist der Ort, an dem sich jeden Tag eine große Menge an Athleten begegnet, und deshalb natürlich auch ein Hort für Bakterien und Viren. Nach Spielen gab es meist eine Nudelmahlzeit, um schnell Kohlehydrate nachzutanken, ansonsten durfte jeder nach seinem Geschmack wählen. Wobei, eine Ausnahme gab es doch: McDonald's! Als Hauptsponsor des Internationalen Olympischen Komitees ist das goldene M in jedem Dorf vertreten, auch wenn das mit gesunder Ernährung schwer in Einklang zu bringen ist. Für das deutsche Hockeynationalteam war McDonald's für die gesamte Dauer des Turniers tabu. Aber wer die viele Meter langen Schlangen, die sich jeden Tag vor dem Tresen bildeten, gesehen hat, der weiß, dass das längst nicht für alle Sportler galt.

Und für einen schon gar nicht. Usain Bolt haben wir mitten im Dorf am Tag seines Halbfinals mittags in der Mensa gesehen, wie er sich locker-flockig eine 20er-Packung Chicken Nuggets reingepfiffen hat. So richtig schlechte Auswirkungen hatte das auf seine Leistung nachweislich nicht. Und das bestätigt meinen Leitsatz: Nur ein glücklicher Athlet ist ein guter Athlet. Es darf auch mal eine Portion Nuggets sein, wenn es den Athleten zufriedener macht.

Getränke gab es in der Mensa in großen Kühlschränken, aus denen man sich bedienen konnte. In den Häusern standen zudem mit einem Chip bedienbare Getränkeautomaten. Alles ebenso kostenfrei wie das Essen. Für mich als Kaffeejunkie war es großartig, dass überall kleine Espressowagen standen, an denen sehr guter Kaffee ausgeschenkt wurde. Morgens ein leckerer Kaffee, dann kann der Tag eigentlich nicht schlecht werden.

Für mich, der Frühstück als die wichtigste Mahlzeit des Tages schätzt, entpuppte sich die olympische Mensa als Paradies. Beim Frühstück bot sich die günstige Gelegenheit, viele Sportler aus den unterschiedlichsten Nationen anzutreffen. An den Trainingsanzügen, die die meisten die ganze Zeit übertrugen, erkannte man die Herkunft. Ich fand es immer spannend zu sehen, wie unterschiedlich gefrühstückt wird. Während der Mitteleuropäer sich an Obst und Backwaren hält oder mal eine Eierspeise dazu wählt, vertilgen Asiaten schon morgens Reis mit Hühnchen in rauen Mengen.

An spielfreien Tagen hatten Linus Butt, Oskar Decke und ich ein festes Ritual. Da der Regenerationslauf um 11 Uhr morgens der einzige feste Termin des Tages war, hatten wir eine Menge Freizeit. Bis 10 Uhr wurde gefrühstückt, danach drehten wir noch eine Runde durchs Dorf, um uns dann auf einer Bank niederzulassen und das bunte Treiben zu beobachten und zu genießen. Diese Momente muss man einfach so bewusst wie möglich aufzusaugen. Wenn dann auch noch das Wetter mitspielt... Wer denkt nicht gerne an die Fußball-WM 2006 zurück, als mit dem Eröffnungsspiel der Sommer kam und so lange blieb, bis das Turnier beendet war? Und so saßen wir in London mit Flip-Flops, Shorts und T-Shirt auf einer Bank und genossen unser Leben, das sich in diesem Moment wie ein unbezahlbarer Urlaub anfühlte.

In unserem Achter-Appartement teilte ich mir ein Zweierzimmer mit Kapitän Max Müller. Außerdem schliefen auf einer Matratze im Wohnzimmer noch Linus und der zweite Torwart Nico Jacobi, die als Ersatzspieler, sogenannte P-Akkreditierte, kein Bett im Dorf zugeteilt bekommen hatten, aber keine Lust hatten, außerhalb im Hotel zu wohnen. Also pennten sie heimlich bei uns. Jeden Morgen ab 8 Uhr lief im Wohnzimmer der Fernseher, über den man Zugriff auf alle internen olympischen Kanäle hatte. Außerdem streamten wir über einen Beamer das Programm von ARD und ZDF. So konnten wir, wenn nicht gerade selbst auf dem Spielfeld in Aktion, ununterbrochen Olympiasport bestaunen. Oder wir saßen auf unserer Terrasse und quatschten. Die Franzosen trugen in ihrem Haus sogar die Stühle von den Terrassen vorne vor die Tür und entspannten oft dort in der Sonne. Eine wunderbare Atmosphäre.

Wer dazu keine Lust mehr hatte, schlenderte in nur 15 Gehminuten hinüber in den Olympic Park und wohnte live irgendwelchen Wettkämpfen bei. Ich habe viel mehr andere Events besucht als in Peking, war beim Volleyball, Handball, Synchronspringen und bei einigen Spielen unserer Hockeydamen. Die Wettkampfstätten waren alle ohne großen Aufwand zu erreichen. Auch mit der U-Bahn durch London zu fahren, war immer ein Erlebnis. Man kam so in Kontakt zu den Menschen in der Stadt kam, die sehr viel Anteil nahmen. Dadurch kamen richtig interessante Gespräche zustande.

Grundsätzlich unterschied sich die Stimmung in London sehr von der in Peking. Für die Briten hat Sport an sich einen ganz anderen Stellenwert und erfährt dadurch eine unglaubliche Wertschätzung. Als Hockeyspieler spürte man das noch einmal ganz besonders deutlich, denn nach Leichtathletik und Basketball war Hockey die publikumsträchtigste Sportart der Spiele! Zu jeder Partie war das Stadion mit 16.000 Menschen ausverkauft. Das Publikum war zudem fachkundig und applaudierte an den richtigen Stellen. Und das machte natürlich sehr viel Spaß.

Schon vor der Eröffnungsfeier war diese besondere Atmosphäre zu spüren. Wir versammelten uns vor dem deutschen Haus und zogen gemeinsam durch ein Spalier von Zehntausenden jubelnder Fans zum Olympiastadion. Für die Hockeyteams war die Feier besonders spektakulär, weil mit der Berlinerin Natascha Keller eine Hockeylegende die Fahne tragen durfte. Das bescherte unserer Sportart zusätzliche Aufmerksamkeit. Und auch wenn ich das ganze Prozedere in Peking schon einmal erlebt hatte, gab mir die Eröffnungszeremonie wieder einen enormen Motivationspush. Emotionale Momente schaffen es einfach, mich komplett außer Gefecht zu setzen, und die olympischen Eröffnungsfeiern sind an Emotionalität kaum zu überbieten.

Sportlich galt es in London einen ganz neuen Ansatz zu bewältigen, da wir mit Belgien einen sehr starken Auftaktgegner zugelost bekamen. Gegen die Belgier konnten wir es uns nicht leisten, mit angezogener Handbremse ins Turnier zu starten. Zum Glück gewannen wir 2:1. Und nach Siegen gegen Südkorea

(1:0) und Indien (5:2) hatten wir schon vor dem vorletzten Gruppenspiel gegen den Erzrivalen Niederlande das Halbfinale erreicht. Bereits sechs Tage vor dem Halbfinale hatten wir ohne Spannung zwei weitere Gruppenspiele vor der Brust. Im Nachhinein stufe ich diese Phase als enorm wichtig für das ein, was wir am Ende in London erreichten. Wir spekulieren nicht darauf, als Gruppenerster im Halbfinale vielleicht mit dem Zweiten der Parallelgruppe einen leichteren Gegner zu erwischen. Uns ist bewusst, dass wir, um Gold zu holen, jeden irgendwann schlagen müssen. Immer wenn uns zehn Prozent Motivation fehlen, kommen dabei Niederlagen heraus. Das ist insofern kein Beinbruch, als dass keine Mannschaft über ein gesamtes Turnier hinweg in jedem Spiel Topleistung bringt. Und da man gegen Holland nicht gewinnt, wenn nicht alle ihr Maximum erreichen, war die 1:3-Niederlage die logische Konsequenz.

Spannend war der Prozess, den die Mannschaft im abschließenden Gruppenspiel gegen Neuseeland durchlief. Noch immer fehlte uns angesichts der Tabellenkonstellation der Fokus. Für Neuseeland aber ging es um Fördergelder, die sie nur erhalten würden, wenn sie bei Olympia mindestens Rang sechs erreichten. Deshalb mussten sie unbedingt siegen, um Gruppendritter zu werden, und so spielten sie auch. Zur Pause lagen wir 2:4 zurück, und in der Kabine herrschte eine merkwürdige Atmosphäre. Es war eine Mischung aus „Ist doch egal"-Stimmung und dem Anspruch, nicht mit einer krachenden Niederlage ins Halbfinale gegen Weltmeister Australien gehen zu wollen.

Der Mannschaftskonsens lautete, die zweite Halbzeit mit Vollgas zu spielen, und das setzten wir auch um. 5:5 lautete das Endergebnis, und so konnten wir mit dem Gefühl einer starken Halbzeit am 9. August 2012 ins Halbfinale gegen Australien gehen. Performen, wenn es drauf ankommt, dieser Satz sollte auch in London seine Gültigkeit behalten. Markus Weise hatte uns zur Teambesprechung in die Wäscherei gebeten – Aus- beziehungsweise Ansprachen im Keller haben bei uns eine gewisse Tradition! So saßen wir also zwischen Wäschebergen und Waschmaschinen und lauschten der Taktik, die sich der Trainer gemeinsam mit seinem Assistenten Stefan Kermas ausgedacht hatte. Zu unser aller Überraschung eine ganz andere, als wir bislang gespielt hatten.

Um Australien zu beeindrucken, setzte das Trainerteam auf das Konzept „Stärken stärken". Wir spielten im Fünferaufbau mit zwei zusätzlichen Centern im Mittelfeld, die meistens Tobias Hauke und Moritz Fürste hießen. Auf den Außenbahnen hatten wir mit Benny Wess, Oliver Korn und Jan-Philipp Rabente richtig laufstarke Leute. Unser Spiel war auf Ballbesitz angelegt, wir wollten die Australier viel laufen lassen und ihnen keinen Raum geben, ihr eigenes Spiel aufzuziehen. Dazu durften wir im Mittelfeld keinen Ball verlieren. Das Konzept ging voll und ganz auf, und es wurde eins der drei besten Länderspiele meiner Karriere. Wir hatten es mit unserem Stil geschafft, die Australier auszubremsen und sie über weite Strecken auf den Flügeln zu halten, sodass sie uns im Schusskreis nicht gefährlich werden konnten.

Hinzu kam eine sensationelle Eckenquote. Das begann damit, dass beim Stand von 0:1 die beiden etatmäßigen Schützen Christopher Zeller und Thilo Stralkowski nicht auf dem Feld waren, um unsere erste Ecke zu schießen. Ich diskutierte als 1c-Schütze mit Timo Wess darüber, was wir tun sollten. Mit dem Linksableger auf Timo konnte Australien rechnen, weil der Weltklasse und deshalb auch bekannt war. Also übernahm ich die Verantwortung und entschied, die einzige Ecke, die ich in London schießen sollte, links unten zu versenken. Rückblickend war das 1:1 ein immens wichtiger Schritt in meiner Karriere.

Zwar lagen wir kurz nach der Halbzeit wie aus dem Nichts noch einmal zurück, drehten das Spiel aber innerhalb von acht Minuten durch ein Tor von Matthias Witthaus, eine Ecke von Timo Wess und ein Kontertor von Florian Fuchs und überrollten die Australier. 4:2! Finale! Und wer anderes sollte unser Gegner sein als die Niederlande, die uns im Gruppenspiel besiegt hatten und die schon wie die Olympiasieger durchs Dorf stolzierten, nachdem sie die Briten im Halbfinale mit 9:2 deklassiert hatten.

Ich hatte mir das Spiel gemeinsam mit ein paar Jungs im Stadion angeschaut, und wir waren der einhelligen Meinung, dass diese Ausgangssituation das Beste war, was uns hätte passieren können. Oranje war sich des Goldes nun sehr sicher. Und wir dachten nur: „Jetzt haben wir euch!" Unsere Überzeugung war, dass uns keine Mannschaft innerhalb eines Turniers zweimal schlägt.

Wir wussten, was zu tun war, um die Niederlande zu schlagen: Ihnen ihre Stärken in den Eins-gegen-eins-Duellen zu nehmen, keinen Raum zur Entfaltung und uns nicht ausdribbeln zu lassen. Was auf dem Papier ziemlich einfach klingt, ist in Wahrheit mit unglaublich hartem, diszipliniertem Kampf verbunden. Gefühlt gewannen wir 90 Prozent der Defensivzweikämpfe und ließen kaum eine Torchance zu. Ihr einziges Tor schoss Mink van der Weerden mit einer Ecke zum 1:1.

Ein olympisches Finale zu gewinnen ist niemals Glück, alles ist irgendwie geplant. Wie es dann aber passiert ist, dass wir das Spiel 2:1 gewannen, das war schon große Klasse. Es zeigte, dass in unserer Mannschaft jeder Spieler mit dem Selbstvertrauen ausgestattet war, den Unterschied ausmachen zu können. Dass mit Jan-Philipp Rabente, der damals noch bei Uhlenhorst Mülheim spielte und jetzt für den UHC aktiv ist, ein Spieler zum Helden werden sollte, der im Finale nur 22 Minuten Spielzeit bekam, hat nicht nur die Holländer überrascht. Aber „Rabbi", der die Heldensaga mittlerweile nicht mehr hören mag, weil es ihn zu Recht nervt, darauf reduziert zu werden, war da, als wir ihn brauchten. In der 33. Minute hatte er den Ball nach einem sensationellen Solo bereits über Hollands Torwart zum 1:0 ins Netz gelupft. Jetzt, vier Minuten vor Spielende, blockte er die Kugel zum 2:1 über die Linie. Sechs Länderspieltore hat er in seiner Karriere geschossen, zwei davon im Olympiafinale. Das muss ihm erst einmal jemand nachmachen!

Die überbordenden Gefühlswallungen nach dem Abpfiff waren vergleichbar mit denen in Peking. Ich war wie in Trance und einfach nur glücklich. Aber Zeit, um das Glücksgefühl zu genießen, blieb durch die obligatorischen Pressetermine sowieso nicht. Im ZDF-Studio trafen wir auf einen ziemlich genervten Rudi Cerne, der während des Interviews mit mir die im Hintergrund feiernde Mannschaft nicht ganz so lustig fand. Aber die Spiele waren ja auch lang und unser Finale am vorletzten Abend.

Noch seltsamer war die Stimmung im Deutschen Haus an der Canary Wharf, wo wir am Abend kurz auf die Bühne geholt wurden, um dann von den anwesenden Sponsoren brav beklatscht zu werden. Rasch suchten wir daraufhin das Weite. *MS Deutschland* hieß das Ziel, ein Hotelschiff, das in der Nähe vor Anker lag. Dort hatte der Deutsche Hockey-Bund unsere Siegesparty organisiert.

Um diese Feier ranken sich bis heute Legenden, die Gerüchteküche hatte Hochkonjunktur. Ich glaube, dass der Ort bei aller Exklusivität für eine Party von jungen Menschen zwischen 20 und 40 einfach unglücklich gewählt war. Die Feier fand im Casino des Traumschiffs statt, das mit edlem Teakholz vertäfelt und mit Kronleuchtern und edlem Kristall geschmückt war. Die Decken waren aus buntem Glas, alles war nobel und teuer eingerichtet. In dieser Umgebung bewegen sich im Normalfall Menschen in der Altersklasse 65 plus, und nun tanzte und trank dort eine Gruppe von 400 Menschen, die meisten von ihnen jung und ausgelassen.

Die Party war eigentlich eine ganz normale Feier. Dass dabei ein paar Gläser zu Bruch gehen und nicht alle Zigaretten ordnungsgemäß in Aschenbechern ausgedrückt werden, ist nichts Außergewöhnliches. Das Personal war bester Laune, hat mitgefeiert, und ein Koch hat sogar das berühmte „Humba tätärä" angestimmt, davon gibt es Videos. Das Problem begann, als der Kapitän um 4.30 Uhr die Party auflöste und dabei aus Versehen das gesamte Schiff räumen ließ. Seine Durchsage, die Party sei beendet und man solle das Schiff verlassen, war nicht nur auf dem Casinodeck, sondern auch in allen Kabinen zu hören, was dazu führte, dass morgens um 4.30 Uhr verschlafene Hotelgäste an der Pier standen und nicht wussten, was überhaupt vor sich ging. Wir wurden zurück ins Olympische Dorf gebracht und legten uns schlafen. Wenige Stunden später standen plötzlich unser Sportdirektor Heino Knuf und Michael Vesper, Chef de Mission des Deutschen Olympischen Sportbunds, auf unserem Flur. Um 8.30 Uhr verklickerten sie mir, dass es auf der *MS Deutschland* Ärger gegeben habe und wir zu einer Krisensitzung dorthin fahren müssten. Ich habe dem Kapitän ein Trikot überreicht und im Namen der Mannschaft um Entschuldigung gebeten, obwohl ich gar nicht genau wusste, worum es ging. Der Kapitän war sehr freundlich und verständnisvoll, er sagte, es sei eine tolle Party gewesen, die er aber habe beenden müssen, weil sichergestellt werden musste, dass der normale Betrieb weitergehen konnte. Die entstandenen Schäden bezeichnete er als „Kleinkram, den man verschmerzen kann". Den Raum haben wir uns gar nicht mehr angeschaut, weil die Sache für uns erledigt schien.

Erst einige Wochen später, ich machte gerade Urlaub in der Dominikanischen Republik, erfuhr ich aus der *Bild*-Zeitung, dass sich der durch besagte Feier entstandene Schaden auf rund eine halbe Million Euro belaufen habe. Ich weiß bis heute nicht, wie dieser Betrag zustande gekommen sein soll. Es handelte sich einfach um einen großen Marketing-Scherz der Reederei auf unsere Kosten, wodurch auf einmal das Schiff in aller Munde war. Zwei Tage nach der Party hatten wir uns ja selbst davon überzeugen können, dass die *MS Deutschland* absolut einsatzfähig über den Ärmelkanal schipperte. Denn wir durften mit 180 Athleten und deren Begleitung von London nach Hamburg mitfahren, wo ein großer Empfang für die Sportler geplant war.

Es war eine sensationelle Reise. Schon am letzten Tag in London hatten wir auf der Terrasse unseres Hauses mit 40 Athleten aus verschiedenen Sportarten gefeiert und uns einfach treiben lassen. In den 36 Stunden auf See folgten zwei weitere legendäre Partynächte. Und als wir dann am Mittwochmorgen die Elbe hinauffuhren, konnten wir nicht fassen, wie viele Menschen dort am Ufer standen und uns zuwinkten. Hamburg hatte in jenen Tagen noch die Ambition, Olympiaausrichter zu werden, und die Stadt und ihre Sportfans präsentierten sich bei bestem Sommerwetter von der absoluten Sonnenseite.

Ich werde nie vergessen, wie wir nach der Ankunft in der Hafen City auf Barkassen umstiegen und bis zum Alsteranleger gefahren wurden, um von dort die letzten Meter ins Rathaus zu Fuß durch ein Spalier von Tausenden jubelnden Menschen zurückzulegen. Für mich war es das Highlight der Spiele, ein unglaublich schönes Erlebnis und eine absolute Sensation. Wenn ich daran denke, bekomme ich einerseits Gänsehaut. Andererseits aber werde ich wieder traurig darüber, dass drei Jahre später die Mehrheit der Bevölkerung gegen die Olympiapläne der Stadt stimmte. Was hätte ich dafür gegeben, die Spiele einmal in meiner Heimat erleben zu dürfen? Unser Land verpasste dadurch eine unfassbare Chance.

Ich halte Titel zwar für, wie bereits erwähnt, grundsätzlich nicht miteinander vergleichbar, aber was London betrifft, würde ich gerne eine Ausnahme machen. Das Olympiagold von 2012 ist angesichts meiner persönlichen Kreuzbandriss-Vorgeschichte und des Empfangs in Hamburg der emotionalste Titel, den ich gewinnen konnte. Die Wertschätzung des Publikums und die sportliche Performance der gesamten Hockeynationalmannschaft trugen dazu bei. Ich konnte den Titel viel intensiver wahrnehmen und das Geschehen besser reflektieren. Das Gesamtpaket war perfekt.

Und ich wusste in dem Moment, in dem das zweite Gold an meinem Hals hing, dass ich noch lange nicht genug hatte von Olympia. Ich wollte es noch einmal erleben, 2016 in Brasilien. Und so begann der Kampf aufs Neue.

KAPITEL 10

RIO 2016 UND DER ÄRGER MIT DEM DEUTSCHEN OLYMPISCHEN SPORTBUND

Vielleicht hätte ich ahnen können, dass es um mehr gehen würde als die richtigen Schlüsse aus dem EM-Final-Debakel gegen die Niederlande zu ziehen. Aber als Bundestrainer Markus Weise mich im September 2015 anrief und mich zu einem Gespräch mit ihm und meinem Nationalteamkollegen Tobias Hauke ins Klubhaus des Harvestehuder THC bat, da kam mir nicht in den Sinn, was uns der Bundestrainer tatsächlich mitteilen wollte. Tobi und ich bildeten mit dem Berliner Martin Häner zu jener Zeit den Mannschaftsrat, insofern war ich fest davon ausgegangen, dass sich das Gespräch zehn Monate vor den Olympischen Spielen in Rio de Janeiro darum drehen würde, welche Lehren wir aus der Niederlage von London ziehen müssten.

Was uns der Trainer mitteilte, war nicht weniger als ein sportlicher Erdrutsch. Er habe ein Angebot bekommen, das er nicht ablehnen könne, deshalb werde er seinen Posten als Bundestrainer abgeben, verkündete er uns. Woher die Offerte kam, wollte er noch nicht offenbaren, aber dass seine Entscheidung feststand, war unmissverständlich. Es dauerte nicht allzu lang, bis herauskam, dass es der Deutsche Fußball-Bund war, der ihn zum Leiter der Verbandsakademie in Frankfurt am Main ernennen wollte. 2006 hatten wir schon Weises Vorgänger Bernhard Peters an den Fußball verloren, und dass man als Hockeytrainer ein Angebot von König Fußball kaum ablehnen kann, war uns klar. Den Zeitpunkt des Wechsels finde ich bis heute wirklich extrem schwer nachzuvollziehen.

Markus hat uns damals erklärt, dass es eine riesige Chance für ihn sei, und das konnten wir auch verstehen. Aber die Tatsache, dass es neun Monate vor den Olympischen Spielen passieren musste und es nicht möglich war, bis nach Rio zu warten, ist mir unverständlich. Von Kollegialität zwischen den Verbänden keine Spur! Der DFB hatte uns wirklich einen fetten Stein in den Weg zur Olympiamedaille gelegt. Vielleicht aber wollte Markus, der 2004 mit den Damen sowie 2008 und 2012 mit uns Olympiagold gewonnen hatte, sich auch seinen Ruf als Goldschmied nicht kaputtmachen. Er mag nach dem 1:6 im EM-Finale gespürt haben, dass es in Rio mit dem Olympiasieg schwer werden könnte, und dann die Chance genutzt haben, als sie sich bot. Das ist natürlich Spekulation, aber diese Meinung war schnell der Tenor im Team, denn es wurde viel diskutiert.

Für mich persönlich war die EM in London genauso durchwachsen verlaufen wie für den gesamten Nationalkader. Vorweg gingen die WM 2014, die wir nur als Sechster abgeschlossen hatten, und mit diesem Misserfolg im Rücken die Olympiaqualifikation im Juni 2015, das World-League-Halbfinale in Argentinien. Wir waren bis in die Haarspitzen motiviert, es der Welt zu zeigen, gewannen das Turnier und hatten damit das Ticket nach Brasilien sicher.

Für die EM zwei Monate später hatte ich Markus um eine Pause gebeten, da Stephanie und ich im Juli unsere erste Tochter erwarteten. Kurz vor dem Turnier fragte er mich aber, ob ich nicht doch spielen könnte, und nominierte mich. Als frischgebackener Papa hatte ich damit gerechnet, eine Pause zu haben und nicht auf die EM hintrainiert. Entsprechend durchschnittlich waren meine Form und meine Performance. Das 1:6 im Finale gegen die Niederlande war eine fette Klatsche, die wir alle jedoch als Warnschuss zur richtigen Zeit verbuchten und uns darauf einstellten, daraus gemeinsam die Lehren für Rio zu ziehen.

Doch nun war auf einmal der Trainer weg. Direkt nach dem Gespräch mit Markus waren Tobi Hauke und ich beim DHB vorstellig geworden und hatten Vizepräsidentin Britta Becker und Sportdirektor Heino Knuf darum gebeten, als Mannschaft eng in die Nachfolgersuche eingebunden zu werden. Uns war sofort klar, dass wir keinen Trainer wollten, der bis Rio versuchte, Markus zu kopieren und dessen Konzept weiterzuführen. Wir wollten einen Projekttrainer, der mit eigenen Ideen für einen Neuanfang stand und der auch für alle Spieler im Kader die Karten neu mischte.

Wir weihten Martin Häner und auch den Kölner Mats Grambusch als Vertreter der Youngster ein und erstellten gemeinsam einen Kriterienkatalog, der unser Wunschprofil für den Nachfolger reflektierte. Es folgte eine Liste mit 30 potenziellen Kandidaten, vom Ex-Spieler bis hin zum Bundesligatrainer. Das finale Entscheidungsrecht lag natürlich beim DHB und am Ende dieses Findungsprozesses standen mit Valentin Altenburg, Stefan Kermas und André Henning drei Kandidaten zur Auswahl, mit denen der DHB Gespräche führte. Wir als Mannschaftsrat hatten erklärt, mit allen dreien den Weg nach Rio gehen zu können, denn innerhalb der Mannschaft gab es keinen klaren Favoriten. Der Verband entschied sich für Valentin Altenburg, was offiziell bei einem Lehrgang in Mannheim, wo uns die Co-Trainer Freddy Merz und Michael McCann auf das World-League-Finale in Indien vorbereiteten, bekanntgegeben wurde.

Während dieses Lehrgangs verabschiedete sich auch Markus Weise von der Mannschaft. Es war ein total seltsamer Abschied, verbunden mit einem großen Ärgernis. Eine Woche vor der Bekanntgabe seines Abschieds hatte Markus einigen Spielern mitgeteilt, dass er nicht möchte, dass sie im Januar/Februar in der indischen Profiliga antreten. Da man dort allerdings für Hockeyverhältnisse viel Geld verdienen konnte, hatten sich Florian Fuchs, Tobi Hauke und ich entschieden, dennoch dort anzutreten. Andere jedoch, die mehr um ihren Platz im Nationalkader fürchteten, verzichteten aufgrund seiner Ansage auf die Anmeldung. Und die waren verständlicherweise nun extrem sauer, dass Markus ihnen die Chance verbaut hatte, obwohl er wusste, dass er nicht mehr Bundestrainer sein würde. So entwickelte sich anstelle einer netten Abschiedsrede ein Streitgespräch, das ergebnislos endete. Ich fand es bedauerlich, dass die ebenso bewegte wie erfolgreiche Ära von Markus Weise auf diese Art endete. Im Anschluss ging auf dem Platz alles wieder seinen gewohnten Gang, als sei nichts gewesen.

Für mich war die neue Konstellation mit Vali Altenburg sehr interessant, weil ich ihn schon ewig kannte. Mit seinem jüngeren Bruder Johannes hatte ich die gesamte Jugend hindurch in einem Team gespielt. Vali selbst hatte im UHC anfangs auch Tennis gespielt und er war zudem für einige Jahre unter Martin Schultze auch Co-Trainer der Hockeyherren beim UHC. Deshalb wusste ich genau, was auf uns als Team zukam: Ein akribischer Fachmann mit vielen Ideen, wie man Hockey auch ganz anders spielen kann; ein Querdenker, der gezielt auf Provokationen setzt, mit denen nicht jeder gut umzugehen weiß. Als Projekttrainer war er genau der richtige Mann. Einer, der etwas wagen würde und kein Problem damit hatte, auch mal anzuecken.

Im Dezember 2015 reisten die Hockeyherren also zum World-League-Finale nach Raipur, und obwohl wir in der Findungsphase waren und letztlich nur Siebter wurden, hatte ich das Gefühl, dass wir auf dem richtigen Weg waren. Jeder fing bei null an und hatte seine Chance, und schon in Raipur bestätigte Vali den Eindruck, dass es für niemanden Vorschusslorbeeren gab und er gewillt war, neuen Spielern eine Chance zu geben. Genauso ging es 2016 weiter. Den Zentrallehrgang in Südafrika und die weiteren Testspiele nutzte der neue Bundestrainer zum Ausprobieren, er bestimmte in jedem Spiel einen anderen Kapitän, ehe er für Rio doch das Team entscheiden ließ. Die Wahl fiel auf mich, und das machte mich sehr glücklich. Als Kapitän meine letzten Olympischen Spiele erleben zu dürfen – was für eine Ehre!

Die Nominierung, die einige Überraschungen bereithalten sollte, fand anlässlich eines Turniers in Valencia statt. Sie war die professionellste, die ich miterleben durfte. Nach unserem letzten

Spiel waren wir für 14 Uhr in den Konferenzraum unseres Hotels, das passenderweise Olympia hieß, geladen. In den spannungsgeladenen 90 Minuten zwischen Spiel und Verkündung wurde wild spekuliert und diskutiert. Der komplette Staff empfing uns im Trainingsanzug im Besprechungsraum. Vali erklärte, er werde für jede Positionsgruppe – Torhüter, Abwehr, Mittelfeld, Sturm – ein Plakat enthüllen, auf dem die Namen der Nominierten stünden. Als ich meinen Namen unter „Abwehr" gefunden hatte, spürte ich, wie viel Anspannung auch von mir, der ich das Ganze ja schon zweimal erlebt hatte, abfiel. Und in dem Moment wurde mir wieder einmal klar, was für eine mentale Belastung dieser Nominierungsprozess tatsächlich ist. Mehrere Jungs hatten, ob nun nominiert oder nicht, den Raum kurz verlassen, weil sie einfach fertig mit der Welt waren und ein paar Minuten brauchten, um sich zu sammeln. Diese Anspannung ist einfach der Wahnsinn.

Direkt neben mir saß einer unserer Torhüter, Andreas Späck. „Andy Bacon", wie wir ihn nannten, hatte für den Mannheimer HC eine richtig starke Saison gespielt, deshalb machte er sich berechtigte Hoffnungen, als Nummer eins nach Rio zu dürfen. Aber an seinem Beispiel lässt sich verdeutlichen, wie wichtig das Prinzip des „Performen, wenn es drauf ankommt" ist. Späcki hatte das Pech, in Valencia vier Tage richtig krank und komplett aus dem Verkehr gezogen gewesen zu sein. Als er wieder einigermaßen fit war, kassierte er gegen Argentinien vier Buden, von denen zumindest drei echt ärgerlich waren. Sein Konkurrent Nico Jacobi hielt dagegen stark, sodass dieser letzte Eindruck wohl den Ausschlag für das Trainerteam gab, Nico zur Nummer eins zu machen.

Späcki wurde nicht einmal als Ersatzmann nominiert, weil die Coaches diese Rolle eher Tobi Walter vom HTHC zutrauten. Sein Abenteuer Olympia war vorbei, bevor es begonnen hatte, und ich sah, wie sich seine Augen mit Tränen füllten. Ich habe versucht, ihm beizustehen, bis er aufstand und ging. Meine Freunde Oliver Korn und Oskar Deecke sollten nur als P-Akkreditierte mitfahren und waren darüber nachvollziehbar sauer. Tatsächlich hätte uns ihre Erfahrung im Turnier an einigen Stellen geholfen, da bin ich sicher.

Ende Juli 2016, eine Woche vor Beginn der Spiele, reisten wir nach Rio. Für mich war klar, dass es meine letzten Spiele als Aktiver sein würden, und ich war total gespannt darauf, nach Peking und London auch an den ersten Olympischen Sommerspielen in Südamerika teilzunehmen. 2014 war ich als Fan bei der Fußball-WM in Rio gewesen war und hatte die Sportbegeisterung der Brasilianer hautnah miterlebt.

Grundsätzlich ging es in Brasilien doch ein Stück weit chaotischer zu als in Peking oder London. Das Dorf war durch die Höhe der Wohnhäuser deutlich komprimierter angelegt. Vieles war bei unserer Ankunft noch nicht fertig, und daran änderte sich auch im Verlauf der Spiele nicht mehr viel. Die Treppenhäuser sahen teilweise aus wie ein Rohbau. Die Abflussrohre waren nicht darauf ausgelegt, große Mengen an Klopapier wegzuspülen, da es in Brasilien üblich ist, es in einen Mülleimer zu werfen. Blöd nur, wenn der nicht regelmäßig geleert wird. Unser Apartement wurde während der gesamten drei Wochen nur zweimal gereinigt! Man kann wohl verstehen, warum wir doch schnell dazu übergingen, das Klopapier in die Toilette zu werfen, auch wenn das dazu führte, dass die Rohre regelmäßig verstopft waren. Auch nicht optimales Essen und Probleme beim Wäscheservice bereiteten uns Athleten Schwierigkeiten.

Gestört hat uns das alles nicht wirklich. Wir haben es uns trotzdem gemütlich eingerichtet, hatten einen großen Balkon und ein Wohnzimmer mit dem üblichen Beamer, um in Dauerschleife Sport zu gucken, und auch ein Spielezimmer mit Dartscheibe. Da wurde wirklich jeden Abend an der berühmten 180 gefeilt, und am Ende bildeten wir uns ein, endgültig für die Darts-WM bereit zu sein.

Da es meine dritten Spiele waren, besaß ich kaum noch den touristischen Ehrgeiz, möglichst viele Sportler zu treffen, die ich nur aus dem Fernsehen kannte. Nichtsdestotrotz traf ich auch in Rio wieder viele interessante Menschen. Einer davon war Boris

Becker, dem mein Mannschaftskollege Linus Butt, der Golfer Martin Kaymer, mit dem ich mich seit einigen Jahren sehr gut verstehe, und ich 15 Minuten beim Training mit Novak Djokovic zugeschaut hatten. Auf dem Rückweg kam Boris auf uns zu und grüßte freundlich, also fragten wir nach einem gemeinsamen Foto. Nicht nur diesen Wunsch erfüllte der Tennisstar anstandslos, er postete es sogar bei Facebook und Twitter mit dem Zusatz „Drei coole Sportarten – Tennis, Hockey und Golf".

Grundsätzlich herrschte in Rio gute Stimmung im gesamten „Team Deutschland". Die Athleten fanden vor allem über die sozialen Medien zusammen, und so existierte der Begriff „Team" nicht nur auf dem Papier, sondern wurde auch mit Leben gefüllt. Martin Kaymer und Bob Hanning, Vizepräsident des Deutschen Handball-Bundes, fuhren beispielsweise mit im Teambus zu unseren Spielen, um uns zu unterstützen. Wir versuchten, uns mit Gegenbesuchen zu revanchieren. Ich hatte das positive Gefühl, dass dort wirklich eine Mannschaft zusammenwuchs, die sich über die Grenzen ihrer Sportarten hinweg für das gemeinsame Abschneiden interessierte.

Der Deutsche Olympische Sportbund (DOSB) hatte sich für Rio eine besondere Aktion ausgedacht. So sollte der Fahnenträger für die Eröffnungsfeier von den deutschen Fans gewählt werden. Dafür war eine Shortlist mit fünf Kandidaten erstellt worden, auf der auch mein Name stand. Ich fühlte mich geehrt, war aber ohne große Hoffnung, es tatsächlich zu werden. Einerseits hatte 2012 in London mit Natascha Keller eine Hockeyspielerin die Fahne getragen. Andererseits war die Konkurrenz mit der Vielseitigkeitsreiterin Ingrid Klimke, die auf Facebook 200.000 Follower hatte (ich stand bei 15.000), der Bahnradfahrerin Kristina Vogel und der Modernen Fünfkämpferin Lena Schöneborn, die beide schon Olympiasiegerinnen waren, und unserem Tischtennisstar Timo Boll, der in China ein Gigant ist, sehr namhaft.

Dennoch fanden wir alle die Idee, die Fans in diese Abstimmung einzubinden, grundsätzlich sehr gut. Die Art und Weise allerdings, wie es vom DOSB gehandhabt wurde, zeugte uns Sportlern gegenüber nicht von großem Respekt. Der Sieger sollte erst einen Tag vor der Eröffnungsfeier verkündet werden. Die Nominierten wurden ebenso lange im Unklaren gelassen und damit die sportliche Vorbereitung eines jeden Athleten empfindlich gestört. Niemand sollte unterschätzen, welchen Wert es für einen Randsportler hat, für Deutschland bei Olympia die Fahne zu tragen.

Bitter war auch, dass die vier Nominierten, die am Ende nicht vorn lagen, davon nur ganz nebenbei erfuhren. Kristina rief man in der Trainingshalle an. Ich erfuhr während einer Zeremonie im olympischen Dorf zwei Tage vor der offiziellen Eröffnung vom Chef de Mission Michael Vesper, dass es für mich nicht gereicht hatte. Und auch nur, weil ich ihn nach dem Ergebnis gefragt hatte. Bis heute hat uns niemand das Ergebnis der Abstimmung mitgeteilt. Offiziell, um diejenigen zu schützen, die am wenigsten Fanzuspruch bekommen hatten. Aber mal ehrlich: Wir sind Sportler, wir sind Gewinnen und Verlieren gewohnt, aber wir wollen unsere Ergebnisse wissen! Darin stimmten wir alle fünf überein, und deshalb waren wir mit dem gesamten Prozedere auch ziemlich unzufrieden.

Das alles soll jedoch in keiner Weise meine Anerkennung für Timo Boll schmälern, der zum Fahnenträger gewählt wurde. Im Gegenteil: Ich habe mich sehr für ihn gefreut, weil seine Person absolut geeignet ist, den Leistungssport in Deutschland zu repräsentieren. Die Kritik von manchen, dass er kein Olympiasieger sei, hielt ich für kleinkariert. Man muss relativierend betrachten, wie groß in seiner Sportart die Chance war, eine Medaille gegen die Übermacht der Chinesen zu erspielen. Dirk Nowitzki war, als er in Peking die Fahne trug, auch weit von einer Medaille entfernt, und trotzdem genau der richtige Mann für die Aufgabe. Und gleiches galt für Timo. Wir alle haben ihm sofort gratuliert.

Ein feiner Zug vom DOSB war es dann, dass wir vier, die wir in der Wahl hinter Timo gelandet waren, bei der Eröffnungsfeier im ehrwürdigen Maracanã-Stadion direkt hinter der Fahne einlaufen durften. Ein sehr spezieller Moment, denn 24 Monate zuvor wohnte ich als Fan in diesem Stadion dem Viertelfinale der WM bei, als Mats Hummels das 1:0 gegen Frankreich köpfte. Nun durfte ich selbst als Teil der Show in diesem legendären Stadion mitwirken. Spektakulär und erneut äußerst motivierend! Schon am nächsten Tag startete die Hockeynationalmannschaft ins olympische Turnier. Der Pflichtsieg gegen Auftaktgegner Kanada gelang locker mit 6:2. In den Monaten vor den Spielen hatten wir uns als Team gefunden und eine gute Struktur erarbeitet. Für mich persönlich bestand der Reiz darin, nicht mehr im Mittelfeld zu spielen, sondern mit Martin Häner die Innenverteidigung zu bilden. Für unsere Verhältnisse lief es bereits in den Gruppenspielen erstaunlich gut, wenigstens was die Ergebnisse angeht. Wir schlugen im zweiten Spiel Indien durch ein Last-Second-Tor von Christopher Rühr mit 2:1 und danach die Iren ebenso knapp mit 3:2. Da in Rio erstmals ein Viertelfinale ausgespielt wurde und deshalb die besten vier Teams jeder Sechsergruppe weiterkamen, waren wir mit drei Siegen längst durch.

Unseren traditionellen Hänger hatten wir beim 4:4 gegen Argentinien, ehe wir das letzte Gruppenspiel gegen die Niederlande mit 2:1 gewannen. So konnte vermieden werden, im Viertelfinale auf die Australier zu treffen, die in ihrer Gruppe nur Dritter waren. Als Gruppensieger sollten wir gegen den Vierten der Gruppe A spielen, und dafür rechneten wir uns doch einen etwas leichteren Gegner aus.

Haben wir Neuseeland unterschätzt? Diese Frage mussten wir uns eigentlich nach dem Viertelfinale stellen. Das Gute war, dass die Antwort keinen interessierte angesichts dessen, was in den 60 vorangegangenen Spielminuten des Viertelfinals passiert war. Ich denke, es war eins der spektakulärsten Hockeyspiele in der Geschichte der Olympischen Spiele. Neuseeland entpuppte sich als höchst unangenehmer Gegner. Sie standen sehr tief in der Abwehr, und als ich in der 18. Minute im Mittelfeld einen klaren Freischlag nicht bekam, war der Weg frei zum Konter, den Hugo Inglis mit dem ersten Torschuss zum 0:1 nutzte.

beide © privat

Links: Die Einschulung meines Bruders. Wir hatten unsere Klassenräume direkt von Anfang an nebeneinander.
Rechts: Mama mit ihren beiden Jungs.

alle © privat

Links: Der Moment, in dem Sportträume wahr werden: Die erste Goldmedaille, Peking 2008. Ein paar Minuten vorher: Der Jubel mit meinem Teamkollegen und Freund Carlos Nevado.

Rechts: Überglücklich in den Armen unseres Torwarts Uli Bubolz direkt nach Abpfiff des WM-Finales 2006 in Mönchengladbach.

alle © Witters

Ankunft am Hamburger Flughafen nach Peking, 2008.
Ca. 500 Leute haben den Flughafen in ein Hockeyclubhaus verwandelt.

Oben: Ich mit langen Haaren und Jan Frodeno, mit dem wir uns 2008 in Peking ein Haus teilten und der ein paar Tage vor uns Olympiasieger wurde. Unten: Bei der Hockey-EM 2001.

beide © Witters

Zwei glückliche Olympiasieger: 2012 mit Ruderer Eric Johannesen beim Empfang in Hamburg nach der Rückkehr von den Olympischen Spielen in London.

Der Eintrag ins Goldene Buch der Stadt Hamburg unter den Augen des Bürgermeisters Olaf Scholz.

Oben: Mein zweiter Titel zu Hamburgs Sportler des Jahres 2012.
Unten: Viele Jahre nach dem gemeinsamen WM-Gold mit meinem
ersten Bundestrainer Bernhard Peters.

alle © Witters

Mein Bruder Jonas, meine damalige Freundin und heutige Frau Stephanie und ich beim Herbert Award 2013.

Oben: Das erste Mal Hallen-Europameister, Wien 2014.
Unten: Einer der schwersten Momente meiner Karriere:
kurz nach dem Abpfiff des Olympischen Halbfinales
in Rio (2:5 gegen Argentinien).

Rechts: Mit Steph beim »Ball des Sports« in Wiesbaden.

Mit Emma direkt nach dem Gewinn der Olympischen Bronzemedaille 2016 auf dem Kunstrasen in Rio.

Rechts: Bei meiner offiziellen Verabschiedung vom A-Kader zu Hause im UHC, 2017.

beide © Witters

Mit meinem Bruder Jonas und meiner Mutter Nicola.

Ein Pils auf den Einzug ins Champions-League-Halbfinale in Barcelona.

Ein trauriger Versuch eines Modeshootings.

Mit der Führung im Rücken igelten sich die „Kiwis" in ihrer Hälfte ein. Wir spielten zu einfallslos, zu kompliziert, um sie in Bedrängnis zu bringen. Als Shea McAleese (49.) eine umstrittene Ecke zum 0:2 verwertete, sah ich auf der Tribüne ein paar neuseeländische Fans ausrasten. In dem Moment wurde mir bewusst, was gerade auf dem Spiel stand. Ich hatte mich zum dem Zeitpunkt bereits entschieden, meine internationale Karriere nach Rio zu beenden, was das Team allerdings noch nicht wusste. Acht Minuten vor dem Ende, es stand immer noch 0:2, wechselte Vali mich aus und nahm zudem den Torwart raus, um mehr Druck auszuüben. Ich erinnere noch genau den Zeitpunkt auf der gnadenlos runterzählenden Digitaluhr, als ich wieder eingewechselt wurde. 5:40 Minuten. Ich feuerte mich innerlich an: „Das können doch nicht die letzten Minuten deiner Karriere sein!"

Mit einem Mann mehr auf dem Feld und dem Mut der Verzweiflung bauten wir endlich genügend Druck auf, um eine ganze Eckenserie herauszuholen. Ich war bis dato nie ein herausragender Eckenschütze gewesen, aber bei diesem Turnier hatte es recht gut geklappt, also durfte ich unsere erste Ecke schießen. Ich entschied mich für meine Lieblingsvariante unten links, aber der Torwart tauchte ab und hielt. Kurz darauf die nächste Ecke. Diesmal sollte es Tom Grambusch versuchen, er zielte nach rechts oben, aber auch da machte der Keeper seinen Job perfekt.

Viereinhalb Minuten noch, und wieder Strafecke für Deutschland. Ich lief an die Seitenlinie, um mir vom Trainer eine Variante abzuholen. Er sagte nur: „Schieß selbst, aber in die Mitte." Das schien mir eine schlaue Ansage zu sein, hatte der Torwart sich bislang doch stets für eine Ecke seines Kastens entschieden. Also schoss ich in die Mitte und traf durch die Beine des Keepers zum 1:2. Die nächste Ecke wurde vom Rausläufer abgelaufen, und dabei fiel mir auf, dass die Neuseeländer immer versuchten, beide Ecken abzudecken – eine durch den Torhüter, die andere durch den Rausläufer. 41 Sekunden vor Spielende sollte mir diese Beobachtung einen entscheidenden Vorteil verschaffen.

Wieder mal Ecke für Deutschland. Ich legte mir folgenden Plan zurecht: Wenn ich es schaffte, den Rausläufer im Zweikampf zu bezwingen, wäre die rechte Ecke ungedeckt. Also zog ich den Ball nach dem Stoppen kurz vor dem Schuss ein Stück nach rechts und konnte dann am Rausläufer vorbei zum Ausgleich einnetzen. Das Comeback war geschafft, wieder hatten wir bewiesen, dass wir abliefern können, wenn es wichtig ist.

Doch das Verrückteste sollte ja noch folgen. 20 Sekunden vor Ablauf der Zeit spielte ich im Mittelfeld einen Fehlpass. Tobi Hauke fing den Konter der Neuseeländer im Liegen ab, eroberte den Ball zurück und passte ihn zu Timur Oruz. Der sprintete über das halbe Feld auf die rechte Außenposition und drosch den Ball auf gut Glück in den Schusskreis hinein, wo Flocke Fuchs am langen Pfosten lauerte und den Schläger hinhielt. 3:2, bei noch 1,3 Sekunden auf der Uhr. Es war einfach nur unglaublich, ein solches Finish in einem solch wichtigen Spiel hatte ich noch nie erlebt.

Jeder kann nachvollziehen, dass es schwer ist, nach einem solchen Erlebnis den Adrenalinspiegel zu senken und in den Schlaf zu finden. In Deutschland, das zeitlich fünf (bzw. 3) Stunden vor Brasilien liegt, hatte kaum jemand den Krimi live miterlebt. Deshalb rollte die Euphoriewelle erst am nächsten Morgen richtig an. Für uns war es zwei Uhr nachts, und so fiel die notwendige Regeneration – immerhin sollten wir ja schon zwei Tage später wieder zum Halbfinale antreten – entsprechend knapp aus. Ganz im Gegensatz zu unserem Halbfinalgegner Argentinien, der schon vormittags das Viertelfinale gespielt und entsprechend länger Zeit zum Regenerieren hatte. Das mag ein leichter Vorteil gewesen sein, soll aber nicht als Ausrede gelten. Die riesige Euphorie nach dem Viertelfinalwahnsinn hätte uns natürlich auch einen Schub geben können.

Leider war der Halbfinaltag einer dieser Tage, an denen es einfach nicht rund läuft. Ich will Argentiniens Leistung mitnichten schmälern, sie waren richtig stark, aber wir haben uns letztlich selbst geschlagen. So bitter es ist, kann man die 2:5-Niederlage auf die Strafecken reduzieren. Wir wussten, dass Argentinien mit

Gonzalo Peillat einen der weltbesten Schützen in seinen Reihen hat. Er verwandelte die drei Ecken, die wir zugelassen haben, eiskalt. Und wenn du gegen diese defensiv- und konterstarken Südamerikaner 0:3 hinten liegst, ist es fast unmöglich zurückzukommen. Als wir uns dann in der zweiten Halbzeit noch zwei Konter einfingen, war das Ding endgültig durch. Mein Siebenmetertor und das 2:5 von Christopher Rühr kamen viel zu spät.

Wir waren gescheitert auf unserer Mission, das dritte Gold in Serie zu gewinnen, und natürlich war der Frust im ersten Moment groß. Aber schon sehr bald – ich war tatsächlich überrascht darüber, wie schnell es ging – hatten wir den Fokus auf das nächste Ziel gerichtet, und das hieß Bronze. Hier zeigte sich eine der Stärken des Teams, Enttäuschungen schnell zu verarbeiten, abzuhaken und ein neues Ziel ins Visier zu nehmen!

Gegner im Bronzespiel waren wieder einmal, wie sollte es anders sein, die Niederlande. Die hatten ihr Halbfinale gegen Belgien 1:3 verloren. Am Abend vor dem Spiel teilte ich der Mannschaft meinen Entschluss mit, meine Karriere in der Nationalmannschaft nach Rio zu beenden. Wir saßen in einem unserer Appartements, und die Jungs haben megacool reagiert. Ich versuchte in meiner Abschiedsrede deutlich zu machen, wie wichtig es mir war, zum Abschluss noch einmal Bronze zu gewinnen. Nicht, weil es mir um ein persönliches Abschiedsgeschenk ging, sondern um den bestmöglichen Abschluss für die Mannschaft zu erreichen und zu zeigen, dass man auch nach zweimal Gold noch hungrig bleiben muss. Was für ein bewegender Moment!

Das Spiel war dann richtig stark – und der Beweis dafür, dass wir gegen Argentinien einfach zu einem sehr unglücklichen Zeitpunkt einen schlechten Tag erwischt hatten. Aber letztlich haben wir in Rio unterm Strich nur ein einziges Spiel verloren. Deshalb durften wir mit unserer Leistung auch absolut zufrieden sein. Holland machte aus seiner einzigen Chance das 1:0, Martin Häner ermöglichte mit einer tollen Aktion Mats Grambusch den Ausgleich, und so ging es ins Penaltyschießen.

Ich war als Letzter unserer fünf Schützen vorgesehen. Es stand 3:2 für uns, als Hollands letzter Schütze Sander de Wijn antrat. Ich wusste: Wenn er trifft, liegt die Verantwortung, uns zu Bronze zu schießen, bei mir. Ich habe bei Penaltys zwar viel Selbstvertrauen, aber niemals habe ich mir mehr gewünscht, einen Penalty nicht schießen zu müssen, als an diesem Abend in Rio. Die emotionale Belastung war doch immens. Umso erleichterter war ich, als Nico Jacobi hielt und wir damit die Medaille im Sack hatten. Ich warf mich sofort auf den Boden und heulte hemmungslos. Zunächst nur vor Freude, dann mischten sich auch Tränen der Wehmut dazu. Das war es jetzt. Nie mehr für Deutschland. Nie mehr Olympia!

Es war ein krasser emotionaler Abschied, der mich nachhaltig beeindruckt hat. Da wir an Spieltagen Social-Media-Verbot hatten, hatte ich den Facebook-Eintrag, mit dem ich mich verabschieden wollte, zeitlich so abgestimmt, dass er eine Stunde vor dem Spiel online ging, sodass niemand im Team davon abgelenkt werden konnte. Die Niederländer allerdings schienen kein Internetverbot gehabt zu haben, denn noch auf dem Platz kam jeder von ihnen zu mir und beglückwünschte mich nicht nur zu Bronze, sondern auch zu meiner Karriere. Und nach der Siegerehrung, die erst im Anschluss an Argentiniens 4:2-Finalsieg über Belgien stattfand, wiederholte sich das Procedere mit allen Argentiniern und Belgiern.

Unsere Medaillenfeier fand im Deutschen Haus statt, in Rio ein sehr schöner Ort der Begegnung und als Partylocation absolut brauchbar. Meine Mutter, meine Frau mit unserer Tochter, mein Bruder und viele Freunde waren dabei, was mir sehr viel bedeutete. Erst gegen Mitternacht stießen wir zu der Party, die schon um kurz nach 3 Uhr morgens mit der offiziellen Erklärung beendet wurde, dass einige Wassersportler versucht hätten, aus dem ersten Stock in den Swimmingpool zu springen. Auf Anraten des BKA entschied man sich aus Sicherheitsgründen für den Abbruch.

Die Mannschaft war davon aber nicht in Kenntnis gesetzt worden und deshalb empfanden wir das rüde Ende als äußerst nervig. Meine Wut habe ich leider in einen Tweet verpackt, der für viel Ärger sorgte. Als ich am nächsten Tag gegen 15 Uhr mein Telefon wieder anstellte, waren da gefühlte 200 Anrufe gelistet, nicht alle davon freundlicher Natur. Wieder einmal musste ich am Nachmittag zu einer Krisensitzung mit dem DOSB und dem BKA, obwohl eigentlich überhaupt nichts vorgefallen war. Die Party war nicht aus dem Ruder gelaufen, das einzige Problem war meine Beschwerde auf Twitter.

Daraus habe ich zwei Dinge gelernt: Zum einen, dass man um 3 Uhr morgens in nicht mehr ganz nüchternem Zustand nicht alles, was man denkt, in die Welt hinausposaunen sollte. Und zum anderen, dass wir uns vielleicht besser von Feiern im Deutschen Haus fernhalten sollten. Die Erfahrungen aus London und nun auch in Rio waren definitiv nicht nur schön. DOSB-Präsident Alfons Hörmann entgegnete, es sei doch wohl nichts Verwerfliches daran, eine Party um 3 Uhr morgens zu beenden. Das mag grundsätzlich stimmen, aber wenn man 25 Jahre alt ist und gerade eine Medaille für Deutschland gewonnen hat, möchte man vielleicht doch länger feiern. Zumal dann, wenn die Party für die Athleten selbst nach allerlei offiziellen Verpflichtungen erst um Mitternacht beginnen kann. Die eindeutige Kommunikation eines Zeitlimits vonseiten des DOSB hätte dem ganzen Ärger vorbeugen können. Wenigstens ein Gutes hatte der Streit aber: Die Handballer, die am letzten Tag der Spiele Bronze holten, durften ihre Medaille im Deutschen Haus bis 6 Uhr morgens feiern…

Am nächsten Tag zeigte sich der DOSB von seiner besten Seite. Die olympische Abschlussfeier fand ohne uns statt: Da es stark zu regnen begonnen hatte, beschloss der Kader, diese in unserem Haus zu schauen und dabei ein bisschen zu feiern. Nico und ich schlossen die Telefone an unsere Disco Box und sorgten für Musik, und aus dieser kleinen Partyzelle entwickelte sich eine Feier, wie ich sie bei Olympischen Spielen bis zu diesem Zeitpunkt noch nicht erlebt hatte. Wir feierten mit 200 Athleten aus bestimmt 40 Nationen, es wurde getanzt, und der DOSB, der im Nebenraum zunächst seine Abschlusssitzung abgehalten hatte, sponserte mindestens 40 Kisten Bier. Als dann irgendwann die Bitte kam, die Feier doch zu beenden, zogen wir 40 Meter weiter ins Haus der Australier, und dort ging es einfach weiter. Gegen 6 Uhr fiel ich erschöpft ins Bett, und ich war nicht der Letzte. Am nächsten Morgen sprach das ganze Dorf von der Party beim DOSB. Bessere Werbung konnten wir nicht machen.

Auf dem Rückflug nach Deutschland hatte ich das Glück, den Piloten zu kennen, dessen Tochter schon mehrfach an meinen Hockeycamps teilgenommen hatte. Das Vitamin B sicherte mir ein Upgrading in die Businessclass, und während unten in der Economy weitergefeiert wurde, schlief ich den Schlaf des Gerechten. Bei der Landung durfte ich im Cockpit dabei sein und auf dem Rollfeld die deutsche Fahne aus der Luke schwenken. Wow!

Nach der Landung in Frankfurt sollte es mit Shuttlebussen zum Römer gehen, wo ein Empfang für die Olympioniken vorbereitet worden war. Auf der Fahrt klingelte mein Telefon. Mein Bruder überbrachte mir die sehr traurige Nachricht, dass meine Oma verstorben war. Sie war schwer krank, es war nicht wirklich überraschend, und dennoch traf mich die Nachricht tief ins Herz. Meine Oma und ich, wir pflegten über all die Jahre ein sehr enges Verhältnis, und nun bekam ich nicht mehr die Gelegenheit, mich persönlich von ihr zu verabschieden. Ich wollte nur noch weg, nur allein sein. Stattdessen stand ich inmitten der feiernden Athleten und versuchte, mir nichts anmerken zu lassen. Es gab keine Chance, mich dem Empfang zu entziehen. Ich hielt mich möglichst im Hintergrund und versteckte meine verheulten Augen hinter einer Sonnenbrille, was zum Glück inmitten der vielen alkoholberauschten Sportler nicht auffiel.

Eine krassere Erdung hätte es kaum geben können nach all dem Trubel in Rio. Nach dem Empfang kehrte ich schnellstmöglich heim nach Hamburg. Am Flughafen wartete niemand, um mich abzuholen, weil meine Familie natürlich andere Dinge zu regeln hatte. Endlich im Haus meiner Mutter angekommen, schnappte ich mir meine Tochter und versuchte erst einmal, ein wenig Ablenkung zu finden. Eine Woche später hielt ich auf der Trauerfeier die Grabrede für meine Oma. Danach fuhren Steph, Emma und ich nach Sylt, wo am Wochenende unsere kirchliche Trauung geplant war. Ich liebe Sylt, meine Oma hatte dort ein kleines Urlaubsdomizil, und wann immer ich im Autozug über den Hindenburgdamm fahre, fühle ich mich wie Harry Potter auf dem Weg nach Hogwarts. Es ist wie ein Abtauchen in eine andere Welt.

In dem Moment, als ich mit Steph mit einem Glas Champagner auf unsere Hochzeit anstieß, wurde mir bewusst, was für eine Achterbahnfahrt der Gefühle die vergangenen Wochen gewesen waren. Der Wahnsinn gegen Neuseeland; das Aus gegen Argentinien; mein letztes Spiel und mein Abschied von der Nationalmannschaft; der Ärger mit dem DOSB; die Party im Dorf; der Tod meiner Oma; die bevorstehende Hochzeit – mit Fug und Recht kann ich behaupten, dass das die aufregendsten zehn Tage meines Lebens waren. Erst auf der Anreise nach Sylt hatte ich Zeit, diese ganzen Extreme zu reflektieren.

Ob ich meinen Rücktritt bereut habe? Ob es für mich hart war, zum Abschluss nicht noch einmal Gold gewonnen zu haben? Ich verneine beides entschieden. Bronze fühlt sich genauso gut an wie Gold. Die Medaille hängt genauso an der Wand in unserer Wohnung wie die beiden goldenen, auf gleicher Höhe. Bronze fühlt sich vielleicht sogar besser an als Silber, weil man mit einem Sieg aus dem Turnier geht. Und deshalb fühle ich mich auch als Sieger.

Was den Rücktritt angeht: Es heißt zwar immer, dass man aufhören soll, wenn es am schönsten ist, aber das erscheint mir unsinnig, denn woher soll man das wissen, ob es nicht noch schöner werden kann? Man sollte aufhören, wenn man spürt, dass die Zeit reif dafür ist. Und das merkt man. Genau das hat mein Körper mir deutlich gemacht. Ich bin bewusst nicht gleichzeitig aus dem UHC ausgeschieden, sondern wollte den Rückzug stufenweise vollziehen, um nicht von hundert auf null abzubremsen. Ich bin froh, wie es gelaufen ist, und absolut dankbar für alles, was ich mit der deutschen Hockeynationalmannschaft erlebt habe.

HALBZEIT

KAPITEL 11

GUTE VERLIERER GIBT ES NICHT – RESPEKTVOLLE SCHON

Wie bitter Niederlagen schmecken können, das spürte ich zum ersten Mal, als ich elf Jahre alt war. Mit meinem zwei Jahre jüngeren Bruder Jonas battelte ich mich damals bei jeder Gelegenheit. Ob bei Brettspielen oder im Sport, den Ehrgeiz, gewinnen zu wollen, hatte ich überall. Mir machen Spiele nur Spaß, wenn es um etwas geht, dann erst kann ich mich so richtig motivieren. Gegen Joni gelang es mir auch meistens, schließlich war ich zwei Jahre älter. Nur manchmal ließ ich ihn absichtlich gewinnen, damit er auch ja nie die Lust verlor, mit mir zu spielen. Meine Mutter bescheinigt mir sogar die Perfektion dieser Taktik.

Aber als ich elf Jahre alt war, spielten wir ein Tischtennismatch gegeneinander. Ich wollte unbedingt gewinnen und spielte wirklich mit vollem Ernst – aber nach fünf Sätzen hatte Joni mich besiegt, zum ersten Mal, ohne dass ich es beabsichtigt hatte. Das tat mir richtig weh, und ich habe danach einige Zeit kein Tischtennis mehr gegen ihn gespielt.

Ich bin kein guter Verlierer. Aber kann man Verlieren tatsächlich in die Kategorien gut und schlecht einordnen? Wer ein guter Verlierer ist, kann kein guter Wettkämpfer sein, denn das würde bedeuten, dass man sich mit einer Niederlage gut arrangieren kann. Das ist im Leistungssport keine besonders zielführende Eigenschaft. Ich spreche deshalb von respektvollen und respektlosen Verlierern, und da ist es mir wichtig, zur ersten Gruppe zu zählen. Ich habe noch nie jemandem, der mich besiegt hat, den

Handschlag verweigert. Deshalb bin ich weder ein guter noch ein schlechter Verlierer, wohl aber ein respektvoller.

Es gibt dieses Sprichwort, das sich besonders im Sport bewahrheitet: Dass man aus Niederlagen viel mehr lernt als aus Siegen. Und warum? Weil Niederlagen deutlich stärker hinterfragt werden als Siege, auch wenn zwischen Erfolg und Misserfolg manchmal nur eine einzige falsche Entscheidung oder sogar nur ein kleines Stück mehr Glück stehen. Ich erinnere mich an Endspiele, die wir im Penaltyschießen verloren haben und nach denen wir alles infrage stellten. Und ich erinnere mich an Siege im Penaltyschießen, nach denen wir uns wie die Größten gefühlt haben und alles als optimal ansahen, was wir gemacht hatten. Der Spruch „In fünf Jahren fragt niemand mehr danach, wie das Ergebnis zustande gekommen ist", der ist nur für Siege gültig. Bei Niederlagen wird sehr wohl noch lange danach gefragt, wie das passieren konnte. Deshalb verliert niemand gern.

Nach Siegen stellt man sich selten Fragen nach den Gründen für den Erfolg. Man hat sein Ziel erreicht und ist zufrieden. Die erfolgreichen Sportler betrachten sehr wohl auch ihre Siege kritisch. Ein Tennisspieler beispielsweise, der ein Grand-Slam-Turnier gewonnen hat, darf nicht vergessen zu analysieren, ob es nicht auch Matches auf dem Weg gab, die nicht optimal gelaufen sind. Schließlich beginnt das nächste Turnier im Normalfall bereits wieder einen Tag nach dem Finale.

Aber grundsätzlich liegt es in der Natur des Menschen, Misserfolge mehr zu hinterfragen, weil dieses Gefühl, sein Ziel nicht erreicht zu haben, bohrend sein kann. Man möchte den Grund für das Versagen herausfinden, es beim nächsten Mal besser machen. Nach Siegen wird gefeiert, nach Niederlagen analysiert. Obwohl ich gestehen muss, dass ich mir noch nie ein Spiel in der Aufzeichnung angesehen habe, das wir verloren haben. Das gilt natürlich nicht für die Videoanalyse im Training, da halte ich mir nicht die Augen zu. Aber privat habe ich darauf keinen

Bock, während ich mir gewonnene Finals durchaus noch einmal gemütlich zu Hause angeschaut habe.

Oberflächlich betrachtet fallen in meiner Karriere insbesondere die zwei Olympiagoldmedaillen, der Weltmeister- und Welthockeyspieler-Titel ins Auge. Aber natürlich gehört zu den 15 Jahren, die ich mittlerweile im Leistungshockey aktiv bin, auch die Tatsache, dass ich außer dem Olympiafinale jedes Endspiel, das es in meinem Sport gibt, auch mindestens einmal verloren habe. Mit meinem Verein UHC habe ich 13 Endspiele erlebt: sechs deutsche Feldmeisterschaften, zwei Hallenmeisterschaften und fünf Europacupfinals auf dem Feld. Nur vier davon haben wir gewonnen. In der indischen Liga stand ich in drei Endspielen, zwei gewannen wir. In Spanien verlor ich mit dem Club de Campo in meinem einzigen Finale ganz bitter die Meisterschaft. Mit der Nationalmannschaft waren es sogar 15 Finals, von denen wir zehn gewannen. Ich habe also fast genauso viele Endspiele gewonnen wie verloren. Entsprechend viele Möglichkeiten gab es für mich, zu lernen. Der Lerneffckt war oft sehr unterschiedlich.

Ich betrachte Niederlagen nicht einzeln, sondern versuche, sie in eine Klammer zu fassen. Ich unterscheide zum Beispiel zwischen den Niederlagen mit dem UHC und denen mit dem Nationalteam. Mit dem Verein sind die Erfahrungen deutlich intensiver, weil man sie mit den Menschen macht, die man sich zum gemeinsamen Sporttreiben ausgesucht hat. Die Nationalmannschaft ist eine repräsentative Zweckgemeinschaft mit dem einzigen Ziel, Turniere für sein Land zu gewinnen. Der Verein dagegen, das ist das emotionale Zuhause.

Dennoch kann ich nicht behaupten, dass mich Niederlagen mit dem UHC generell mehr schmerzen als die mit dem deutschen Nationalkader, weil jede Pleite andere Umstände hatte. Ich möchte versuchen, das etwas deutlicher zu erläutern. Meine erste Schlappe im Herrenbereich war 2004 im Finale um die deutsche Feldhockeymeisterschaft, das wir auf eigenem Platz mit 5:6 gegen den Club an der Alster verloren. Damals war ich 19 und spielte

Hockey vorrangig zum Spaß, zusammen mit vielen Freunden. Natürlich war die Niederlage hart, aber als Youngster dachte ich, dass mir noch einige Finals bevorstehen würden. Deshalb war ich nicht allzu frustriert. Zumal der UHC zu der Zeit erst gerade wieder oben mitmischte, und das Finale zu verlieren nicht die lang aufgebaute Ehre ankratzte.

Viel bitterer wogen dagegen die Niederlagen gegen Rot-Weiß Köln jeweils in Mannheim, 2009 mit 3:4 nach Golden Goal und 2016 7:8 im Penaltyschießen. Beide Spiele waren ausgesprochen eng und die Niederlagen eine Mischung aus Pech und Unvermögen. Die Einsicht, dass es auch anders hätte ausgehen können, schmerzt besonders. Von den 13 Finals, die ich mit dem UHC gespielt habe, endeten zehn entweder mit einem Tor Unterschied, durch Golden Goal, im Siebenmeter- oder im Penaltyschießen. Es ist deutlich schwieriger, knappe Niederlagen zu verdauen und vor allem zu erklären, was den feinen Unterschied ausgemacht hat.

Es mag auf manche paradox wirken, dass ich in meiner Karriere mit dem UHC keinen nationalen Feld-Titel gewinnen konnte. 2002 zählte ich zwar zum Hallenkader, kam aber in der Endrunde nicht zum Einsatz. Vor allem die sechs verlorenen Endspiele auf dem Feld wirken wie eine schwarze Wolke, die sich über meine Karriere auf der Sonnenseite schiebt. Ich will nicht verhehlen, wie gern ich die deutsche Meisterschaft gewonnen hätte. Wie besonders dieser Titel ist, zeigt sich ja darin, wie schwer er zu holen ist. Wir haben alles gegeben, es hat aber einfach nicht gereicht. Das muss ich akzeptieren, schaue aber trotzdem voller Neid auf diejenigen, die deutscher Feldhockeymeister sind oder es noch werden.

Dass ich mit diesem „Makel" einigermaßen entspannt umgehen kann, liegt sicherlich auch daran, dass wir 2008, 2010 und 2012 die Euro Hockey League gewinnen konnten und damit noch immer Rekordsieger in diesem Wettbewerb sind. Diese Titel bewiesen nicht nur, dass wir Endspiele gewinnen können, sie waren auch eine besondere Genugtuung. Am Beispiel unserer EHL-Triumphe kann man auch sehr gut verständlich machen, wie eng Freud und Leid beieinander liegen. Im ersten Finale 2008 hatte HGC Wassenaar riesige Chancen, nutzte sie aber nicht, sodass wir nach Verlängerung 1:0 siegten. Und 2012 gegen H&BC Amsterdam waren wir die klar schlechtere Mannschaft, gewannen aber im Penaltyschießen. Bleibt die Frage, warum in der EHL das Glück zu unseren Gunsten ausschlug und bei der deutschen Meisterschaft nie. In Wahrheit gibt es dafür keine rationale Erklärung. Die Diskrepanz zwischen Pokal oder Pleite ist manchmal nur ein Wimpernschlag.

Mit der Nationalmannschaft Endspiele zu verlieren besitzt wiederum eine andere Intensität. Ich habe das nie als so emotional empfunden wie im Verein, dafür waren die Ansprüche zu unterschiedlich. Wenn du als deutscher Hockeyspieler mit deinem Nationalteam zu einem Turnier fährst, gibt es nur ein Ziel: Gold. Wenn du ein Turnier nicht gewinnst, dann war es ein schlechtes Turnier. Ich erinnere mich an einen Satz von Matthias Witthaus, unserem deutschen Rekordnationalspieler. Der sagte nach der WM 2010, als wir im Finale gegen Australien sehr unglücklich 1:2 verloren hatten, auch mit Blick auf das 2009 verlorene EM-Finale: „Wir haben unsere Winner-Mentalität verloren!" Wohlgemerkt: Wir hatten immerhin zweimal das Finale erreicht. Aber das zählt in Deutschland nichts, wenn du es nicht gewinnst.

Finalniederlagen bei der Champions Trophy (für mich in 2006 und 2009) und bei der Europameisterschaft (2009 und 2015) wiegen nicht so schwer, weil das nächste größere Turnier ja schon wieder vor der Tür steht. Aber ein WM-Endspiel zu verlieren, das tut brutal weh, weil klar ist, dass die nächste Chance erst vier Jahre später kommen kann – vielleicht aber auch nie mehr. Deshalb ist die Finalpleite 2010 in Indien gegen Australien wohl auch die größte Niederlage, die ich je erlebt habe.

Umso bitterer war sie, weil das 2:1 der Australier nicht hätte zählen dürfen. Bei einem Konter hatte ein Australier einem unserer Verteidiger den Ball im Kreis an den Fuß gespielt. Das war eine klare Ecke, jeder hatte es gesehen – nur der Schiedsrichter nicht.

Also nahm Australien den Videobeweis. Das Spiel wurde unterbrochen, die Zeit gestoppt, was den Australiern die Möglichkeit gab, ihren Eckenspezialisten Luke Doerner einzuwechseln. Hätte der Schiedsrichter sofort Ecke gepfiffen, wäre Doerner nicht auf dem Feld gewesen…

Hätte, wenn und aber zählen im Sport nichts, und deshalb habe ich immer versucht, nach Niederlagen die Schuld nicht bei Schiedsrichtern, Mit- oder Gegenspielern zu suchen. Wichtigster Lerneffekt ist, aus Niederlagen sinnvolle Erkenntnisse zu extrahieren, aber dabei stets sachlich und bei sich selbst zu bleiben. Deshalb versuche ich nach einem verlorenen Finalspiel zunächst einmal, allein abseits des Geschehens die Niederlage zu verarbeiten.

Es gibt aber kein klares Prozedere, kein Patentrezept für den persönlichen Umgang mit Negativerlebnissen, weil die eigenen Gefühle meist ganz unterschiedlich sind. Es gab Finals wie das 2015 in der EHL gegen Oranje Zwart Eindhoven, das wir in einem epischen Penaltyschießen verloren. Während der 45 Minuten, die der Shoot-out dauerte, hatte ich bereits Zeit, mich mit dem Scheitern zu arrangieren. Es gab aber auch dieses Halbfinale der deutschen Feldmeisterschaft 2012 in Berlin, das wir 0:4 gegen den Berliner HC verloren. Es war mein letztes Spiel vor meinem Wechsel nach Spanien und ich hätte mich so gern mit dem Titel verabschiedet. Nach dieser Niederlage konnte ich erst am Tag darauf darüber zu sprechen.

Ich finde es wichtig, dass jeder die Möglichkeit bekommt, Niederlagen auf seine Art zu verarbeiten. Kurz nach Abpfiff habe ich normalerweise keine Lust auf Gespräche, Analysen oder gar Schuldzuweisungen. Im Verein habe ich viele Niederlagen gemeinsam mit meinem Bruder Jonas erlebt; wir nahmen uns dann gegenseitig in den Arm und gaben uns Halt. Ich übernehme auch ungern die Rolle des Trösters. Nur wenn es einen Spieler gibt, der mit einem verschossenen Penalty oder einer vergebenen Schlussecke eine besondere Rolle bei der Niederlage spielt, versuche ich ihn wieder aufzubauen. Wichtig ist die Erkenntnis, dass derjenige, der

Verantwortung übernimmt, auch scheitern kann. Aber das Scheitern ist nicht schlimmer, als keine Verantwortung zu übernehmen. Nur wer es immer wieder versucht, belohnt sich irgendwann. Grundsätzlich muss man auf das vertrauen, was man am besten kann und seine Stärken ausspielen. Ich wurde oft dafür ausgelacht, dass ich Siebenmeter meistens nach links unten schieße. Allen Unkenrufen zum Trotz hielt ich daran fest, weil ich mich so am sichersten fühle und damit gute Erfahrungen gemacht habe. Misslingt der Versuch, ausgerechnet in einer Stresssituation seinen gewohnten Ablauf zu variieren, sind Vorwürfe und Selbstzweifel vorprogrammiert. Als Beispiel mag das Halbfinale bei der WM 2006 gegen Spanien dienen, als ich entgegen meiner sonstigen Gewohnheit hoch in die Mitte geschossen habe, weil der Torwart sich zuvor immer für eine Ecke entschieden hatte. Bei meinem Schuss jedoch blieb er stehen und hielt, und ich dachte nur: Warum hast du nicht links unten geschossen? Am wichtigsten ist, dass man seine Sache ernst nimmt und verantwortungsvoll gegenüber seiner Mannschaft agiert.

Dass eine Niederlage schwerer wiegt, wenn man sie selber verschuldet hat, würde ich generell nicht unterschreiben. Dazu ein Beispiel: In dem bereits angesprochenen EHL-Finale gegen Eindhoven 2015 habe ich den entscheidenden Penalty verschossen, im Spiel aber zwei Penaltys und einen Siebenmeter verwandelt. Wichtig ist, die eigene Performance schonungslos und intensiv analysieren zu können. Die Bewertung sollte dabei nicht von einzelnen Szenen abhängig sein, sondern der gesamte Spielverlauf betrachtet werden. Wenn man zu dem Schluss kommt, alles gegeben zu haben, muss man sich keine Vorwürfe machen.

Das ist vor allem so, weil ich Teamsportler bin und eine Mannschaft um mich herum habe, mit der ich Siege und Niederlagen teilen kann. Als ich 14 Jahre alt war und neben dem Hockey noch Tennis spielte, verlor ich bei den Hamburger Meisterschaften im Viertelfinale. Diese Niederlage hat sich in mein Hirn eingebrannt, weil ich komplett allein dafür verantwortlich war. Dort fiel auch die Entscheidung für den Mannschaftssport. Der Unterschied, wie man Erfolg und Misserfolg verarbeitet, ist zwischen Einzel- und Teamsport gravierend. An dieser Stelle möchte ich noch einmal auf die Unterhaltung mit meinem Freund, dem Golfprofi Martin Kaymer, während Olympia 2016 in Rio zurückkommen. Er sagte, dass für ihn ein Teamsport nicht infrage käme, weil er es nicht verkraften könne, eine Medaille zu verlieren, wenn ein Mannschaftskamerad schlechter spiele als er selbst. Umgekehrt könne er es auch nicht genießen, eine Medaille zu gewinnen, wenn er selbst nicht seinen besten Tag hätte, aber seine Mitspieler überragend spielten. Sein Sportlerleben lang hat er gelernt, nur für seine eigene Leistung verantwortlich zu sein.

Mich macht es umso glücklicher, wenn ich Siege und Niederlagen mit meinen Freunden teilen kann. Es geht darum, deine beste Leistung zu bringen, die aber nur hilft, wenn gleichzeitig auch die bestmögliche Teamleistung erreicht wird. Mit der Mannschaft das Beste zu schaffen, ist viel intensiver. Was ich in meinem Sportlerleben erreicht habe, wäre ohne die Niederlagen, aus denen ich zu lernen versuchte, nicht möglich gewesen. Hieraus zog ich die Motivation und das Verlangen, noch besser werden zu wollen, um ganz oben zu stehen. Ich wollte aus jeder Niederlage stärker zurückkommen.

Vor allem aber wollte ich darauf achten, mit jedem Triumph ein Stück mehr Demut zu zeigen. Denn wenn ich eingangs davon gesprochen habe, dass es zwar keine guten und schlechten, wohl aber respektvolle und respektlose Verlierer gibt, so trifft das auf Gewinner genauso zu. Wahre Größe bei Sportlern zeigt sich deshalb auch nicht in der Niederlage, sondern im Moment eines Sieges. Männer wie Timo und Benny Wess oder auch Tobias Hauke, die nach einem Titel im ersten Moment natürlich mit ihrem Team feiern, sich dann aber Zeit für die Unterlegenen nehmen und diese respektvoll behandeln, sind für mich große Sportler. Auch wenn Niederlagen gegen sie deshalb nicht weniger bitter geschmeckt haben. Zweifelsohne: Der Umgang mit Erfolg will gelernt sein.

DRITTES VIERTEL: TEAMBUILDING UND ZEITMANAGEMENT

KAPITEL 12

PRIORISIEREN IST GEFRAGT. WAS ICH AUS MEINER DUALEN KARRIERE LERNEN KONNTE

Da gab es diese Umfrage vor einigen Monaten. Ein repräsentativer Teil der deutschen Bevölkerung wurde gefragt, wie hoch das monatliche durchschnittliche Nettoeinkommen eines Leistungssportlers in Deutschland sei. 8000 Euro lautete die Antwort. Was würden wir Sportler dafür geben, wenn es wirklich so wäre! Tatsächlich, das hat die Stiftung Deutsche Sporthilfe ausgerechnet, ohne deren Hilfe Leistungssport in Deutschland kaum noch möglich wäre, muss der durchschnittliche deutsche Spitzenathlet mit 626 Euro netto im Monat auskommen, und das bei einer 60-Stunden-Woche! Diese Zahl muss man kennen, um zu verstehen, warum mich das Thema Sportförderung schon seit Jahren enorm umtreibt.

Meine These ist klar: Wenn sich Politik und Wirtschaft in unserem Land nicht sehr schnell dazu durchringen, dem Sport einen größeren Stellenwert zuzugestehen, dann werden wir in 15 Jahren in den meisten Sportarten, die nicht auf Profiniveau betrieben werden, nicht mehr mithalten können. Warum? Weil die anderen Nationen den Wert von Sport für die Gesellschaft längst erkannt haben und entsprechend investieren. In Deutschland dagegen werden die Prioritäten falsch gesetzt. Der Hamburger Markus Deibler, der seine Schwimmkarriere im Dezember 2014 nach dem Gewinn des Weltmeistertitels im Alter von nur 24 Jahren beendete, weil er keinen Sinn mehr darin sah, sich für Kleingeld zu quälen, hat dazu einen bitteren, aber wahren Satz gesagt, der sinngemäß so lautete: „Wenn der Dschungelkönig in Deutschland 100.000 Euro verdient, aber der Olympiasieger nur

20.000, dann muss sich niemand wundern, dass unser Sport den Anschluss verliert."

Ich halte den Umgang mit Leistungssportlern in Deutschland für eine absolute Unverschämtheit. Topathleten wie der Diskuswerfer Robert Harting oder die Beachvolleyballerin Laura Ludwig als Botschafter für unser Land könnten eine viel gewichtigere Rolle spielen als die meisten Politiker. Leistungssportler sind Repräsentanten für unsere Gesellschaft, vielleicht die besten, die es gibt.

Wir haben in Deutschland einen absoluten Missstand, was das Schaffen von Vorbildfunktion angeht. Was suggeriert es unseren Kindern, wenn man mit dummem Gerede und Zurschaustellen von Peinlichkeiten in Fernsehsendungen sechsmal so viel Geld verdienen kann wie mit jahrelangem harten Training, mit Qual und Schweiß und der steten Bereitschaft, Leistung zu bringen? Und weil die meisten Menschen denken, dass die Sportler, die sie im Fernsehen sehen, Millionäre sein müssen, herrscht in Deutschland der Irrglaube, dass es Leistungssportlern besser geht, als es tatsächlich der Fall ist. Kaum jemand weiß, wie es wirklich ist. Aber wie soll man Jugendliche für eine Sportkarriere begeistern, wenn der Anreiz, damit wenigstens das Alltagsleben bestreiten zu können, fehlt?

Natürlich könnte man nun argumentieren, dass in einer Marktwirtschaft Angebot und Nachfrage alles regeln, und wenn der Sport einfach nicht mehr Geld erwirtschaftet, um es an seine Protagonisten auszuzahlen, dann muss sich derjenige, der den Sport dennoch ausüben möchte, eben damit abfinden. Aber das ist ein gefährliches Denken, denn niemand sollte unterschätzen, welche Strahlkraft sportlicher Erfolg hat. Dazu ein Beispiel: Neulich saß ich an einem Sonntag nach einem Heimspiel im UHC-Klubheim. Auf dem Großbildfernseher lief Nordische Kombination. Zwei Jungen, vielleicht vier und sechs Jahre alt, standen davor und schauten mittelmäßig interessiert zu. Dann kam Johannes Rydzek, sie sahen die deutsche Fahne eingeblendet. „Jetzt kommt der Deutsche!", rief der eine Junge. Von diesem Zeitpunkt an fieberten sie richtig mit, bis Rydzek ins Ziel kam und den Weltcupsieg geschafft hatte. Da jubelten beide und freuten sich, als hätten sie selbst einen Pokal gewonnen.

Beispiele wie diese gibt es millionenfach, und sie zeigen immer wieder, dass Sport eine gesunde Form von Patriotismus weckt, die hilft, eine Gesellschaft zusammenzuhalten und zu stärken. Auf welchen Gebieten haben wir so etwas noch? Wer sind die Vorbilder für unseren Nachwuchs? Man fiebert mit „seinem" Athleten mit, lernt aber gleichzeitig, auch andere Nationen zu schätzen und zu respektieren. Vor allem wenn man sieht, wie respektvoll die meisten Athleten miteinander umgehen. Das funktioniert aber nur so lange, wie die eigene Gruppe auch mal Erfolge feiert. Wer nur hinterherfährt, -läuft, -schießt oder -wirft, der verliert über kurz oder lang die Lust. Bei Misserfolg wird man dafür harsch kritisiert, wie zum Beispiel die Schwimmer bei den vergangenen beiden Olympischen Spielen. Erfolg steht im Vordergrund, wie er erreicht wird, ist der Masse egal. Und deshalb muss sich Deutschland dringend fragen, wie es möglich ist, den sportlichen Erfolg unseres Landes langfristig zu konservieren und im besten Fall sogar noch zu erhöhen.

Ich möchte die Dringlichkeit am Beispiel des Hockeysports erklären. Vor 15 Jahren gab es im Herrenhockey drei führende Nationen: Australien, die Niederlande und Deutschland. Selten einmal brach ein anderes Land in diese Phalanx ein. Seit zehn Jahren investieren Belgien, Argentinien, Indien, Neuseeland und, motiviert von Olympia 2012 in London, auch die Briten enorm in die Ausbildung. Die Spieler dort sind allesamt Profis, konzentrieren sich nur auf ihren Sport. Das Resultat: Im olympischen Finale von Rio spielte Belgien gegen Argentinien. Indien schickt sich an, wieder eine Macht zu werden wie in den 1970er- und 80er-Jahren.

Die deutsche Antwort auf das „Wettrüsten" der anderen Nationen war bislang stets der duale Weg. Es sei wichtig, den Athleten eine Karriere zu ermöglichen, ohne sie in ihrem beruflichen Fortkommen zu beschneiden. Damit solle verhindert werden, dass Sportler nach ihrer Karriere in ein Loch fallen und keine Perspektive für die lange Zeit nach dem Leistungssport besitzen.

Grundsätzlich ist dieser Weg nicht falsch. Gerade für das Hockey kann ich beurteilen, dass es bislang durchaus gut funktioniert hat, trotz eines Studiums oder einer Ausbildung auch noch sportlichen Erfolg zu haben. In Zukunft wird das aber nicht mehr in der Form ausreichen und möglich sein. Deshalb müssen wir umdenken.

Für mich stand schon früh fest, dass Hockey ein Sport ist, mit dem ich nicht meinen Lebensunterhalt bestreiten konnte. Aber ich wollte alles versuchen, um in diesem Sport so weit wie möglich zu kommen. Nach dem Abitur 2004 musste ich mir nun Gedanken machen, wie es beruflich weitergehen sollte. Das Studium der Betriebswirtschaftslehre an der Universität Hamburg durchzuziehen, dazu konnte ich mich nicht gut genug selbst organisieren und meinen Tag strukturieren. Mir fehlte einfach der Drive.

Mein Glück war dann, dass ich dank meines sportlichen Erfolgs bei der WM 2006 die Unterstützung aus der Wirtschaft bekam, die noch immer viel zu wenige Athleten genießen. Peter Bartels arbeitete damals für den Wirtschaftsprüfer Susat & Partner, der den Deutschen Hockey-Bund als Sponsor unterstützte. Über ihn bekam ich einen Kontakt zu Michael Trautmann, einem der bekanntesten Hamburger im Werbemilieu. Bei einem Infogespräch machte ich deutlich, dass es mich eher in eine praktischer geprägte, fachlich fundierte Ausbildung zog als an die Uni. Michael bot mir an, in seiner Agentur kempertrautmann ein duales Studium zu beginnen, und das war der absolute Winner für meine Karriere.

Duales Studium bedeutete, dass ich in Blöcken von sechs bis acht Wochen im Unternehmen arbeitete und an der Hamburg School of Business Administration Medienmanagement studierte. Von Tag eins an musste ich Uni, Job, Training und Privatleben unter einen Hut bringen. Da ich von Hause aus kein sonderlich durchstrukturierter Mensch bin, fiel mir das nicht in den Schoß. Das Ausbalancieren der verschiedenen Ansprüche war für mich eine Herkulesaufgabe, aber gleichzeitig auch der wichtigste Lerneffekt meines Lebens: Ich verstand, dass man Prioritäten erkennen und setzen muss.

Priorisieren bedeutete zunächst zu kapieren, dass man nicht auf allen Feldern zugleich mit 100 Prozent Einsatz agieren kann. Im Umkehrschluss bringt es aber auch nichts, auf jedem der vier Felder – Uni, Job, Sport, Privatleben – mit 25 Prozent zufrieden zu sein, weil man damit niemandem gerecht wird. Es galt also eine Aufteilung zu machen, die auf mein Lebensmodell passte.

Ein Beispiel: Wenn ich einen Block an der Uni hatte, konnten sich meine Kommilitonen, die keinen Leistungssport betrieben, auf ihr Studium konzentrieren. Sie besuchten jede Vorlesung, lernten gemeinsam in Gruppen und gingen abends oft zusammen weg. Ich dagegen war oft mehrere Wochen mit der Nationalmannschaft auf Lehrgang. Wenn ich dann zurückkam, rannte ich anfangs sofort in jede Vorlesung, um den Stoff nachzuholen. Bald jedoch merkte ich, dass ich zu viel Unterrichtsstoff versäumt hatte und nichts von dem verstand, was behandelt wurde. Ich musste mir ein System aufbauen, nach dem ich mir die Lerninhalte zu für meine Umstände günstigen Zeiten selbstständig aneignen konnte. Das erlaubte mir in Phasen, in denen Hockey im Vordergrund stand – zum Beispiel die Qualifikation für ein wichtiges Turnier –, den Fokus auf den Sport zu legen. Und umgekehrt in Phasen, wenn es im Hockey ruhiger war, auf Training zu verzichten, und sich auf die Uni zu konzentrieren.

Leider litt gerade mein Privatleben anfangs sehr unter der Situation, weil es mir nicht leichtfiel, Familie und Freunden die nötige Zeit einzuräumen. Meine heutige Frau Stephanie war oftmals traurig, wenn ich mich an manchen Tagen, an denen ich auf Lehrgang war und zudem noch für die Uni lernen musste, nicht gemeldet habe. Heute versuche ich, die Zeit, die ich für die Familie habe, ihr auch ausschließlich zu widmen. Ich habe einen harten Lernprozess durchlaufen müssen, ehe ich verinnerlicht hatte, mich voll auf das einzulassen, was gerade ansteht. Sich nicht von außen stressen zu lassen, sondern in der aktuell wichtigsten Aufgabe zu bleiben, sich darauf zu fokussieren, das ist beim Priorisieren ganz wichtig. Hätte ich mir, um es konkret zu machen, die beiden Urlaubssemester für die Reha nach dem Kreuzbandriss und die Olympiaphase nicht genommen, wäre ich sowohl sportlich als auch in der Uni gescheitert.

Dennoch habe ich mein Bachelorstudium und die duale Ausbildung innerhalb von drei Jahren durchgezogen. Und ich bin trotzdem sportlich erfolgreich gewesen. Für mich hat das System des dualen Studiums funktioniert. Aber es war ein harter Weg, und die Herausforderungen werden immer härter. Ich bezweifle, ob ich meine Karriere in der heutigen Zeit genau so durchführen könnte.

Ich hatte das Glück, mit Michael Trautmann einen Unterstützer aus der Wirtschaft zu treffen, der sich voll auf mich eingelassen hat. Dass mir Arbeitskollegen und Uni-Professoren immer verständnisvoll entgegengekommen sind, wenn ich Unterstützung brauchte. Dass Trainer und Mitspieler wussten, worum es geht. Und dass ich eine Familie hatte, die mich verstanden und unterstützt hat. Eine seltene Kombination, für die ich jedem Beteiligten unendlich dankbar bin.

Hinzu kommt der absolute Glücksfall Indien! Dort habe ich in vier Saisons in der Profiliga HIL, die jeweils nur rund sechs Wochen pro Jahr dauern, so viel Geld verdient, dass ich mir nach der Ausbildung den Sprung in die Selbstständigkeit erlauben und sogar noch einige Rücklagen bilden konnte. Nur dadurch konnte ich mein Karriereende so lange herauszögern. Aber wie oft geschieht es, dass Karrieren schon Mitte 20 enden, wenn Athleten mit dem Studium fertig sind. Dann müssen sie sich darum kümmern, wie sie ihren Lebensunterhalt bestreiten. Das ist deswegen besonders bitter, weil der Leistungszenit oft zwischen 27 und 30 Jahren erreicht wird. Dieses Potenzial geht dem Sport verloren, und deshalb müssen wir neue Wege gehen und Leistungssportlern eine deutlich bessere finanzielle Ausstattung ermöglichen.

Hierfür müssen sich Wirtschaft, Politik und auch die Medien ihrer Verantwortung bewusst werden. In den Medien muss ein Umdenken stattfinden, was die Gewichtung zwischen Fußball und dem restlichen Sport angeht. Die Tatsache, dass Sportredaktionen oft in Fußball und Bunt- oder Restsport aufgeteilt sind, offenbart das eklatante Missverhältnis. Ich sehe die Meinungsmacher in der Pflicht, die Vielfalt des Sports abzubilden, anstatt einer gefühlten Mehrheitsmeinung Vorschub zu leisten. Es gibt viele Sportler, deren Leistungen eine entsprechende Berichterstattung verdient hätten. Damit zu argumentieren, es bestünde daran kein Interesse, ist falsch. Das Interesse kann sich nicht entwickeln, weil es keine Öffentlichkeit gibt. Und da gilt es anzusetzen.

Die Politik hat mit der geplanten Leistungssportreform zwar den Willen zu Veränderung erkennen lassen, aber an der Tatsache, wie langsam sie vollzogen wird und wie wenig Erhöhung der finanziellen Substanz darin steckt, lässt sich ablesen, dass ein großer Wurf nicht erwartet werden kann. Eine Zentralisierung, die Sportler an wenigen Stützpunkten zusammenziehen will, sodass sie fernab ihres gewohnten Umfelds trainieren müssen, sehe ich sehr kritisch. Natürlich gibt es Sportler, denen es egal ist, wo sie leben und trainieren. Aber die meisten Menschen brauchen eine Heimat, eine Anbindung an ihr gewohntes Umfeld. Früher oder später fällt jeder, dem das fehlt, in ein Loch, und darunter leidet die Leistung.

Von der Politik erwarte ich, dass sie endlich eine klare Aussage zur Wertigkeit von Sport in der Gesellschaft trifft. Wir brauchen kein Gesetz zur Förderung des Sports, da etwas, das verordnet wird, selten von Herzen kommt. Genau das muss aber Sport sein: eine Herzensangelegenheit! Was wir brauchen, ist ein Sportministerium, einen festen Ansprechpartner, der für die Belange des Sports zuständig ist und dafür kämpft. Es genügt nicht, dass Angela Merkel nach großen Triumphen in der Kabine der Fußballnationalmannschaft auftaucht oder sich ein Innenminister am Rand auch mal um Sport kümmert. Ein/e Sportminister/in müsste nicht zwingend aus dem Sport kommen. Der Verkehrsminister ist ja auch kein LKW-Fahrer. Es sollte ein Fachpolitiker sein, der die Sorgen und Nöte von Sportlern kennt, der aber auch weiß, was politisch nötig ist, um Veränderungen umzusetzen.

Die wichtigste Rolle im Veränderungsprozess des deutschen Leistungssportsystems kommt der Wirtschaft zu. Es gibt noch immer viel zu wenige Firmen, die den Wert von Leistungssportlern für ihr Unternehmen einschätzen können. Viele lassen sich davon einschüchtern, dass Athleten im Lauf ihrer aktiven Karriere eine Menge an Fehlzeiten anhäufen. Dafür jedoch sind die allermeisten Sportler höchst loyale und disziplinierte Mitarbeiter, die die Unternehmenskultur positiv verändern, weil sie über ein sehr gutes Zeitmanagement verfügen, Wettkampfgeist haben und trotzdem auch ein hohes Maß an sozialer Kompetenz und Teamfähigkeit mitbringen. Michael Trautmann sagt, dass er den Weg, den er mir ermöglicht hat, immer wieder gehen würde, weil er erfahren hat, wie sehr ein Unternehmen davon profitiert.

Wer Sportler einstellt, der kann von ihnen ein totales Commitment erwarten in den Zeiten, in denen sie zur Verfügung stehen. Und der kann außerdem fest darauf bauen, für die Zeit nach der aktiven Karriere des Sportlers einen leistungsbereiten Mitarbeiter zu haben. Im Gegenzug muss der Sportler erwarten können, dass ihm sein Arbeitgeber sämtliche Freiheiten einräumt, um seinen Sport ausüben zu können. Ist das nicht der Fall, kommt es schnell zu einer Loose-loose-Situation, weil dann beide Seiten unglücklich sind. Im besten Fall tragen Chef, Kollegen und Sportler zum Gelingen des gemeinsamen Projekts bei. Wenn das gesamte Unternehmensklima sportaffin ist, werden alle Seiten davon profitieren.

Um den langfristigen Erfolg des Sports sicherzustellen, muss das deutsche System der dualen Karriere gar nicht aufgegeben werden. Schon während der Leistungssportkarriere für das Leben danach vorzubauen macht Sinn. Es ist kein Geheimnis, dass in den Nachwuchsleistungszentren der Fußball-Bundesligisten längst auch die Weiterbildung während der Karriere ein Thema ist.

Der Fußball ist vielen Sportarten in Deutschland weit voraus, was das Thema Professionalisierung angeht. Aber was der Fußball von anderen Sportarten lernen kann, ist die Organisation und Struktur von Tagesabläufen. Fußballer trainieren intensiv, haben aber, weil sie als Profis ausreichend Geld verdienen, viel mehr freie Zeit. Die sinnvoll zu nutzen, dafür gibt es noch eine Menge Verbesserungspotenzial. Es wird häufig unterschätzt, wie leistungsfördernd es sein kann, sich mit anderen Dingen als nur dem eigenen Sport auseinanderzusetzen. Erfolgserlebnisse auf anderen Gebieten können eine große Befreiung und ein zusätzlicher Push sein. Die Chance auf Weiterbildung zu nutzen ist etwas, das Sportler und vor allem Fußballer lernen sollten.

Es ist partout nicht so, dass jede zusätzliche Herausforderung Stress erzeugt. Arbeit und Studium für den Kopf, Sport für den Körper, die perfekte Kombination, aus der ich viel Kraft gezogen habe. Natürlich hinterfragt man bei jedem Scheitern, sei es eine verpatzte Klausur, ein verlorenes Finale oder ein schlechter Tag im Büro, ob man seine Prioritäten noch richtig setzt oder was zu ändern wäre. Aber genau dieses lernende System führt dazu, dass man noch mehr priorisiert, dadurch noch besser wird und herausfindet, welches das perfekte Modell ist, um glücklich zu werden.

Wenn jedoch über allem die Frage steht, wie wir es hier in Deutschland schaffen, langfristig sportlichen Erfolg sicherzustellen, ohne dabei das persönliche Fortkommen jedes einzelnen Athleten zu vernachlässigen, kommen wir nicht umhin, die finanziellen Mittel für Leistungssportler deutlich zu erhöhen. Nur dann werden wir es schaffen, dass Karrieren nicht früher enden, als es nötig wäre. Nur dann wird es allen Athleten möglich sein, ihr Leistungslimit auszuschöpfen, weil sie sich keine Gedanken mehr darum machen müssen, wie sie ihre Miete bezahlen oder was aus ihrem Leben nach dem Sport werden soll.

Natürlich gibt es auch die Stimmen, die davor warnen, dass Geld träge macht. Dass Sportler sich zu sehr darauf ausruhen und ihre Weiterbildung vernachlässigen. Der Einwand ist in gewisser Weise berechtigt, aber ich sehe darin keine Gefahr. Jeder ist letztlich seines Glückes Schmied und muss sich um den persönlichen Weg zu Erfolg und Zufriedenheit selbst bemühen. Aber gerade deshalb glaube ich, dass der Großteil der Leistungssportler ausreichend Eigenantrieb mitbringt, um sich weiterzubilden.

Man könnte auch überlegen, ob die Zahlung finanzieller Unterstützung an die Pflicht zur beruflichen Weiterbildung gekoppelt wird, auch wenn ich weiß, dass das in Sportarten wie Tennis, wo sehr viel gereist wird und es wenige freie Tage gibt, schwieriger wäre als in anderen. Priorisieren ist gefragt: Jeder Athlet sollte die Ausbildung in dem Tempo machen können, das notwendig ist, um das Optimum an sportlicher Leistung ausschöpfen zu können. Während der sportlichen Pausen oder nach Beendung der Karriere muss der Fokus dann auf die Arbeit umschwenken. Viel Geld zu verdienen darf niemals eine Ausrede dafür sein, nicht den dualen Weg zu gehen.

Selbstverständlich fordere ich nicht, dass alle Leistungssportler Millionäre werden müssen. Aber ich wünschte, dass die Zahl, die in der Umfrage der Sporthilfe genannt wurde, ein Richtwert wäre. Mit durchschnittlich 8000 Euro im Monat könnte jeder Sportler sorgenfrei seine Karriere verfolgen und sogar für eine Übergangszeit nach dem Sport Rücklagen bilden, um zwei oder drei Jahre abfedern zu können, in denen man in der neuen Karriere Fuß fassen muss.

Es sollte in viel mehr Branchen als nur der Bundespolizei oder der Bundeswehr möglich sein, Sportlern ein hohes Grundeinkommen zu garantieren und ihnen dennoch alle Freiheiten für den Sport lassen. Dass aktuell viele Athleten quasi gezwungen werden, Polizist oder Soldat zu werden, finde ich schwierig. Es würde schon genügen, wenn die fünf Millionen Euro im Jahr, die in einen Fußballverein gesteckt werden, um dort irgendwo auf der Sponsorenwand versteckt zu werden, in 50 Sportler investiert würden. Dann hätte jeder dieser 50 ein Jahresbudget von 100.000 Euro – und das Unternehmen hätte 50 hoch motivierte und großartig vernetzte Markenbotschafter, was am Ende für alle einen Gewinn brächte.

Wir müssen es uns endlich trauen, und zwar gemeinsam, mit Sportverbänden und -vereinen, Medien, Politik und Wirtschaft. Wenn alle an einem Strang ziehen, werden Karrieren, wie ich sie glücklicherweise machen konnte, in Zukunft keine Ausnahmen bleiben.

KAPITEL 13

TEAMSTRUKTUR UND FEEDBACKKULTUR

Als ich 2016 in den Job bei der Werbeagentur thjnk (früher noch kempertrautmann) einstieg, wo ich 3 Jahre duales Studium absolviert hatte, wurde ich nach einem halben Jahr Probezeit zu einem Feedbackgespräch mit Michael Trautmann und Personalchefin Nane Wolters gebeten. Nach fünf Minuten hatten mir meine Vorgesetzten zu verstehen gegeben, dass sie mit meiner Arbeit zufrieden waren und dass sie meine Weiterbeschäftigung beschlossen hatten. Damit war ich natürlich sehr glücklich, und wir hätten das Gespräch an dem Punkt beenden können.

Aber ich selbst hatte mir auch eine Liste gemacht mit Dingen, die ich ansprechen wollte, und der wichtigste Punkt darauf war die Feedbackkultur im Unternehmen. Nach meiner Wahrnehmung wurde damals viel zu wenig miteinander gesprochen. Aus fünf wurden 50 Minuten, und am Ende dieser Runde stand der Entschluss, das Thema Feedback im Unternehmen neu anzugehen. Mittlerweile habe ich die Agentur verlassen, um mich mit der Unterstützung von Michael Trautmann und meinem Partner Christian Toetzke mit der Upsolut Sports selbstständig zu machen. Die Feedbackkultur wird aber dort immer noch gepflegt.

Über die Jahre meines sportlichen und beruflichen Werdegangs hat sich in mir die Überzeugung verfestigt, dass eine gesunde Feedbackkultur den wichtigsten Baustein für erfolgreiche Teams und Unternehmen darstellt. Zunächst gilt es, den Begriff Team zu definieren. Ein Team besteht aus minimal zwei Personen, eine Obergrenze gibt es theoretisch nicht, praktisch wird diese von Spielregeln oder Firmenleitlinien vorgegeben. Enorm wichtig ist die Feststellung, dass ein Team nicht nur aus aktiven Elementen besteht, sondern dass das Umfeld, die eher passiven Elemente, eine hervorgehobene Rolle spielt, wenn es darum geht, Erfolge zu ermöglichen und abzusichern. Der Erfolg der Beachvolleyball-Olympiasiegerinnen Laura Ludwig und Kira Walkenhorst zum Beispiel wäre nicht möglich gewesen ohne die Arbeit der Trainer, der Psychologin und des Ärzte- und Physiotherapeutenstabs. Die dynamischen Prozesse zwischen den einzelnen Teammitgliedern lassen ein Team zu dem werden, was es letztlich darstellt.

Um den angestrebten Erfolg erreichen zu können, muss die inhaltliche Ausgestaltung der Aufgaben innerhalb eines Teams optimiert sein. Auf dem Weg zur bestmöglich funktionierenden Einheit durchläuft das Team als Gruppe vier Phasen, die der US-amerikanische Psychologe und Hochschullehrer Bruce Tuckman in seiner Team-Uhr perfekt beschreibt: Forming, Storming, Norming und Performing. Am Beispiel der deutschen Hockeynationalmannschaft, für die ich zwischen 2005 und 2016 spielte, und eines fiktiven Unternehmens möchte ich versuchen, einen solchen Prozess zu verdeutlichen.

In der Forming-Phase stellt der Teamchef, das kann der Geschäftsführer oder der Cheftrainer sein, eine Gruppe aus Individuen zusammen, von denen er glaubt, dass sie all die Fähigkeiten vereint, um ein definiertes Ziels zu erreichen. Im Hockey war das meist die Benennung eines erweiterten Kaders für ein großes Turnier wie WM oder Olympia.

In der Storming-Phase als wichtigster Abschnitt muss sich die Gruppe als Team finden. Bei der Nationalmannschaft war dies immer der Zentrallehrgang Anfang März in Südafrika. Die Mitglieder des Teams suchen sich ihren Platz, testen Grenzen aus und versuchen, sich an ihre Mitstreiter zu gewöhnen und diese so gut wie möglich kennen und einschätzen zu lernen. Das Storming ist deshalb so interessant, weil Menschen in dieser Phase über sich hinauswachsen und Leistungen zeigen, die ihnen nicht zugetraut wurden.

Der Nachteil des Stormings ist, dass es Zeit kostet. Zeit, die es in Unternehmen oftmals nicht gibt. Das gilt auch für das Wirtschaftsunternehmen Profifußball. Hier hat der Teamchef heutzutage nach dem Forming meist nur ein Trainingslager lang Zeit, um sein Team reif für das Performing zu machen. Das reicht oftmals nicht aus, um herauszufinden, wer für welche Aufgabe am besten geeignet ist und wie die optimale Struktur aussehen müsste. Entscheidungen werden überhastet getroffen und deshalb entwickelt sich eine fragile Teamstruktur. Das ist auch die Erklärung dafür, warum ein Spieler bei einem Verein seine Leistung überhaupt nicht abrufen kann, beim nächsten aber umso besser. Das liegt dann häufig daran, dass die Struktur beim einen Klub nicht so zu ihm passt wie beim anderen.

Natürlich sagen die Verantwortlichen in den Fußballprofiklubs immer, dass sie bei der Kaderzusammenstellung auf den Charakter achten. Aber meist sind das leere Phrasen, weil weder die Zeit dazu da ist noch die Möglichkeit, wirklich herauszufinden, ob ein Spieler zum Klub passt oder nicht. Ein positives Beispiel ist der SC Freiburg, der seit vielen Jahren an seinem Optimum performt, weil es dort eine gewachsene Struktur gibt und wirklich darauf geachtet wird, dass die Spieler sich in dieses Konstrukt einpassen. Aber die meisten Klubs sind nur noch auf kurzfristigen Erfolg gepolt und vergessen darüber, dass die Basis für langfristigen Erfolg im gründlichen Aufbau einer Teamstruktur liegt.

In Unternehmen werden oftmals Arbeitsgruppen gebildet, in denen ein Teamleiter bestimmt, welche Aufgaben seine Mitarbeiter übernehmen sollen. Und dann soll diese Gruppe, die gerade erst die Forming-Phase durchlaufen hat, direkt in die Performing-Phase eintreten. Erfolg versprechender wäre es, zunächst die wahren Talente der Teammitglieder herauszufinden und damit die optimale Aufgabenverteilung zu ermöglichen. Gruppen brauchen die Storming-Phase, um sich zu finden. Deshalb sind Mitarbeiter in Wirtschaftsunternehmen, die mit Leistungssportlern zusammentreffen, oft überrascht, wie sehr diese auf den Teamgedanken und das Ausprobieren von verschiedenen Strukturen und Aufgabenverteilungen anspringen: Weil sie gelernt haben, dass man die Storming- und die Norming-Phase nicht überspringen sollte.

Allerdings muss auch das wichtige Storming - im Leistungssport die intensivste Phase - in einem gewissen Rahmen ablaufen, dessen Grenzen dehnbar sind. Dieser Fehler wird in Unternehmen oft gemacht: Zu glauben, dass alles von oben vorgegeben sein muss. Genau das ist der Killer der Produktivität. Natürlich muss der Trainer einen gewissen taktischen Rahmen vorgeben und Regeln aufstellen, die jeder einzuhalten hat. Und natürlich müssen Firmen beispielsweise eine Rahmenarbeitszeit festlegen oder Regeln, wie die Mitarbeiter miteinander umzugehen haben. Aber innerhalb dieser Grenzen darf es möglichst wenige Tabus geben. Die Teammitglieder müssen während des Stormings die Chance haben, sich frei entfalten zu können und ihre Grenzen auszuloten. So, dass am Ende jeder den Platz gefunden hat, auf dem er sich selbst so wohl wie möglich fühlt und gleichzeitig den größten Nutzen für die Gemeinschaft bringt.

Die wichtigste Regel hierbei ist, dass das Team sich seine Grenzen selber setzt, und zwar dadurch, dass es ausprobiert und selber erfährt, womit es am besten zum Erfolg kommt. Dazu muss es möglich sein, sich mit seiner individuellen Klasse auch über Schranken, die von außen gesetzt wurden, hinwegzusetzen. Ein Beispiel: Der Trainer bestimmt vor einem Testspiel, dass auf lange Schlenzbälle aus der Abwehr, die oft zu Ballverlusten führen können, verzichtet werden soll. Wenn ich als Abwehrspieler im Spielverlauf aber einen Stürmer völlig frei stehen sehe, den ich nur mit einem Schlenzball erreichen kann, muss ich mir in der Storming-Phase zutrauen, mich über die Ansage hinwegzusetzen und den Schlenzball trotzdem zu spielen.

Funktioniert das, und der Stürmer schießt im Optimalfall sogar ein Tor, wird kein Trainer danach in der Besprechung kritisieren, dass der Verteidiger sich über das Verbot hinweggesetzt hat. Im Umkehrschluss wird sich der Passgeber aber auch auf harte Kritik einstellen müssen, wenn ihm der Schlenzball misslingt und daraus im schlechtesten Fall ein Konter mit Gegentor entsteht.

Und damit kommen wir zur eingangs erwähnten Feedbackkultur und zum Umgang mit Feedback. Grundsätzlich ist es so, dass man immer weniger Feedback für seine Arbeit erhält, je höher man in der Hierarchie steht. Das gilt im positiven wie im negativen Sinn. Den Chef respektive den Führungsspieler negativ zu kritisieren, das passiert offen nur dann, wenn wirklich etwas Gravierendes vorgefallen ist, das den Erfolg nachhaltig zu gefährden droht. Positive Kritik gibt es für Leistungsträger dagegen auch nur bei einer wirklich außergewöhnlichen Performance. Ganz anders bei Nachwuchstalenten. Sie heimsen oft schon für einen guten Pass viel Lob ein, bekommen aber im Gegenzug bei schlechten Aktionen auch mehr negative Kritik von allen Seiten. Ich habe zum Beispiel noch nie erlebt, dass ein Trainer offen kritisiert wird, wenn er fünf Minuten zu spät zum Training kommt. Passiert das dem Nachwuchsmann, kann es ihn den Platz im Kader für das nächste Spiel kosten. In den Storming-Phasen lernt jedes Teammitglied, mit Feedback umzugehen und zu verstehen, welche Feedbackkultur in der Gruppe vorherrscht.

Geschieht diese Gewöhnung erst in der Performing-Phase – entweder weil vorher darauf nicht geachtet wurde oder weil es gar keine Storming-Phase gab –, wird der Teamfindungsprozess empfindlich beeinträchtigt. Ebenso wird es Probleme geben, wenn Führungskräfte oder -spieler charakterlich noch nicht reif genug sind, Feedback richtig einzusetzen oder es richtig aufzunehmen. Wenn es ihnen an Selbstvertrauen und Erfahrung fehlt. Nur eine gesunde Feedbackkultur, die nicht nur in horizontalen, sondern auch in vertikalen Strukturen in alle Richtungen funktioniert, bringt den optimalen Erfolg.

Feedback angemessen zu geben und mit Feedback arbeiten zu können, das sind zwei der herausragenden Qualitäten, die einen guten Teamspieler ausmachen. Insbesondere der Umgang mit negativem Feedback zählt zu den schwierigsten Aufgaben, die in einer Gruppe zu erfüllen sind. Dabei ist besonders wichtig, dass ich als Empfänger von Feedback zwei Dinge einzuschätzen weiß: Von wem kommt die Kritik, ist sie fundiert? Und wie muss ich das Verhältnis zwischen der eigenen und der fremden Wahrnehmung bewerten?

Es geht für positives wie negatives Feedback gleichermaßen immer darum, für sich selbst einordnen zu können, zu welchen Teilen die empfangene Kritik berechtigt ist. Man muss nicht jede Aussage für bare Münze nehmen und als Aufforderung oder gar Befehl verstehen, der eins zu eins umzusetzen ist. Wichtig ist, einzuschätzen, was von dem, das von außen an mich herangetragen wurde, für mein zukünftiges Handeln von Bedeutung ist. Die Bereitschaft, Kritik zu bewerten und vor allem auch zu akzeptieren, welche Wahrheit in negativer Kritik steckt, ist essenziell, wenn Feedback erfolgreich sein soll. Man darf nicht vergessen, dass es sich dabei immer um einen extrinsischen Input handelt. Der ist wichtig, weil alles, was von außen kommt, zusätzliche Informationen darstellt, aber er ist natürlich auch hochgradig subjektiv. Selbstverständlich muss auch der Feedbackgeber gewisse Regeln beachten. Wer andere kritisiert, sollte dies nur in Bereichen tun, in denen er sich fundiert auskennt oder mit gutem Beispiel vorangeht. Ich zum Beispiel bin ein emotionaler Leader, der für sich in Anspruch nimmt, vom Hockey eine Menge zu verstehen. Aber ich war nie der diszipliniertteste oder strukturierteste Typ. Ich bin kein Vorbild an Pünktlichkeit, und wie oft schon habe ich beim Packen meiner Tasche das falsche Trikot aus dem Schrank gezogen.

Ich würde also selten Mitspieler dafür kritisieren, wenn sie mal fünf Minuten zu spät kommen oder ihre Ausrüstung nicht ganz korrekt ist. Und ich würde mir auch nie anmaßen, mich als Fußballbundestrainer aufzuspielen und einen HSV-Stürmer öffentlich dafür zu kritisieren, dass er seine Torchancen nicht verwertet. Aber wenn einer nicht mit Leidenschaft Hockey spielt und dadurch dem Team schadet, oder wenn ich das Gefühl habe, dass bei jemandem ein paar Prozent zur nötigen Einstellung fehlen, mache ich eine Ansage.

Diese Ansagen mache ich in der Form, wie sie meinem Wesen entsprechen. Ich halte gar nichts davon, Feedback individuell an jeden Adressaten anzupassen. Sensiblere Typen müssen nicht zwangsweise mit Glacéhandschuhen angefasst werden, nur damit die Kritik irgendwie noch nett klingt, wenn man ansonsten die klare Kante wählt. Es geht darum, auch im Feedback authentisch zu bleiben! Der Feedbackgeber muss sich darüber im Klaren sein, was er mit seiner Kritik erreichen will. Stehen wir auf dem Platz und mein Nebenmann schläft, dann gibt es eine laute, knappe Ansage, damit er aufwacht. Nach dem Spiel nehme ich mir mehr Zeit, um zu erklären, was ich mit meiner Kritik meinte. Ich bin immer geradeheraus und direkt, weil das mein Naturell ist. Und ich erwarte, dass sich meine Mitspieler darauf einstellen, wie ich mich im Gegenzug auch auf ihre Eigenarten einlasse. Im Vordergrund steht die Problemlösung und es geht darum, die anderen besser zu machen, um gemeinsam das Optimum zu erreichen.

Bei der Champions Trophy 2009 in Australien habe ich ein negatives Beispiel von Feedbackkultur erlebt. Dort war eine Gesprächsrunde mit dem Trainerteam anberaumt worden, wofür die Führungsspieler eine Liste mit Kritikpunkten erarbeitet hatten, um diese in großer Runde anzusprechen. Die Runde begann dann aber damit, dass das Trainerteam teils harsche Kritik an Mannschaft und Führungsspielern äußerte. Im Anschluss wurde dann die Liste mit den Kritikpunkten am Trainerteam abgearbeitet. Wir waren auf das negative Feedback von Seiten des Staffs nicht vorbereitet und hatten keine Zeit, uns inhaltlich damit auseinanderzusetzen. So folgte unmittelbar auf die Kritik der Trainer unsere Gegenkritik – eine Situation, die zum Scheitern verurteilt ist. Der Zeitpunkt für Feedback sollte immer so gewählt werden, dass er zur Situation passt.

Um dafür ein Gefühl zu bekommen, braucht es – und damit kehren wir zurück zum Thema Teamstruktur – die Storming-Phase. Sie ist immens wichtig dafür, um Mitglieder, die nicht verstehen, sich in ein Team einzuordnen, entweder einzuordnen oder auszusortieren. Findet weder das eine noch das andere statt, ist das gemeinsame Unternehmen spätestens in der Performing-Phase zum Scheitern verurteilt. Selbstverständlich beginnen Storming-Phasen nicht bei jeder Teamfindung bei null. Vor allem im Vereinshockey, wo die Spieler oft über Jahre zusammen sind und die Teams viel gezielter ergänzt werden können, ist das Storming weitaus weniger ausgeprägt als in der Nationalmannschaft, die als Zweckgemeinschaft in jedem Turnierzyklus von Neuem beginnt.

Außerhalb des Profifußballs können Vereine ein ganz anderes Augenmerk auf eine gewachsene Struktur legen. Das ist auch der Grund dafür, warum ich in meiner Karriere nie ein konkretes Angebot eines anderen Hockeybundesligisten bekommen habe. Wer mich holt, der verändert damit stark seine Teamstruktur, und das wollen die meisten Klubs im Hockey, die sich ihre Führungsspieler meist selbst ausbilden, gar nicht.

Bei der Teamstruktur muss zwischen Klub- und Nationalteams unterschieden werden. Wenn Cristiano Ronaldo, Lionel Messi, Neymar und Zlatan Ibrahimovic in einem Verein spielen würden, glaube ich nicht, dass das funktionieren könnte, weil sie viel mehr ihr eigenes Wohl verfolgen, als es für das Team gewinnbringend wäre. Die beiden besten Einzel-Tennisspieler der Welt sind nicht automatisch im Doppel unschlagbar, da ihre Qualitäten oft sehr ähnlich sind und sich nicht zu einer Einheit ergänzen, die für ein erfolgreiches Team wichtig wäre. Die Struktur eines Zweierteams muss dabei nicht zwingend horizontal aufgebaut sein. Wichtig ist nur, dass die Qualitäten gleichmäßig verteilt werden und nicht jeder versucht, sich selbst in den Vordergrund zu spielen.

Wären Ronaldo, Messi, Neymar und Ibrahimovic aber alle Franzosen, wäre Frankreich unschlagbar. In den Nationalteams hat das Gewinnen des Titels oberste Priorität. Persönliches Fortkommen wird dort, anders als im Verein, wo es immer um das höchste Gehalt und die höchste Ablösesumme und damit um persönliche Vorteile geht, niedriger bewertet. Im Vordergrund steht, sich unterzuordnen, um gemeinsam das größte Ziel, den Titel, zu erreichen. Und deshalb ordnen sich Superstars im Nationalteam anders in Teamstrukturen ein als in ihren Klubs.

Nach dem Storming folgt das Norming. In dieser Phase werden die Rollen festgelegt, die später beim Performing übernommen werden müssen. In der Hockeynationalmannschaft war spätestens vor den letzten Testspielen vor großen Turnieren klar, was jeder Spieler zu tun hatte. Die Entscheidung darüber fällt der Teamleiter oder Chefcoach. Sie speist sich aus den gesammelten und ausgewerteten Eindrücken des Stormings und ist in keiner Form willkürlich. Trotz einer klaren Aufgabenverteilung muss es auch weiterhin möglich sein, individuelle Klasse zu nutzen. „Kontrollierte" Individualität im Kollektiv, das ist ein ganz wichtiges Element erfolgreicher Mannschaften, das den Unterschied ausmachen kann.

Deutschland wäre 2014 nicht Fußballweltmeister geworden, wenn nicht André Schürrle über links durchgebrochen wäre und Mario Götze seine Flanke mit der Brust gestoppt und voll verwertet hätte. Wenn du dich von den anderen Großen abheben willst, musst du nicht nur deine Aufgaben erfüllen, sondern manchmal auch daraus ausbrechen, um das Außergewöhnliche zu schaffen. Das ist auch der Grund dafür, dass meistens nach großen Spielen doch einer aus der Gewinnermannschaft herausragt. Wer Individualität nicht zulässt, der beschneidet die Spieler in ihrer Freiheit und damit auch in ihrem Potenzial.

Eine wichtige Rolle in dem ganzen Prozess übt der Teamleiter aus. Für mich ist derjenige der perfekte Headcoach, der gelernt hat, sich auf sein Fachgebiet – das Vorgeben der sportlichen Ausrichtung und das Erreichen der vorgegebenen Ziele – zu konzentrieren und alles andere an Fachleute zu delegieren, die auf ihren Gebieten besser sind als der Chef. Delegieren bedeutet mitnichten, Verantwortung abzuschieben. Im Gegenteil: Der Cheftrainer bleibt verantwortlich für das große Ganze, deshalb ist er es auch, der im Misserfolg als Erster gefeuert wird. Er trägt die Verantwortung und stellt das Team in seiner Gesamtheit auf. Wer als Cheftrainer alles vorgeben oder selber machen will, beraubt sein Team oft einer Vielzahl an Kompetenzen. Ich habe beispielsweise nie verstanden, warum es – gerade im Profifußball – noch immer

Cheftrainer gibt, die glauben, auch als Psychologe wirken zu müssen. Das ist ein sehr rückständiges Denken, das ist mir spätestens 2012 vor den Olympischen Spielen in London klar geworden, als wir mit Michael Kuhn einen Sportpsychologen im Team hatten, der das Teambuilding auf seine Art höchst geschickt gelenkt hat.

Es wirkt sich auch nicht günstig auf das Team aus, wenn der Cheftrainer Familienmitglied eines Sportlers ist. Natürlich gibt es die berühmten Ausnahmen von der Regel, wie bei den Zverev-Brüdern im Tennis oder bei unserem Gold-Turner Fabian Hambüchen, wo die Väter erfolgreich als Cheftrainer arbeiten. Aber meine persönliche Meinung ist, dass Privates und Leistungssport getrennt werden müssen. Eltern haben die Aufgabe, im mentalen Bereich Stabilität zu geben und ihre Kinder nach Erfolg oder Misserfolg zu erden. Diese Rolle kann niemand zu 100 Prozent ausfüllen, wenn er zugleich auch Cheftrainer sein soll. Mein Glück war, dass alle drei Bundestrainer, unter denen ich spielen durfte, sehr gut delegieren konnten und wir sehr kompetente Trainerstäbe hatten. Das bedeutet natürlich nicht, dass alle Teambuildingprozesse reibungslos abgelaufen wären. Der schwierigste Prozess war die Phase zwischen Herbst 2013 und Herbst 2015. Nach dem Gewinn der Goldmedaille in London 2012 war eine ganze Reihe von Führungsspielern abgetreten. Dadurch musste sich erst wieder eine neue Teamstruktur finden. Solche Phasen erhalten dann eine besondere Brisanz, wenn meinungs- und leistungsstarke Nachwuchsspieler aufrücken, die die Positionen behaupten wollen, die sie in ihren Klubs schon spielen.

Bei der EM 2013, als wir in Belgien den Titel holten, wuppten wir den Umbruch noch ganz ordentlich. Das lag auch daran, dass im nacholympischen Jahr viele Teams nicht mit ihren Topkadern zur EM aufliefen. Aber 2014 bei der WM in den Niederlanden bekamen wir die Quittung dafür, dass die Storming-Phase noch nicht abgeschlossen war, als das Team schon performen musste. Der Mannschaft fehlte es aus verschiedenen Gründen an Struktur. Jeder versuchte, irgendwie das Beste für sich herauszuholen, ohne aber ausreichend an das Team zu denken. Für mich war es eine harte Zeit, weil ich mich zwar von meinem zweiten Kreuzbandriss erholt hatte, aber von Bundestrainer Markus Weise dennoch nicht nominiert worden war. Wir verpassten schließlich durch die 0:1-Niederlagen gegen Argentinien und die Niederlande in der Vorrunde das Halbfinale und landeten auf dem sechsten Platz.

Natürlich kann ein Führungsspieler auch kurzfristig ausfallen, wodurch die Teamstruktur zum Teil drastisch verändert wird. Kurz vor der Performing-Phase und nach abgeschlossenem Storming und Norming weiß ein Trainer aber genau, welche Qualitäten und Aufgaben er ersetzen muss. Er kann zielgerichtet einen Spieler nachnominieren oder durch ein paar Verschiebungen die Struktur aufrechterhalten. In so einer Situation ist ein intensives Steuern durch das Trainerteam notwendig: Es kommt dann nur darauf an, dass die Aufgaben zugeteilt sind und dass die Struktur zu den Menschen passt, die im Team vorhanden sind. Das funktioniert nur, wenn das Storming und Norming abgeschlossen wurden, was vor der WM 2014 nicht der Fall war.

Ganz anders war das vor den Sommerspielen 2012 in London: Wir hatten damals einen Kader, in dem es mit Timo Wess, Matthias Witthaus, Christopher Zeller, Martin Häner, Max Müller, Max Weinhold, Tobias Hauke und mir mindestens acht Spieler gab, die Führungsfiguren waren. Dazu kamen noch Spieler, die in ihren Vereinen als Kapitän agierten. Dennoch haben wir es geschafft, aus dieser Ansammlung von Häuptlingen eine Einheit zu formen, die zu 100 Prozent funktionierte und die ich heute als Lehrbuchbeispiel für ein erfolgreiches Teambuilding heranziehen würde.

Jedes Teammitglied stellte sich in den Dienst der Mannschaft. Timo Wess zum Beispiel, der 2008 in Peking noch Kapitän war, akzeptierte es nach einer zweijährigen Nationalmannschaftspause klaglos, dass seine neue Rolle eine andere sein sollte. Er spielte sich nicht als heimlicher Kapitän auf, sondern machte seinen Job als Außenverteidiger. Und weil alle so tickten, konnten wir mit den Rückschlägen aus zwei schwachen Gruppenspielen auch gut umgehen und letztlich den Weg bis zum Gold beschreiten.

KAPITEL 14

WAS TEAMS ERFOLGREICH MACHT

Die meistbenutzten Wörter in diesem Buch dürften „Mannschaft" und „Team" sein. Wer sich für Mannschaftssport entscheidet, der muss wissen, dass dort für Ego-Shows kein Platz ist. Alles, was man selbst erreicht, wäre ohne das Zutun der anderen nicht möglich. Auch wenn es immer wieder individuelle Leistungen sind, die Erfolge hervorbringen, muss die Mannschaft stets über allem stehen. Niemand ist wichtiger als das Team, und dass ich in meiner Karriere so viele Titel gewinnen konnte, verdanke ich zum allergrößten Teil der Tatsache, dass ich durchweg in großartigen Teams gespielt habe.

Also ist es jetzt an der Zeit, darauf einzugehen, was Mannschaften erfolgreich macht, und das anhand von Beispielen aus meiner Praxis zu belegen. Dazu gehört die Vorbemerkung, dass selbstverständlich die körperliche Fitness, das taktische Verständnis und ein gehöriges Maß an sportlicher Klasse für jedes Teammitglied unerlässlich sind, um wichtige Spiele und Titel zu gewinnen. Aber da eine Reihe an Mannschaften diese Grundvoraussetzungen erfüllen, letztlich aber doch nur wenige es zum großen Triumph schaffen, muss es Dinge geben, die den Unterschied zwischen guten und sehr guten Teams ausmachen.

Beginnen wir also mit den Basics, die ein erfolgreiches Team braucht. Da wäre zunächst einmal die Bereitschaft, sich optimal auf Herausforderungen vorzubereiten. Performen, wenn es drauf ankommt, das ist nur möglich, wenn man genau weiß, was auf einen zukommt und was gefordert ist. Dazu möchte ich zwei gegensätzliche Beispiele aus Einzelsportarten nennen.

Ich teile nicht die Ansicht des niederländischen Dartprofis Michael van Gerwen. Er sagte in einem Interview, dass er keine psychologische Unterstützung brauche, weil er erfolgreich sei.

Mentalcoaching müsse derjenige machen, der nicht gewinnt. Aber gerade wenn man ganz oben ist, muss man sich immer wieder mit den Dingen beschäftigen, die passieren können, während man der Gejagte ist. Nur wer sich im Erfolgsfall hinterfragt, wer Prozesse, Abläufe, Systeme analysiert und optimiert, wird auf Dauer oben bleiben. Als van Gerwen bei der diesjährigen WM sein Halbfinale verlor und dabei acht Matchdarts verwarf, musste ich an dieses Interview denken und sah mich in meiner Meinung bestätigt.

Ganz im Gegensatz dazu der südafrikanische Golfstar Gary Player, dem bei einem Turnier mal ein unglaublicher Rückwärtsschlag aus dem Sandbunker gelang. Ein Zuschauer rief: „Was für ein Glück!" Und Player antwortete: „Komisch, aber je härter ich trainiere, desto mehr Glück habe ich auf der Runde!" Und genau darauf kommt es an: Du musst nicht nur die Dinge trainieren, die du ständig brauchst, sondern auch das, was nur wenige Male auf dich wartet – dann aber vielleicht in Situationen, in denen es um Sieg oder Niederlage geht. Wer auf alles vorbereitet ist, erhöht seine Chance darauf, besser zu sein als alle anderen. Dazu muss man aber bereit sein, manche Schläge hunderttausendfach zu wiederholen.

Ich habe erstmals bei der WM 2006 gelernt, wie unerlässlich die Vorbereitung auch auf Dinge ist, die nicht direkt zum sportlichen Ablauf zählen. Damals kam ich als Neuling ins Nationalteam, und wir standen vor der Heim-WM in Mönchengladbach, drei Monate nach dem Sommermärchen der Fußballer. Diese extreme Situation, vor 12.000 Zuschauern zu spielen, die alle nur wegen uns im Stadion waren, hatte noch keiner von uns erlebt. Immens hilfreich war es, dass Bundestrainer Bernhard Peters und Teampsychologe Hans-Dieter Hermann uns jungen Spielern geraten haben, uns ganz genau vorzustellen, was uns erwarten würde.

Dazu nutzten wir die Technik des Visualisierens, die ich bis heute fest in meinem Repertoire verankert habe. Man versucht sich dabei in Bildern auszumalen, welche Situationen vorkommen können und wie man damit umgehen kann. Am Beispiel der WM 2006 stellte ich mir also vor, wie Menschenmassen an den

Straßen stehen und uns zuwinken. Wie Dutzende mir bekannte Menschen vor dem Spiel mit mir reden oder ein Foto mit mir machen wollen. Wie wir im Tunnel stehen, auf den Einlauf ins Stadion warten und dabei die vielen Fahnen sehen, die die Fans schwenken. Das hat dazu geführt, dass ich, als diese Szenarien real wurden, nicht völlig davon überwältigt wurde, sondern meinen Fokus auf das, was wichtig war, halten konnte.

Diese Visualisierungstechnik kann jeder entweder für sich selbst anwenden, vor dem Schlafengehen oder in anderen ruhigen Momenten. Es funktioniert aber auch in der Gruppe, indem erfahrene Spieler darüber berichteten, wie sie vergleichbare Situationen erlebt und gemeistert haben. Jeder muss individuell herausfinden, was ihm am besten hilft. Aber den Kopf auf jede denkbare Situation vorzubereiten, das ist äußerst wichtig. Natürlich unterscheidet sich das tatsächliche Erleben von dem im Kopf durchgespielten, aber man geht mit Herausforderungen anders um, wenn sie einem nicht komplett fremd erscheinen.

Was für den Kopf gilt, gilt selbstverständlich auch für den Körper. Will sagen: Training hilft! Dazu ein plakatives Beispiel aus meiner Zeit beim UHC. In der Saison 2009/10 spielten wir in der Euro Hockey League im Viertelfinale gegen das niederländische Topteam Bloemendaal. Mit viel Glück hatten wir uns ins Penaltyschießen gerettet. Auf der niederländischen Seite standen mit dem Australier Jamie Dwyer und den Holländern Teun de Nooijer und Ronald Brouwer drei der weltbesten Schützen. Auch wenn unser Torhüter Nico Jacobi ein Penaltykiller war, wussten wir, dass es sehr schwer werden würde.

Aber Bloemendaal hatte in der Vorbereitung auf das Finale komplett darauf verzichtet, Penaltyschießen zu üben. Der Coach war der Meinung, dass drei solche Weltklasseschützen in der Lage sein müssten, im Duell gegen Nico auch ohne Training zu treffen. Wir dagegen hatten stundenlang im Training Penaltyschießen geübt. Deshalb hatten wir, als es drauf ankam, die notwendige Routine in den Abläufen, um unter Druck die Penaltys erfolgreich auszuführen. Und während mein Bruder Jonas und ich trafen, vergaben alle drei Bloemendaal-Penaltyspezialisten. Wir siegten 2:0, standen im Halbfinale und holten am Ende auch den Titel.

Immer wieder hört man, dass man Penaltys – oder analog zu anderen Sportarten Sieben- oder Elfmeter – nicht trainieren könne, weil der Druck nicht simulierbar sei. Natürlich ist ein Entscheidungsschuss im Training etwas anderes, als wenn Tausende Zuschauer pfeifen und du weißt: Wenn ich jetzt nicht treffe, sind wir raus. Trotzdem: Auch im Training möchte man nicht der Depp sein, der verschießt. Und je öfter ein Spieler übt, den Ball in die rechte obere Torecke zu platzieren, desto mehr Vertrauen wird er haben, genau das auch zu machen, wenn es um alles geht.

Die zweite Grundlage für Erfolg ist eine klare Absprache und Rollenverteilung innerhalb der Mannschaft. Je kleiner ein Team, desto einfacher ist die Analyse und die Aufteilung der Aufgabengebiete. Beachvolleyballteams, die aus nur zwei Personen bestehen, werden niemals Olympiagold holen, wenn sie aus den beiden weltbesten Blockspielern bestehen. Es geht nur, und das haben unsere deutschen Olympiasiegerteams Laura Ludwig/ Kira Walkenhorst und Julius Brink/Jonas Reckermann bewiesen, wenn Weltklasseblockspieler und Weltklasseabwehrspieler zusammenfinden und jeder nicht nur genau weiß, was seine Aufgabe ist, sondern sich auch daran hält.

Nur wer für jede Situation eine Lösung parat hat, kann erfolgreich sein. Jedem Mannschaftsmitglied muss klar sein, was gefordert ist. Deshalb ist eine deutliche Klärung aller Aufgaben und Zuteilungen unerlässlich. Ein Beispiel dazu: Wir haben im UHC mal ein Spiel gemacht, das jeder ausprobieren kann. Setzt euch mit einer Gruppe in einen Kreis und bittet die Teilnehmer, sich zehn Sekunden Zeit zu nehmen und dabei an ein Schiff zu denken. Mit ziemlich hoher Wahrscheinlichkeit wird es genauso viele verschiedene Schiffstypen wie Teilnehmer im Kreis geben. Der eine denkt an ein Container-, der andere an ein Kreuzfahrt-, wieder ein anderer an ein Segelschiff. Diese Übung macht deutlich, wie viele verschiedene Bilder entstehen können, wenn Begriffe nicht klar definiert werden. Oder: Wenn der Trainer ansagt, dass sein Team Druck auf den Gegner ausüben soll, muss vorher klar definiert sein, was das bedeutet. Heißt das, alle Spieler sollen mit Vollgas ihre Gegner attackieren? Werden eher die Räume aggressiv zugestellt? Wer diese Dinge nicht unmissverständlich klärt und vor allem auch so lange trainiert, bis jedem Spieler der Ablauf und seine eigene Aufgabe klar ist, der wird als Team keinen Erfolg haben.

Der dritte wichtige Grundstein für Erfolg ist die Hierarchie. Es braucht nicht jeder Spieler einer Mannschaft einen hohen Taktik-IQ. Aber es braucht eine Teamstruktur, durch die jede Taktik implementiert werden kann. Das Trainerteam und die Führungsspieler müssen Taktiken kennen und umsetzen, alle anderen Spieler bekommen Arbeitsaufträge, die sie befolgen müssen. Als ich 2005 in die Nationalmannschaft kam, gab es noch eine klare vertikale Hierarchie. Die jungen Spieler mussten sich automatisch hintanstellen und akzeptierten die Führungsrollen der Älteren. Heutzutage sehe ich einen wachsenden Respektsverlust, der sich sicherlich auch dadurch erklärt, dass viele Spieler schon viel früher Erfolge haben und deshalb ungern zurückstecken. Ich will hier selbstverständlich nicht die alte Hackordnung glorifizieren, weil Leistung – da hat Otto Rehhagel recht – nicht vom Alter abhängt. Aber in einem Team muss klar sein, wer die Spieler sind, die das Team führen sollen. Führungsspielern muss vermittelt werden, dass sie führen sollen. Nur dann können sie in dem Moment, in dem es nötig ist, auch über sich hinauswachsen. 2008 in Peking haben wir nur deshalb Olympiagold gewonnen, weil wir eine klare Hierarchie hatten mit Timo Wess als Kapitän und einer Gruppe erfahrener Führungsspieler hinter ihm. Wäre das nicht so gewesen, dann hätte Timos Donnerwetter, das nach den ersten drei durchwachsenen Turnierspielen über das Team hereinbrach, seine Wirkung verfehlt. Als Kapitän konnte er sich diese Ansprache leisten, sonst hätten einige sicherlich nicht den Ernst der Lage erkannt.

Vier Jahre später in London dagegen war es vor allem die perfekte Rollenverteilung, die uns das nächste Gold einbrachte. Jedem Spieler war glasklar, welche Aufgaben er zu erfüllen hatte. Alles war aufeinander abgestimmt: Wer die Defensive führen sollte, wer für die Tore zuständig war, wer die Ecken wie schießen und wer die kreativen Momente einbringen sollte. Nur so war es möglich, im Kollektiv so überzeugend aufzutreten.

Ein perfektes Beispiel für das Zusammenspiel von Hierarchie und Rollenverteilung ist die Hallen-EM 2014. Wir waren dort mit einem Team angereist, in dem außer mir nur Talente ohne oder mit nur wenig internationaler Erfahrung standen. Manche der Jungs habe ich im Flugzeug nach Wien zum ersten Mal persönlich gesprochen. Es war klar, dass ich das Team anführen sollte und jeder eine Aufgabe auszuführen hatte, die klar umrissen war. Weil alle sich an die Vorgaben hielten und wir uns im Lauf des Turniers perfekt aneinander gewöhnten, konnten wir das Turnier mit diesem No-Name-Kader gewinnen. Im Finale besiegten wir Österreich nach Penaltyschießen, ich wurde zum ersten und einzigen Mal in meiner Karriere Torschützenkönig. An diesen Titel denke ich sehr gerne zurück, weil er beweist, was möglich ist, wenn Hierarchie und Rollenverteilung perfekt aufeinander abgestimmt sind.

Wieder ist ein Blick auf die Rolle des Trainerteams sinnvoll. Ein Cheftrainer hat die Macht, das gesamte hierarchische System in einer Mannschaft mit nur einer Aktion um 180 Grad zu drehen oder zu zerstören. Und zwar dann, wenn er seinen Kapitän absetzt. In diesem Moment beginnt sofort wieder die Storming-Phase. Jeder Spieler wittert eine neue Chance, sich beweisen und eine neue Position in der Hierarchie erkämpfen zu können. In noch stärkerer Ausprägung passiert das bei einem Trainerwechsel.

Die wichtigste Aufgabe des Trainerteams ist es, die bestehende Hierarchie zu stützen. Im Optimalfall klärt ein Cheftrainer große Konflikte nur mit dem Kapitän und lässt ihn dann die Teamprozesse steuern. Der Mannschaft muss klar sein, dass der Kapitän der „Herr im Haus" ist und andere Privilegien besitzt als andere

Spieler. Ein Beispiel dazu: Wenn ein junger Spieler zu spät zum Training kommt, muss er nicht nur die dafür festgelegte Strafe bezahlen, sondern bekommt auch öffentlich einen Rüffel vom Trainer. Kommt der Kapitän zu spät, muss er natürlich auch die Strafe zahlen, der Trainer sollte ihn jedoch öffentlich nur dann rüffeln, wenn es immer wieder passiert. Um die Hierarchie aufrechtzuerhalten, muss aber der Unterschied zwischen dem Kapitän und den anderen Spielern deutlich spürbar sein.

Ein weiteres Beispiel zu diesem Thema: Ein Team kassiert ein Gegentor, und der Kapitän ist der Meinung, dass der junge Abwehrspieler schlecht gedeckt hat. Das gibt er diesem auch deutlich zu verstehen. Der Youngster schimpft auf dem Feld zurück. Ein guter Trainer wird in dem Fall den Youngster zurückpfeifen und ihm klar sagen, dass er die Kritik zu akzeptieren habe. Ein schlechter Trainer verbietet dem Kapitän das Wort. Oder er macht diesem in der Halbzeit vor der gesamten Mannschaft Vorwürfe. In dem Fall wäre die Hierarchie deutlich aus den Fugen geraten.

Wenn der Trainer nun in der Analyse des Gegentors feststellt, dass der Kapitän den Fehler gemacht hat und den Youngster keine Schuld am Gegentor trifft, muss er das mit dem Kapitän unter vier Augen besprechen. Im Bestfall nimmt sich der Kapitän dann den Youngster beiseite und bittet ihn um Entschuldigung, im zweitbesten Fall tut er dies auf die Bitte des Trainers hin. In beiden Fällen wird sich der Youngster ernst genommen fühlen und die Hierarchie dennoch weiterhin ernst nehmen. Und genau darauf kommt es an.

Zweimal habe ich meiner Nationalmannschaftskarriere Fälle erlebt, in denen Hierarchie und Aufgabenverteilung nicht klar geregelt waren. Das erste Mal vor der EM 2007, als es auf dem Bundestrainerposten den Wechsel von Bernhard Peters zu Markus Weise gegeben hatte. Das zweite Mal, als nach Olympia 2012 Markus Weise beschloss, keinen klaren Kapitän mehr zu benennen, sondern eine „Captain's Corner" einzurichten; ein Führungsteam aus mehreren Spielern, aus dem sich der jeweilige Kapitän rekrutierte. Auf diese Weise sprach er allen Kandidaten Autorität und Kompetenzen ab, und innerhalb der Mannschaft ist dadurch nicht eindeutig geregelt, wer im Ernstfall die Ansagen zu machen hat. Aus dieser konfusen Phase resultierte Platz sechs der enorm enttäuschenden WM 2014. Grundsätzlich halte ich für den Aufbau einer stabilen Hierarchie in einem Team nichts davon, mit dem Kapitänsamt spielerisch umzugehen oder damit zu experimentieren. Wenig sinnvoll ist auch, wenn Trainer ihren Kapitän bestimmen. Ein vom Team gewählter Kapitän hat eine viel höhere Legitimation, und er wird auch für sich selbst ein deutlich besseres Gefühl haben, dass seine Teamkameraden auf ihn bauen. Natürlich kann es passieren, dass ein Team einen Spieler wählt, mit dem der Trainer sich gar nicht versteht. Dann jedoch sollte man sich die Frage stellen, inwiefern eine Zusammenarbeit überhaupt Sinn macht, denn wer sich als Trainer gegen das Team stellt, wird über kurz oder lang sowieso Konflikte bekommen.

Sind in einer Mannschaft die drei wichtigsten Grundlagen für Erfolg vorhanden – optimale psychische, physische und spielerische Vorbereitung, klare Absprache und Rollenverteilung sowie eine eindeutig festgelegte Hierarchie –, gibt es noch zwei weitere Faktoren, die auf dem Weg zum maximalen Erfolg wichtige Rollen spielen können. Zum einen sind das unplanbare Vorkommnisse oder Ausbrüche aus dem geplanten System. Wenn es beispielsweise während eines Finalspiels plötzlich heftig zu regnen beginnt, verändern sich die Grundlagen des Spiels. Eine Mannschaft muss in der Lage sein, darauf flexibel zu reagieren. Gleiches gilt für den Fall, wenn einer der Führungsspieler verletzt ausfällt oder einen rabenschwarzen Tag erwischt. Wer dann nicht Plan B in der Tasche hat, wird nicht als Sieger vom Platz gehen.

In diesem Fall bekommen individuelle, besondere Fähigkeiten eines Einzelspielers und der Raum, den erfolgreiche Teams diesem lassen, eine hohe Bedeutung. Hätten wir 2012 in London nicht eine so gute Grundordnung gehabt, wären wir nicht ins Finale gekommen. Das Finale jedoch hätten wir nicht 2:1 gewonnen, wenn nicht Jan-Philipp Rabente, der sonst nicht gerade als

Torjäger bekannt ist, gegen die Niederlande zwei überragende Tore geschossen hätte, mit denen er die Holländer total überraschte. Und wir ehrlicherweise auch nicht.

Und hätte 2016 in Rio im Viertelfinale gegen Neuseeland nicht Christopher Rühr, der 55 Minuten lang kein gutes Spiel gemacht hatte, die Grundordnung verlassen, sich ein Herz gefasst und drei Ecken rausgeholt, dann hätten wir niemals das 0:2 noch in ein 3:2 umgebogen. Das Neuseeland-Spiel ist ein perfektes Beispiel dafür, dass Unverhofftes notwendig ist, wenn die geplante Struktur nicht zum Erfolg führt. Und natürlich ist dieses Unverhoffte meist auch geplant, weil in der Storming-Phase festgelegt wird, was in solchen Fällen als Plan B, C oder D greifen kann. Der zweite Punkt, der Erfolg beeinflussen kann, ist Ungerechtigkeit durch Schiedsrichterentscheidungen, und ich erwähne diesen deshalb, weil er für mich das berüchtigte rote Tuch ist. Das subjektive Gefühl, ungerecht behandelt zu werden, ist für mich ein riesengroßes Problem, Spielstand oder Zeitpunkt einer solchen Entscheidung ist dabei völlig irrelevant. Es gab schon Spiele, in denen es in der 2. Spielminute einen Pfiff gab, der mich derart in Rage brachte, dass ich das gesamte Spiel kaum noch zu mir zurückfand.

Es ist definitiv eine große Schwäche. Ich habe im Lauf der Karriere auch versucht, daran zu arbeiten. Wir haben Automatismen entwickelt wie zum Beispiel, die Hand in der Hosentasche zur Faust zu ballen. Aber ich habe das nie ganz abstellen können. Meine Emotionalität, die meinen Teams und mir in vielen Situationen positiv geholfen hat, steht mir dabei im Weg. Und das bedeutet, dass ein falscher Pfiff auch heute noch viel in meiner Struktur kaputtmachen kann.

Ganz entscheidend finde ich dabei allerdings, wie Schiedsrichter mit ihrer Spielleitung umgehen. Können sie auch mal einen Fehler eingestehen, oder versuchen sie sogar Spiele durch ihre Pfiffe in eine entscheidende Richtung zu lenken. Es gibt zum Glück viele Spielleiter wie zum Beispiel Christian Blasch, den ich für den besten deutschen Referee halte. Bei einem Spiel in Düsseldorf gab es bei 2:0-Führung eine Szene, in der Blasch eine Ecke gegen uns pfeift, weil er der Ansicht war, dass ich bei einem Freischlag an unserem Kreis den Fünfmeter-Abstand nicht eingehalten hatte. Wir haben diskutiert, er sagte: „Mo, ich habe es so gesehen, wir können es uns später noch einmal anschauen und darüber reden, aber jetzt habe ich es so entschieden." Damit kann ich umgehen, aber nicht damit, wenn Schiedsrichter ihre Pfiffe für unantastbar halten und auf ihrem Recht beharren. Christian Blasch hat mir tatsächlich einige Tage später eine Mail mit der Videosequenz geschickt, die bewies, dass ich recht und den Abstand eingehalten hatte. Er hat sich sogar für seinen Fehler entschuldigt – echt groß!

Auch auf internationaler Ebene gab es einen Schiedsrichter, mit dem ich besonders gut zurechtkam, Marcelo Servetto aus Argentinien. Er ließ gern mal einen harten Zweikampf laufen, kam danach zu mir und sagte: „1:0 für dich, das nächste Mal sei bitte vorsichtiger, sonst muss ich pfeifen." Wenn er dann in einer der nächsten Szenen eine Fußberührung des Gegners übersah und ich das kritisierte, sagte er: „Vielleicht steht es jetzt 1:1, aber ich habe es so gesehen." Nach einem Spiel resümierte er: „Heute 4:2 für dich!" So etwas mag ich; wenn zwischen Schiedsrichtern und Spielern offen kommuniziert wird und man Verständnis füreinander aufbringt.

Wenn nun alle diese Voraussetzungen erfüllt sind; wenn alle Spieler top in Form sind, alles vorbereitet ist, die Hierarchie stimmt, die Rollen klar verteilt sind, und wenn man sogar für Unvorhergesehenes einen Plan hat: Ja, selbst dann bedeutet das nicht, dass man ganz oben landet. Bestes Beispiel dafür sind die Olympischen Spiele 2016 in Rio. Wir waren ein starkes Team mit guter Hierarchie und Struktur – und trotzdem haben wir das Halbfinale gegen Argentinien 2:5 verloren, weil wir kollektiv einen sehr schlechten Tag erwischt hatten. Doch genau das, diese Möglichkeit, dass trotz der besten Planung und Vorbereitung auch mal Dinge schiefgehen können, machen den Sport zu dem Phänomen, das er ist und das wir alle so lieben.

KAPITEL 15

GANZ OBEN – UND DANN? WIE EIN TEAMPROZESS VON VORN BEGINNT

Wie schafft man es, sich nach einem großen Titelgewinn wieder für das nächste Turnier zu motivieren? Vor allem, wenn man schon alles gewonnen hat? Tatsächlich ist die Antwort darauf meines Erachtens ein eigenes Kapitel wert, denn vor diesen Fragen stehen erfolgreiche Teams ja immer wieder.

Zunächst einmal möchte ich mit einem Mythos aufräumen: „Never change a winning team!" So lautet ein Spruch, der immer wieder zitiert wird, und den ich für einen der widersprüchlichsten und unsinnigsten Leitsätze im Leistungssport halte. „Never change winning procedures", das würde ich gelten lassen. Aber wer nicht die Bereitschaft mitbringt, sein Team auch und gerade nach Erfolgen zu verändern, der programmiert den Misserfolg. Weil er sich nicht mit dem beschäftigt, was das Team braucht.

Hier lässt sich eine Verbindung zur Wirtschaft ziehen, denn prinzipiell lassen sich Prozesse im Leistungssport auch auf Unternehmen übertragen. Wenn ein Immobilienmakler einen richtig großen Deal abgeschlossen hat, lehnt er sich ja auch nicht ein paar Monate zurück, sondern beginnt den nächsten Auftrag von vorn. Oder in der Werbebranche: Verliert eine Agentur einen großen Kunden in einem Pitch, muss sie das abhaken und beim nächsten Anlauf wieder neu starten.

In jedem Fall – und das gilt ausnahmslos im Sport und in der Wirtschaft – ist es unerlässlich, das Gewesene zu analysieren und die nötigen Schlüsse daraus zu ziehen. Das ist vor allem dann wichtig, wenn man erfolgreich war, denn nach wie vor werden die schwersten Fehler im Erfolg gemacht. Die Nokia-Falle, in vielen Wirtschaftsratgebern exemplarisch genannt, ist auch auf den Sport übertragbar. Man hat ein Produkt oder System, das erfolgreich läuft, und denkt, damit kann man ewig weitermachen. Dabei vergisst man, dass die Konkurrenz nicht schläft, sondern alles versucht, um die Lücken zu schließen. Wer sich nicht immer wieder hinterfragt, nimmt Stillstand in Kauf, und der bedeutet in unserer schnellen Welt Rückschritt.

Außerdem verfallen viele Erfolgreiche dem Irrglauben, Erfolge nicht ergründen zu müssen. Wer Erfolg hat, hat recht, heißt es. Aber zu verstehen, warum etwas gut funktioniert hat, ist genauso wichtig wie zu wissen, warum etwas nicht geklappt hat. Erfolgreiche Sportler haben gelernt, alles immer aufs Neue zu überprüfen. In der Wirtschaft kommt die nächste Chance, es besser zu machen, meist sehr schnell. Die Taktung ist dort viel höher, deshalb passieren mehr Fehler, die aber auch schneller ausgebügelt werden können. Wenn du aber als Sportler durch eigene Nachlässigkeit Olympia verpasst, kommt die nächste Chance erst in vier Jahren – oder für viele gar nicht mehr. Leistung ultimativ abzurufen, selbst wenn sich die Besetzung des Teams immer wieder verändert, das ist etwas, was Leistungssportler lernen und auch im Wirtschaftsleben einbringen können.

Im Hockey dreht sich das Rad sehr schnell weiter. Spätestens drei Wochen nach einem Olympiasieg beginnt bereits wieder die Bundesliga. Zeit zum Verschnaufen bleibt da kaum, zum Verarbeiten schon gar nicht. Für mich waren Titel niemals ein Treiber. Sie sind ein fantastisches Nebenprodukt der Arbeit, sie sind Lohn für den immensen Aufwand und machen es einfacher, sich fürs Training zu motivieren. Aber wenn sie die einzige Motivation wären, um Leistungssport zu betreiben, dann gäbe es sehr viele verzweifelte Sportler. Deshalb bin ich sehr sicher, dass es den allermeisten Athleten so geht wie mir: Mein Treiber ist die Leidenschaft für meinen Sport. Und deshalb hatte ich auch noch nie Probleme damit, mich wieder für die Bundesliga oder für das nächste Turnier mit der Nationalmannschaft zu motivieren. Es war auch nicht schwerer für mich, nach einer Goldmedaille weiterzumachen als nach Platz vier. Entscheidend ist der Spaß am Hockey und der ist zum Glück immer da gewesen.

Der ganz entscheidende Punkt für den Neubeginn eines Teamprozesses ist ein echter Neustart, etwas vor dem man nie Angst haben sollte, da es einfach die Grundlage für den nächsten großen Erfolg ist. Das bedeutet im Hockey: Jeder etablierte Spieler, der zu Beginn des neuen Kalenderjahres für den Zentrallehrgang im März berufen wird, muss um seinen Platz kämpfen. Und jeder neu Berufene muss eine echte Chance haben, sich in den Kader hineinzuspielen.

Nun muss man realistisch sein: Natürlich ist nicht jeder Neustart ein Start bei null, nicht in jedem Jahr gibt es einen großen Umbruch im Kader. Nach einem Einschnitt wie den Olympischen Spielen hören erfahrungsgemäß deutlich mehr Spieler auf als nach einer EM, wo in der Regel niemand abspringt, weil im Jahr darauf entweder WM oder Olympia ansteht. Stellt man sich die Leistungsfähigkeit eines Kaders in einer Skala von 0 bis 100 vor, dann startet die deutsche Hockeynationalmannschaft nach großen, im Vierjahresrhythmus stattfindenden Turnieren wie WM oder Olympia ungefähr bei 25, nach einer EM dagegen, die alle zwei Jahre stattfindet, bei 65. Und in den Jahren dazwischen bei 50.

Durch die stärkeren Umbrüche ist die Storming- oder Konflikt-Phase bei der Teamfindung nach großen Turnieren besonders ausgeprägt. Grundsätzlich jedoch ist der Prozess, der anläuft, immer der selbe. Das Trainerteam, das für die Steuerung zuständig ist, muss zwischen dem Ende eines Turniers und dem Start des nächsten Zyklus alles auf den Prüfstand stellen. Das bedeutet natürlich nicht, dass alles geändert werden muss! Aber im internationalen Spitzensport willst du immer derjenige sein, der agiert, und nicht der, der auf neue Entwicklungen reagieren muss. Ein Beispiel: Das System, mit dem wir in London 2012 im Halbfinale Australien besiegten, war perfekt. Dennoch mussten wir hinterfragen, ob es auch für das nächste Turnier noch passen würde, denn natürlich stellt sich die Konkurrenz darauf ein und überlegt sich ihrerseits neue Möglichkeiten, einen Vorsprung zu erlangen. Es ist also dringend notwendig, zu analysieren, ob es Entwicklungspotenzial oder Anpassungsbedarf auch in funktionierenden Abläufen gibt.

Die Turniere am Ende eines Kalenderjahres sind beim Hockey eher nachrangig, sie werden mit gemischten Kadern gespielt und haben meist nur Testspielcharakter. 2007 und 2014 waren die einzigen Jahre, in denen ich mit der Nationalmannschaft Jahresendturniere gewonnen habe, beides bezeichnenderweise die Jahre, in denen wir zuvor im Sommer bei den Höhepunkten versagt hatten: 2007 als EM-Vierter, 2014 als WM-Sechster. Das heißt, wir hatten am Jahresende etwas gutzumachen, und diese Motivation hat gereicht, um die Turniere zu gewinnen. Der Fokus aber liegt immer auf dem Sommer und deshalb ist, wie oben bereits erwähnt, im deutschen Hockey der Zentrallehrgang, der zumeist in Südafrika ausgetragen wird, der Startschuss für jedes neue Team.

Um einen echten Neustart zu erreichen, bei dem alle 25 für den erweiterten Kader nominierten Spieler vom gleichen Level aus starten können, sind zwei Dinge wichtig: Zum einen darf der Titel aus dem Vorjahr keine Rolle mehr spielen. Wir haben beim Zentrallehrgang nie wieder ein Wort über den vergangenen Triumph verloren. Das wäre den Spielern gegenüber, die nicht dabei waren, unfair gewesen, weil es eine Erwartungshaltung aufbaut und dadurch unnötigen Druck erzeugt. Wer alle Spieler mitnehmen und keinen ausschließen will, muss deshalb dafür sorgen, dass die Erfolge der Vergangenheit eine klar nachgelagerte Rolle spielen.

Zum anderen muss gewährleistet sein, dass alle Absprachen, jede Taktik und jedes Spielsystem, von den Grundlagen angefangen, neu implementiert werden. Natürlich hilft es, wenn in einem Jahr nur fünf von 25 Spielern neu sind und die anderen 20 das meiste schon kennen. Aber die fünf, die neu dabei sind, müssen dieselbe Chance haben, sich ins Team einzugliedern. Ich war oft genug überrascht davon, wie intensiv wir im Zentrallehrgang wieder von vorn begonnen haben. Aber ich habe verstanden, warum das notwendig ist. Es zählt im Hockey nur das Hier und Jetzt, und wenn die Storming-Phase nicht ausgereizt und dazu genutzt wird, alle Spieler auf denselben Stand zu bringen, wird sich das in der Performing-Phase rächen.

Es liegt in der Natur der Sache, dass etablierte Führungsspieler beim Zentrallehrgang anders auftreten als solche, die um ihren Platz kämpfen müssen. Wenn ich vorhin geschrieben habe, dass sich niemand seiner Position sicher sein darf, dann ist das grundsätzlich richtig, denn selbstverständlich muss auch ein Leistungsträger seine Leistung bringen, um seine Nominierung zu rechtfertigen. Aber ich darf rückblickend schon sagen, dass für mich die Zentrallehrgänge von 2009 an, nachdem wir in Peking Olympiagold geholt hatten, nicht mehr wie ein Überlebenskampf waren, sondern eher wie ein Startpunkt, für den ich körperlich in Topform sein musste.

Dennoch weiß ich, dass für viele Südafrika die wichtigste Bühne ist, und mit dem entsprechenden Respekt muss deshalb jeder Spieler diese 14 Tage angehen. Vor allem auch, weil es die wichtigste Zeit für die Teamfindung ist. Wie oft haben wir das ganze Jahr von den Erlebnissen auf dem Zentrallehrgang geschwärmt und daraus Motivation gezogen.

Beim Zentrallehrgang bilden sich Hierarchien heraus. Das ist ein teaminterner, dynamischer Prozess, der vom Trainerteam begleitet, aber nicht gesteuert wird. Als ich 2005 in den A-Kader aufrückte, war es noch so, dass die erfahrenen Spieler viel erklärten. Da ging es nicht ums Prahlen mit Großtaten, sondern um den Austausch von Erfahrungen. Mit der zunehmend flachen Hierarchie gehen viele dieser Erfahrungsschätze verloren, was ich bedaure. Aber heute sind die Spieler viel stärker auf sich selbst fokussiert und haben weniger Kapazitäten, sich auf andere einzulassen. Das muss man wissen, wenn ein Teamprozess neu beginnt. Aber genau dafür gibt es ja die Storming-Phase.

Um die Phase der Teamfindung abzuschließen, ist noch ein weiteres Element unverzichtbar: die gemeinsame Zielsetzung. In der Nationalmannschaft fand diese stets während des Zentrallehrgangs statt und im Prinzip verlief dieses Gespräch in meiner gesamten Karriere immer gleich. Die Mannschaft kam zusammen, das Trainerteam saß in manchen Fällen dabei, ohne einzugreifen, und blieb in anderen Fällen gleich fern. Nur der Teampsychologe war als Moderator oder steuerndes Element zugelassen, alles andere musste aus der Mannschaft kommen.

Am Anfang dieser Gespräche, die oftmals mindestens zwei Stunden dauerten, durfte jeder seine Meinung sagen. Dabei wurden von einigen konkrete Ergebnisziele genannt, von anderen dagegen eher Perspektivziele. Das bedeutet, dass manche sagten: „Wir wollen Gold holen", während andere meinten: „Wir wollen ins Halbfinale, um die WM-Qualifikation zu schaffen." Danach ging es darum, einen Konsens zu finden, auf den sich alle einlassen konnten. Oft war das ein Ergebnisziel verbunden mit Meilensteinzielen wie zum Beispiel, in der Vorrunde nur maximal acht Gegentore zu kassieren.

Solche Meilensteinziele sind wichtig, weil es mental einen Schub gibt, wenn man während eines laufenden Turniers schon ein Ziel erreicht. Umgekehrt könnte es natürlich ein Team runterziehen, wenn es noch nicht mal ein Meilensteinziel erreicht, aber in der Realität ist das nicht so schlimm, weil das große Ziel ja immer noch erreichbar bleiben kann, auch wenn ein Etappenziel verfehlt wird. Und da Sportler Meister darin sind, sich alle Situationen so schön wie möglich zu reden, sind Meilensteinziele eine gute Sache.

Ich persönlich war immer ein großer Freund konkreter Ergebnisziele. Da wir vor jedem Turnier in meinen Augen einen Kader hatten, um ganz oben stehen, gab es für mich immer nur Gold als Ziel. Andere jedoch sahen das anders. Ich erinnere mich an die EM 2007, in die wir als Weltmeister gingen. Da war die offizielle Zielsetzung, mindestens Platz drei zu schaffen, um sicher bei Olympia 2008 in Peking dabei zu sein. Am Ende wurden wir Vierter.

Ich weiß nicht, ob eine zu zurückhaltende Zielsetzung bedingen kann, dass Ziele schwerer erreicht werden. Aber wir haben nie ein Turnier gewonnen, wenn wir nicht klar Gold als Ziel formuliert hatten. Manchmal vielleicht nicht offiziell, denn um Druck zu minimieren, kam es vor, dass wir intern höhere Ziele ausgegeben haben, als wir öffentlich kommuniziert haben. Hatten wir uns nur ein Meilensteinziel gesetzt, haben wir dieses zwar fast immer erreicht, aber so nie ein Turnier gewonnen. Umgekehrt haben wir auch nicht jedes Turnier gewonnen, für das wir uns Gold als Ziel gesetzt hatten, bei der EM 2015 und Olympia 2016 hat es zum Beispiel nicht gereicht.

Ein Team für das Spiel um Platz drei zu motivieren, habe ich immer für unmöglich gehalten. Zum Glück wurde ich 2016 bei Olympia in Rio eines Besseren belehrt. Das Bronzespiel dort war nach der EM 2007 erst mein zweites Spiel um Platz drei, was ich unglaublich finde angesichts der Zahl der Halbfinals, die ich spielen durfte. Und diesmal fiel es keinem von uns schwer, die Motivation dafür aufzubringen. Das spricht sicherlich auch dafür, dass der Teamfindungsprozess im Rahmen des letzten Neustarts sehr gelungen war.

3. PAUSE

KAPITEL 16

VIER SAISONS IM INDISCHEN WAHNSINN

Blicke ich auf die 13 Jahre zurück, die ich im internationalen Hockey erleben durfte, dann gibt es Erfahrungen, die hervorstechen, weil sie mein Leben in so vielen unterschiedlichen Bereichen nicht nur berührt, sondern auch verändert haben.

Alles begann im Jahr 2012. In Indien hatte es im März zum ersten Mal einen professionellen Ligabetrieb gegeben, doch die World Series of Hockey war vom Weltverband FIH nicht sanktioniert worden, deshalb war Nationalspielern die Teilnahme nicht erlaubt gewesen. Als einzige Deutsche hatten so mein ehemaliger UHC-Klubkollege Philip Sunkel und mein langjähriger Mitbewohner Benedikt Sperling vom Club an der Alster teilgenommen. Aber im Frühsommer 2012 kamen Gerüchte auf, dass es im darauffolgenden Januar eine hoch dotierte Profiliga mit dem Segen der FIH in Indien geben sollte.

Der große Pluspunkt: Die Saison sollte von Anfang Januar bis Mitte Februar innerhalb von sechs bis sieben Wochen durchgezogen werden. Da ich zu dem Zeitpunkt ja gerade in die spanische Liga gewechselt war und die von Mitte Dezember bis Ende Februar pausiert, wollte ich diese Gelegenheit nutzen, um mich, gut bezahlt obendrein, optimal auf den Zentrallehrgang der Nationalmannschaft im März vorzubereiten. Außerdem reizte mich die Aussicht, dieses faszinierende Land, das ich auf drei Turnieren mit dem A-Kader schon bereist hatte, intensiver kennenzulernen. Dazu kam, dass ich zu der Zeit keine wichtigen Verpflichtungen zu Hause hatte. Also meldete ich mich kurz vor den Olympischen Spielen in London für die Auktion an, bei der im Oktober die Spieler für die Premierensaison der Hockey India League (HIL) versteigert werden sollten. Außer mir trugen sich aus der deutschen Nationalmannschaft auch Olli Korn, Oskar Deecke und Nico Jacobi ein. Olli, Oskar und ich spielten in der Saison 2012/13 gemeinsam in Madrid. Die Auktion war vom Oktober in den November und von dort weiter in den Dezember verschoben worden. Zehn Tage vor Weihnachten wusste deshalb noch niemand von uns, wo er am 9. Januar hinfliegen würde, um Hockey zu spielen. Für den 16. Dezember, einen Sonntag, war die Versteigerung schließlich terminiert. Wir hatten an dem Tag in Madrid ein Heimspiel, anschließend sollten wir drei Deutschen sofort nach Hause fliegen, um am Abend bei der Sportler-des-Jahres-Wahl in Baden-Baden dabei sein zu können.

Ich hatte zwei Tage zuvor erfahren, dass ich als einer von fünf „Marquee Players" – die als Kapitäne der fünf teilnehmenden Teams gesetzten Spieler – nicht in der normalen Auktion gehandelt werden würde, sondern in einer sogenannten „Blind Auction" versteigert werden sollte. Dabei gibt jeder Klub für alle fünf Topspieler gleichzeitig ein Angebot ab, ohne auf die anderen vier noch reagieren zu können, und jeder Spieler kommt dann zu dem Team, das am meisten für ihn geboten hat. Diese Marquee Players waren der Australier Jamie Dwyer, der Niederländer Teun de Nooijer, die beiden Inder Sardar und Sandeep Singh – und ich. Es war festgelegt worden, dass jeder von uns fünf in seinem Team 15 Prozent mehr Gehalt bekommen musste als der nächstbestverdienende Spieler der Mannschaft.

Natürlich fühlte ich mich immens geehrt und mein großer Vorteil war, dass ich nur wenige Tage vor der Versteigerung am Rande der Champions Trophy in Melbourne zum Welthockeyspieler ausgezeichnet worden war. In Indien zählen Titel und Status unglaublich viel mehr als in Europa, deshalb war ich in einer wirklich optimalen Position. Die Auktion sollte um 5.30 Uhr spanischer Zeit beginnen. Oskar und ich hatten uns den

Wecker gestellt, um sie live bei YouTube zu verfolgen. Wir hatten uns gerade einen Kaffee gemacht und uns aufs Sofa gesetzt, als ich auf der Homepage der HIL schon die Nachricht fand, dass ich von den Ranchi Rhinos für ein Bruttogehalt von 84.000 US-Dollar ersteigert worden war. Man hatte die Blind Auction einfach, ohne uns zu informieren, vorgezogen. Das war ein kleiner Vorgeschmack darauf, dass man in Indien mit allem rechnen musste – nur nicht mit Verlässlichkeit.

84.000 Dollar! So viel Geld hatte ich mit Hockey in den zehn Jahren zuvor nicht einmal zusammengerechnet verdient, und nun sollte ich das innerhalb von sechs Wochen bekommen. Und das für drei Jahre in Folge, denn so lang lief mein Kontrakt! Es war unglaublich, dennoch war ich noch nicht allzu euphorisch, denn ich konnte diese Summe noch nicht einordnen, wollte erst einmal abwarten, was in der Versteigerung für andere Spieler gezahlt werden würde. So saßen Oskar und ich also vor dem Laptop und sahen, wie der erste von fast 500 Spielernamen gezogen wurde. Es war: Oskar!

Und das war leider sein Pech, wie wir im Nachhinein feststellen mussten. Denn bei den ersten Spielern waren die Teams noch nicht im richtigen Bietermodus. Anders ist nicht zu erklären, warum Oskar schließlich für die Minimalsumme von 25.000 Dollar an die Delhi Waveriders verkauft wurde, immerhin als amtierender Olympiasieger, und später ein Holländer für 38.000 Dollar verpflichtet wurde, den Oschi locker in die Tasche gesteckt hätte. Wir hockten fünf Stunden lang vor dem Bildschirm, dann mussten wir zu unserem Spiel. Zwischenzeitlich war auch Nico Jacobi nach Delhi transferiert worden, aber Ollis Name war noch nicht gezogen worden.

Um 17 Uhr saßen wir am Flughafen und warteten auf den Flieger nach Straßburg, von wo aus wir nach Baden-Baden weiterreisen sollten. Zehn Stunden wurde nun schon versteigert und als wir uns wieder einklinkten, wurde gerade der englische Star Ashley Jackson für 74.000 Dollar an mein neues Team, die Ranchi Rhinos, verkauft. Für mich, der ich 15 Prozent mehr Gehalt als der meistbietend Ersteigerte in meinem Team kassieren sollte, bedeutete das einen Gehaltsaufschlag von 3500 Euro. Total skurril war das! Direkt nach Ashley wurde dann endlich Ollis Name vorgelesen. Aber auch das sollte sich als großes Pech herausstellen. Da alle fünf Teams für Ashley geboten hatten, hielten sie sich danach erst einmal zurück. So kam es, dass Olli, ein Mittelfeldarbeiter der Extraklasse, der für jedes Team der Welt eine Verstärkung gewesen wäre, überhaupt keinen Arbeitgeber fand. Entsprechend frustriert war er, denn auch er hatte gehofft, sich mit einem schönen Gehalt und unvergesslichen Erfahrungen belohnen zu können. Oskar und ich konnten uns deshalb gar nicht richtig darüber freuen, dass wir es geschafft hatten.

Nun muss ich gestehen, dass ich über die Stadt Ranchi ungefähr so viel wusste wie über Atomphysik. Ich versuchte, mich im Internet schlauzumachen, beschloss aber recht schnell, gar nicht erst zu versuchen, mich auf irgendetwas vorzubereiten, sondern das Ganze wie ein großes Abenteuer anzugehen und es auf mich wirken zu lassen. Im Nachhinein sollte sich das als die beste Entscheidung herausstellen, denn jegliche Vorbereitung, die man in Deutschland macht, wird in Indien von der Realität über den Haufen geworfen. Die notwendigen Impfungen hatte ich wegen vorangegangener Turniere in Indien erledigt und so stieg ich Anfang Januar 2013 mit großer Vorfreude ins Flugzeug, um über Delhi nach Ranchi zu reisen.

Abgeholt wurde ich von Sumit Singh, der Frau unseres Teammanagers Banti Singh, die mit einem Fahrer auf mich wartete. Sie brachten mich auf direktem Weg ins Radisson Blu, das beste Hotel der Stadt, in dem die Mannschaft untergebracht war. Das Hotel stand mitten im Nichts und war gefühlt das einzige Gebäude in ganz Ranchi, das fertiggestellt war. Ansonsten erinnerte mich die Stadt, in der immerhin eine Million Menschen lebte, an eine Mischung aus Wüste und Ruine. Ich sollte allerdings später lernen, dass es bei Weitem nicht die schmutzigste Stadt Indiens war.

Ich teilte mir ein großes, modernes Doppelzimmer mit Justin Reid-Ross, einem Südafrikaner, der in Amsterdam spielte. Ein Supertyp, mit dem ich mich sofort gut verstand und seitdem gut befreundet bin. Im Hotel liefen mir drei indische Youngster aus unserem Team über den Weg, die mich begrüßten, als sei ich der Kaiser von China und sie ein paar arme Reisbauern. Es dauerte bestimmt eine gute Woche, bis ich mit ihnen ansatzweise auf Augenhöhe kommunizieren konnte, wie es in einer Mannschaft üblich sein sollte. An die devote Haltung der Inder musste ich mich erst gewöhnen, andererseits war es auch für sie eine neue Erfahrung, mit ausländischen Spielern, die zudem große Titel gewonnen hatten, in einem Team zu stehen. Dieser Gewöhnungsprozess auf beiden Seiten brauchte Zeit.

Was für unser Team der entscheidende Vorteil war, der am Ende sehr zum Meistertitel beitrug: Es gab bei uns niemals eine Grüppchenbildung. Zwar existierte eine Aufteilung in Inder und Ausländer, was angesichts des doch sehr unterschiedlichen Lebensstils und religiös geprägten Tagesablaufs auch sinnvoll ist. Aber anders als in den anderen vier Teams, wo jeweils große Gruppen Australier oder Neuseeländer spielten, hatten wir zehn Ausländer aus acht verschiedenen Nationen. Das bedingte, dass wir alle miteinander abhingen. Jeden Abend nach dem Essen spielten wir stundenlang Uno oder Poker, und dadurch entwickelte sich eine tolle Dynamik.

Die Teamsprache war Englisch, allerdings war immer ein Übersetzer dabei, der für die jungen Inder, die nicht ausreichend Englisch sprachen, alles in Hindi übersetzte. Ich selbst habe weder die Zeit noch die Lust gehabt, Hindi zu lernen – bis auf ein paar Worte, die ich in den Pressekonferenzen benutzte und damit die indischen Journalisten erfreute.

Zu unserer Mannschaft gehörten auch zwei Pakistanis, beide sehr talentiert und supernett. Sechs Tage vor dem Saisonstart gab es aber einen Vorfall in der Grenzregion Kaschmir, bei dem ein pakistanischer Soldat einem Inder den Kopf abschlug.

Infolgedessen entflammte der Hass, der traditionell zwischen den beiden Völkern schwelt, so heftig neu auf, dass für die Sicherheit der pakistanischen Spieler nicht garantiert werden konnte. Bei einem Testspiel der Mannschaft aus Mumbai mussten deren Pakistanis sogar in der Kabine eingeschlossen werden, um nicht von den aufgebrachten Fans gelyncht zu werden. Also beschloss die Liga in einer Nacht- und Nebelaktion, die pakistanischen Spieler auszuschließen und außer Landes zu bringen. Das muss man sich mal vorstellen: Ein Holländer köpft einen Deutschen an der Grenze und Arjen Robben muss schnell das Land verlassen. Wahnsinn!

Die Pakistanis wurden kurzfristig durch andere Ausländer ersetzt, die in der Auktion nicht zum Zug gekommen waren, aber natürlich war das ein gravierender Eingriff in das Teamgefüge. Ich als Kapitän wusste auch nicht so recht, wie wir damit umgehen sollten.

Überhaupt waren die ersten Wochen in Indien schon ein gehöriger Kulturschock für mich. Den Klassiker – heilige Kuh auf der Straße, die den Verkehr zum Erliegen bringt – kannte ich schon. Aber dass man auf einer zehnminütigen Busfahrt vom Hotel zum Stadion mindestens 20 Männer sieht, die mitten auf der Straße vom Motorrad steigen, um ungeniert zu pinkeln, war mir neu. Dazu kam das nackte Elend der vielen unglaublich armen Menschen. Man sagt, dass in Indien die Schere zwischen Arm und Reich so weit auseinanderklafft wie in keinem anderen Land der Welt, und das stimmt. Auch wenn es eigentlich keine klassische Schere ist, denn die eine Hälfte ist mit 0,02 Prozent Superreichen eher ein Strohhalm und die andere mit 90 Prozent sehr Armen ein Betonklotz.

Dennoch ist es mir gut gelungen, mich von diesen Eindrücken nicht runterziehen zu lassen. Zum einen beinhalteten meine Indien-Erfahrungen nicht, wie ein Rucksacktourist im dreckigen Hostel übernachten und an Straßenküchen essen zu müssen. Wir wohnten, mit Ausnahme einer Erfahrung in Bhubaneswar, in sehr guten Hotels. Wir flogen mit guten Flugzeugen, reisten in komfortablen Bussen und bekamen gutes Essen. Das Leid habe ich meist nur im Vorbeifahren gesehen. Und dann hatte ich den Vorteil, dass ich zwölf indische Mannschaftskameraden dabei hatte, die die Dinge in Relation setzen konnten. Wenn ich über etwas entsetzt oder verwirrt war, konnten mich die Jungs direkt aufklären. Das hat mir eine andere Perspektive eröffnet, als sie die allermeisten Touristen bekommen.

Ich will aber auch nicht verhehlen, dass man irgendwann emotional abstumpft. Das Leid zu sehen ist tragisch und natürlich gab es immer wieder Situationen, die furchtbar und schwer zu ertragen waren. Aber ich wusste, dass es zum Leben in Indien dazugehört und ich daran nichts ändern konnte, außer den Fans mit meinem Hockey ein wenig Freude zu bereiten. Und einen Fehler darf man auf keinen Fall machen: deutsche Maßstäbe an das Leben in Indien anlegen. Wer das tut, ist schnell genervt über viele Dinge, die anders laufen als in der Heimat.

Ein Beispiel: Vor Spielen wurden wir vom Shuttledienst immer so abgeholt, dass wir eine Stunde vor dem Spiel im Stadion waren. Für den Ablauf wäre es besser gewesen, nur 45 Minuten vorher da zu sein. Als ich dem Management das vorschlug, waren alle total begeistert, so als wäre das eine bahnbrechende Idee. Von den Indern wäre allerdings niemand auf diesen Gedanken gekommen, weil dort jeder nur für seinen Aufgabenbereich zuständig ist und überhaupt kein Interesse daran hat, sich für andere Dinge einzusetzen. Für den Shuttleservice gab es einen Verantwortlichen und wenn der meinte, dass eine Stunde vor dem Spiel die richtige Zeit sei, dann wurde das nicht infrage gestellt. So läuft vieles in Indien und ich habe über die Zeit gelernt, die Dinge so zu nehmen, wie sie dort waren, ohne sie zu werten. Das hat mir sehr viel Ärger und Aufregung erspart und mich gleichzeitig entspannter mit vergleichbaren Situationen in Deutschland umgehen lassen. (OK, der Vorschlag mit dem späteren Shuttle hat sich am Ende durchgesetzt…)

Als großer Liebhaber der asiatischen Küche freute ich mich sehr aufs Essen. Allerdings durften wir nur in den Hotels essen. Außerhalb des Hotels gab es nur einmal einen Grillabend in einem Klub, zu dem nur Männer zugelassen waren. Wir hatten ein wichtiges Spiel gewonnen und danach vier Tage frei, sodass die Teamleitung sogar eine Dose Bier pro Spieler genehmigte. An dem Abend machten zwei 17 Jahre alte Inder ihre ersten Alkoholerfahrungen. Sie waren nach drei Schlucken so betrunken, dass sie wie wild geworden tanzten, anderen auf den Rücken sprangen und Lachflashs bekamen. Ich dachte erst, dass sie schauspielern, aber sie waren tatsächlich total voll. Die Videos davon sind bis heute Kult und sorgten am nächsten Morgen natürlich für Riesengelächter.

Ein wichtiges Thema, auch beim Essen, war die Hygiene. Auch darüber wird in Deutschland immer viel diskutiert, wenn es um Reisen nach Indien geht. Trotz aller Vorsichtsmaßnahmen – kein rohes Obst oder Gemüse, nicht aus dem Hahn trinken, beim Duschen Mund geschlossen halten – erwischte es mich in meinem ersten Jahr genauso, wie es die allermeisten Europäer in Indien erwischt. Ich war vier Tage mit Magen-Darm-Virus außer Gefecht und nahm in der Zeit sechs Kilo ab. Allerdings war ich danach immun gegen alle Keime und hatte nie wieder irgendetwas.

Deutlich mehr als die anstrengenden Umstände haben mich aber die zwischenmenschlichen und soziokulturellen Erfahrungen geprägt. Ganz besonders in Erinnerung geblieben ist mir ein Mannschaftsausflug zum Goldenen Tempel in Amritsar, dem Heiligtum der Sikhs. Dem Sikhismus hängen weltweit 27 Millionen Menschen an, in Indien sind es nur zwei Prozent der Bevölkerung, die aber durch ihr fortschrittlich und aufklärerisch geprägtes Denken in den hohen Gesellschaftsschichten stark repräsentiert sind. So sind 80 Prozent der Politiker im indischen Parlament Sikhs.

Die Ernsthaftigkeit und Emotionalität, mit der die jungen Sikhs in unserer Mannschaft sich an dieser für sie höchst bedeutsamen Stätte bewegten, hat mich tief beeindruckt. Ich bin dort mit einem Spieler über das Gelände gegangen, der mir alles haarklein erklärt hat. Ich war wie in Trance und fast den gesamten Tag über sprachlos. Der NDR hatte seinen Reporter Michael Maske und ein Kamerateam nach Indien geschickt, um meine erste Saison zu dokumentieren. Die waren auch bei dem Ausflug dabei und ich habe Michis Fragen fast depressiv beantwortet, weil ich einfach dermaßen unter dem Eindruck dieses Erlebnisses stand, dass ich es erst auf der Rückreise verarbeiten konnte. In den vier Stunden im Bus habe ich über vieles nachgedacht, was in meinem Leben passiert war, und ich habe wichtige Entscheidungen getroffen, die mein Leben verändert haben. Auf dieser Reise ist mir bewusst geworden, was wirklich wichtig ist im Leben.

Dazu müsst ihr wissen, dass ich kein religiöser Mensch bin. Ich bin evangelisch getauft, habe aber bei Religionen oft das Gefühl, dass sie Menschen eher auseinanderbringen als zusammen. Ich bete manchmal im Stillen, aber das ist mehr ein Wünschen. Als ich 2016 in Rio auf dem Corcovado die Christusstatue besuchte, war das ein sehr erhebender Moment für mich. Dort habe ich mich etwas Überirdischem so nah gefühlt wie selten zuvor. Ich habe auch jahrelang eine Kreuzkette getragen, aber ich habe damit nicht ausdrücken wollen, dass ich Jesus Christus vergöttere; es war einfach ein Symbol dafür, dass ich an einen Gott glaube. Aber mir ist – und das soll bitte nicht als Blasphemie verstanden werden – nicht wichtig, wer dieser Gott ist und wie er aussieht. Wichtig ist nur, dass die Menschen etwas haben, woran sie glauben können. Und an jenem Tag im Goldenen Tempel habe ich genau diese Kraft gespürt.

Was mir in Indien besonders gefallen hat, war der Fakt, dass es keine Neidkultur gibt wie in Europa. Das mag einerseits in der Religion und im Kastenwesen begründet sein, in dem die Menschen gezwungen sind, ihren gesellschaftlichen Status zu akzeptieren, weil sie ihn erst im nächsten Leben verändern können.

Andererseits war das Miteinander der Menschen von Herzlichkeit und Zufriedenheit geprägt. Es gab 50 Meter von unserem Hotel in Ranchi entfernt einen Platz, auf dem die motorisierten Rikschas, die Tuk-Tuk genannt werden, auf Kunden warteten. Dort wurde in einem Zelt Suppe für die Tuk-Tuk-Fahrer ausgegeben. Auf diesem Zelt stand „Little Radisson Blu" geschrieben. Diese Ironie hat mir sehr gut gefallen. Ich habe aber auch gesehen, wie der bestverdienende Inder in unserem Team mit den Rikschafahrern umgegangen ist; nämlich so, als seien sie seit Jahren beste Freunde. Das hat mich gelehrt, Dinge mit anderen Augen und Probleme aus anderem Blickwinkel zu betrachten.

Gern erinnere ich mich auch an eine Busfahrt, auf der ich mit unserem Teammanagerehepaar eine unglaublich intensive Unterhaltung über das Thema Verheiraten hatte. An der in Indien verbreiteten Praxis, dass Eltern für ihre Töchter den passenden Mann suchen, konnte ich bis dato nicht Gutes erkennen. Aber nach zwei Stunden Diskussion mit einem Paar, das verheiratet worden war und seit 35 Jahren eine glückliche Ehe führte, war ich plötzlich nicht mehr sicher, ob nun das europäische oder das indische System das bessere war. Dieses Gespräch hat mir gezeigt, dass man in so vielen Bereichen des Lebens Dinge, die man immer für klar gehalten hat, infrage stellen und dadurch seinen Horizont immens erweitern kann. Diese zwischenmenschlichen Begegnungen haben mich geerdet und verändert.

Die sportlichen Erfahrungen dagegen waren eher dazu geeignet, die Bodenhaftung zu verlieren. Bei jedem Spiel waren 11.000 Menschen im Stadion, die für eine großartige Atmosphäre sorgten. Ich habe so etwas niemals zuvor oder danach erlebt. In der Stadt hingen riesige Plakate mit meinem Gesicht. Wenn ich den Platz betrat, rasteten die Fans komplett aus, das war ein Gekreische wie bei einem Konzert einer Teenieband. Für mich war das unwirklich, wie ein Star behandelt zu werden. Zumal man in den Stadien den Leuten ansah, dass sie manchmal ihr letztes Geld zusammengesammelt hatten, um sich das Ticket zu leisten. Auch hier war die krasse Diskrepanz zwischen Reich und Arm zu spüren. Während im VIP-Bereich manchmal 150 Lunchboxen weggeworfen wurden, weil die Reichen sie nicht wollten, hätten viele der Fans einiges darum gegeben, so eine Lunchbox zu bekommen.

Kontakt zu Fans hatte ich nur selten. Einmal wurde ich für ein Fotoshooting in der Stadt auf ein Motorrad gesetzt. Sofort bildete sich eine riesige Menschentraube, alle zerrten und zupften an mir, wollten mich umarmen. Als großer Weißer fällt man in Ranchi schon per se auf, aber wenn dann auch noch dein Gesicht überall plakatiert ist, dann ist es unmöglich, sich unbehelligt in der Stadt zu bewegen. Deshalb habe ich diese Situationen auch weitgehend gemieden.

Sportlich war die Saison herausragend. Wir hatten das Glück, die Endrunde in unserem Stadion zu spielen, und gewannen schließlich das Finale gegen die Delhi Waveriders mit Nico und Oskar 2:1. Es war nicht nur der Premierentitel in der HIL, sondern für mich auch der erste nationale Meistertitel auf dem Feld. Insofern war es natürlich besonders geil, den Pokal in die Luft zu recken. Die Meisterfeier fand in einem Club statt. Auf dem Weg dorthin blieb der Bus stecken, weil auf der Straße Fans in Rhino-Trikots tanzten. Alle zeigten den „Rhino-Salam", den Gruß, den wir uns als Torjubel ausgedacht hatten. Das war überragend!

Die Party im Club war ein Spektakel, es gab Essen und Alkohol satt und die reichen Franchisenehmer hatten sogar zehn etwas dickliche, russische Tänzerinnen engagiert, die jeden Spieler auf die Bühne holten. Auf die am nächsten Tag geplante Fahrt im offenen Doppeldecker durch die Stadt mussten wir verzichten, weil die meisten Spieler schon frühe Rückflüge gebucht hatten. Trotzdem war es ein absolut geniales Erlebnis.

Dieses erste Jahr zu toppen, wäre in jedem Fall sehr schwer gewesen. Aber dass die zweite Saison so enttäuschend werden würde, hätte ich nicht gedacht. Im Franchise hatte sich einiges zum Negativen verändert und nachdem wir zum Start einige

Spiele verloren hatten, gab es von den Bossen mächtig Druck. Dadurch ging sehr viel Spaß verloren. Zudem hatte ich noch Ärger wegen meines Gehalts, das die Chefs nicht komplett auszahlen wollten. Es war ein Jahr zum Vergessen, passenderweise wurde das Franchise zum Jahresende auch verkauft. Dass wir es dennoch in die Endrunde schafften und Dritter wurden, war angesichts der Gegebenheiten fast schon ein Wunder.

2015 hätte ich, um meinen Dreijahresvertrag zu erfüllen, erneut nach Ranchi zurückkehren müssen. Das Geld hätte ich gut gebrauchen können, aber im Februar 2015 fand in Leipzig die Hallen-WM statt, die ich gern spielen wollte. Also entschied ich mich in Absprache mit dem Team, meinen Vertrag aufzulösen, und pausierte in der Saison 2015 in Indien. Aber zur Auktion Ende des Jahres war ich wieder auf dem Markt und da nun ausnahmslos alle Spieler versteigert wurden, erlebte ich im Dezember 2015 zum ersten Mal, wie um mich geboten wurde.

Ich verfolgte die Auktion am Laptop im Bett, gemeinsam mit Stephanie und unserer im Sommer geborenen Tochter Emma. Mein Startpreis war 25.000 Dollar und der Auktionsleiter sagte noch, dass er sich gewünscht hätte, dass es erst bei 70.000 losgegangen wäre, weil ihm das viel Stimme erspart hätte. Tatsächlich landete ich für 105.000 Dollar, der höchsten jemals gebotenen Summe, bei den Kalinga Lancers, dem Team aus Bhubaneswar. Ich freute mich riesig, nicht nur wegen des unglaublichen Gehalts, sondern auch, weil ich die Atmosphäre im Lancers-Stadion immer als besonders gut empfunden hatte. Ich unterschrieb einen Zweijahresvertrag und reiste mit großer Vorfreude im Januar 2016 an.

Allerdings war meine zweite Phase in der HIL viel intensiver durch den Sport geprägt. Ich hatte das Gefühl, das touristische Programm in den ersten beiden Jahren abgearbeitet zu haben. Deshalb war mein Plan, vor allem im Hinblick auf die Olympischen Spiele 2016, die sechs Wochen in Indien wie ein Vollprofi anzugehen. Das bedeutete, dass ich die Ruhetage nutzte, um mich im Hotel auszuruhen anstatt auf Sightseeing-Tour zu gehen, aber auch an jedem Tag mindestens eineinhalb Stunden Zusatzschichten absolvierte, um mich bestmöglich für die Saison mit der Nationalmannschaft vorzubereiten.

Besonders war 2016, dass Steph mich für eine Woche besuchte. Wir hatten lange überlegt, ob auch Emma mitkommen sollte, aber wir entschieden uns letztlich, auch aus hygienischen Gründen, dagegen. So blieb sie bei meiner Mama und Steph und ich hatten Zeit, Indien gemeinsam zu erfahren. Nun kann sie besser nachempfinden, was ich erlebt habe, und muss nicht nur mit meinen Erzählungen vorliebnehmen.

Sportlich war die Saison einfacher als die Jahre in Ranchi, weil die meisten indischen Teamkollegen sehr gut Englisch sprachen. Ich war als Kapitän sehr präsent und aufgrund meiner Erfahrungen und meines fortgeschrittenen Alters auch in der Lage, noch besser als Bezugsperson zu agieren. Wir erreichten überraschend das Finale, verloren dort aber 1:6 gegen die Punjab Warriors.

So gingen wir als Vizemeister in die Saison 2017, die für mich als Abschlussjahr deklariert war. Ich hatte mir fest vorgenommen, die Liga noch einmal mit meinem neuen Klub zu gewinnen. Deshalb hatten wir das Management darum gebeten, in den besten Hotels wohnen zu können, weil es gerade auswärts einfach wichtig ist, gut zu schlafen und zu essen. Dem wurde entsprochen, sodass wir 2017 tatsächlich unter Profibedingungen arbeiten konnten. Wir hatten sogar zwei feste Physiotherapeuten, die ständig auf Abruf bereitstanden.

Mit dem Niederländer Billy Bakker hatte ich einen Zimmernachbarn, der mir in vielen Dingen sehr ähnelte. Unsere Mitspieler nannten uns nur „das alte Ehepaar", weil wir wie Brüder im Geiste auftraten. Zwischen Billy und mir hat sich eine deutsch-holländische Freundschaft entwickelt, die im Sport ja auch nicht gerade alltäglich ist.

Die Saison verlief dann wie gemalt. Ich wurde mit zehn Eckentoren und einem Feldtreffer Torschützenkönig und im Finale besiegten wir Dabang Mumbai, das Team meines UHC-Kollegen Florian Fuchs, 4:1. Es war wirklich der perfekte Abschluss meines Indienabenteuers. In diesem Jahr ist die Liga aus organisatorischen Gründen, die niemand genau benennen wollte, ausgefallen. Wenn ich aber für 2019 ein interessantes Angebot erhalte, werde ich auf jeden Fall darüber nachdenken.

Und ich würde auch jedem deutschen Spieler, der die Chance hat, nach Indien zu gehen, diesen Schritt empfehlen. Mich stört, dass die Deutschen in Indien im Vergleich zu anderen Topnationen deutlich unterrepräsentiert sind. Bis auf Valentin Altenburg war noch kein deutscher Coach dort tätig. Ich halte das für ein Versäumnis, denn sportlich ist die Liga deutlich stärker, als es so mancher Bundestrainer glauben mag. Jedes Team in der HIL könnte in der Bundesliga um die Play-offs mitspielen, wenn es die Zeit bekäme, sich über ein paar Monate zu entwickeln. Und auch wenn die taktische Ausrichtung nicht die wichtigste Rolle spielt, so sind die Ansprüche an körperliche Fitness, Ballbesitz- und Passspielverhalten so hoch, dass die indische Liga für jeden Nationalspieler die perfekte Einstimmung auf den im März folgenden Zentrallehrgang ist.

Alles in allem waren die vier Spielzeiten in Indien für mich eine unglaublich wichtige Erfahrung. Ich weiß das Land und seine Menschen sehr zu schätzen, auch wenn ich sicherlich nicht alles gut finde, was in Indien passiert. Es sind dort Freundschaften fürs Leben entstanden und ich habe Dinge gelernt, die mir die Augen geöffnet und die Sinne geschärft haben. Dafür bin ich sehr, sehr dankbar.

VIERTES VIERTEL: MONOSPORTKULTUR

KAPITEL 17

CHAMPION DES JAHRES. WIE ICH ZUM SPORTVERRÜCKTEN WURDE UND WARUM DER FUßBALL ALLES ÜBERSCHATTET

Ich hatte wirklich oft Glück im Leben. Aber wohl niemals so viel wie mit meiner Frau Stephanie. Wir sind in der fünften Klasse zusammen auf dem Gymnasium eingeschult worden und seitdem war es um mich geschehen – kein Scherz! Sie kennt mich also auch ohne Hockey und den ganzen Aufwand, der damit zusammenhängt. Und doch hat sie Verständnis dafür, was mir als Sportjunkie der Sport bedeutet. Das ist unglaublich wichtig. Ansonsten wäre es wohl kaum möglich, gemeinsam glücklich zu werden.

Dass ich ein Sportjunkie bin, lässt sich auch daran erkennen, dass ich ein Sky-Abo besitze, den Eurosport Player ebenso abonniert habe wie den Online-Streamingdienst DAZN, und außerdem einen NFL-League-Pass habe. Das bedeutet, immer dann, wenn ich zu Hause bin, laufen Fernseher oder Laptop und ich schaue Sport. Auf DAZN am liebsten Hockey, Basketball, Tennis und Football. Auf Sky vor allem Golf und die Bundesliga-Konferenz. Dazu kommen Wintersport bei ARD und ZDF, vor allem Biathlon und Skispringen. Und bei Sport 1 Highlights wie Darts oder Poker.

In meinem Freundeskreis haben wir zudem vor ein paar Jahren ein Team aus alten Weggefährten gegründet, das sich „Ocho's Eleven" nennt. Dazu gehören rund 20 Jungs, die sich regelmäßig zu verschiedenen Sportwettkämpfen treffen. Wir haben schon zusammen Eishockey, Fußball und Basketball gespielt, Tennis-,

Padeltennis-, Squash- und Badmintonturniere veranstaltet und sind sogar in zwei Achtern gegeneinander gerudert. Dabei ist es immer aufs Neue faszinierend, wie anspruchsvoll jede Sportart auf ihre Art ist. Jeder von uns glaubt ja beim Fußballgucken, dass er den Ball reingemacht hätte, den der Stürmer so blind verballert hat. Aber wenn man dann selbst auf dem jeweiligen Parkett steht, merkt man, dass da überall doch noch ein bisschen mehr hintersteckt. Und der Fußball ist die einfachste Sportart, deshalb ist er ja so populär. Aber dazu später mehr.

Da ich schon als Kind beim UHC mit Hockey und Tennis begann, hatte ich früh eine Beziehung zum Sport. Aber ich war eigentlich nie der typische passive Sportfreak, der alles verfolgt und sich überall auskennt. In meiner Jugend war es mir wichtiger, ganz viel draußen zu sein und selbst Sport zu machen. Mein Vater nahm meinen Bruder Jonas und mich schon früh mit zu den Fußballbundesligaspielen des HSV und wir guckten auch die Hockeyspiele der UHC-Herren. Später hatte ich auch eine Dauerkarte beim HSV. Aber ich war nie Fan eines einzelnen Sportlers oder einer Sportlerin. Als Tennisspieler fand ich Boris Becker und Michael Stich klasse. Aber so etwas wie einen Helden oder ein Vorbild hatte ich nicht.

Ich habe für die TV-Serie *Ewige Helden,* in der ich in diesem Jahr mitwirken durfte, darüber nachgedacht, warum ich zum Beispiel nie ein Vorbild aus dem Hockey hatte. Zum einen vielleicht, weil ich mich viel zu wenig mit dem Geschehen im Sport beschäftigt habe und so der konkrete Bezug nicht da war, den ich brauche, um Begeisterung für etwas zu entwickeln. Zum anderen aber auch, weil ich glaube, dass ein einzelner Sportler nie alle Facetten abdecken kann. Deshalb wäre ein sportliches Vorbild für mich eine Mischung aus John McEnroe, Roger Federer und Tiger Woods. Von Woods würde ich die mentale Stärke und Präzision nehmen. Von Federer die Genialität und Ästhetik. Und von McEnroe die Emotionalität, aber ohne die ganz fiesen Ausraster. Ich glaube, das wäre eine ziemlich perfekte Mischung.

Zusätzlich hat sich in den vergangenen fünf Jahren Tom Brady, der Quarterback der New England Patriots, zu einem Sportler entwickelt, zu dem ich extrem aufschaue. Und zwar deshalb, weil er es konstant schafft, seine beste Leistung abzurufen, wenn es zählt. Es ist Wahnsinn, wie oft er sein Team nach Rückstand noch auf die Siegerstraße führte. Seine Siegermentalität und Führungskompetenz sind es, die mich schwer beeindruckt und zu einem Brady-Fan gemacht haben.

Zusätzlich angefacht haben meine Sportbegeisterung dann Anfang des Jahrtausends, als ich bewusst anfing, mich für andere Sportarten zu interessieren, Martin Schmitt und Sven Hannawald. Ich finde Skispringen total spannend, weil ich als Zuschauer die Leistungen so gut vergleichen kann. Und Schmitt und Hannawald haben in mir etwas ausgelöst, was mich seitdem begleitet: Lokalpatriotismus. Natürlich gibt es auch Sportarten, die mich nicht so packen. Das sind vor allem solche, in denen die äußeren Verhältnisse eine wesentliche Rolle spielen. Wenn zum Beispiel in der Formel 1 ein Fahrer genauso gut fährt wie der andere, aber ein schlechteres Auto hat, dann ärgert mich das. Oder wenn beim Alpinski oder beim Skispringen das Wetter mitten im Rennen umschlägt, finde ich das unfair. Ich möchte nicht, dass die Glücklicheren gewinnen, sondern die Besseren.

Das allerdings – und da sind wir wieder beim Lokalpatriotismus – gilt so lange, bis deutsche Athleten an die Reihe kommen. Im Optimalfall sind die Deutschen die Besten. Aber wenn sie es nicht sind, möchte ich trotzdem, dass sie gewinnen. Und ich bleibe immer hängen, wenn ein Deutscher startet. Selbst beim Vorkampf im Bogenschießen bei Olympia. Ich möchte mitfiebern, und das geht am besten, wenn ich eine Verbindung zu dem Athleten habe. Und die einfachste Verbindung ist eben, aus demselben Land zu kommen.

Ich finde, dass das Sommermärchen 2006 in dieser Hinsicht in Deutschland viel zum Positiven verändert hat. Auf einmal war es okay, sich die Deutschlandfarben ins Gesicht zu malen,

Fähnchen ans Auto zu hängen und die Hymne mitzusingen. Ehrlich gesagt fand ich den Umgang mit unserer Nationalität vor 2006 fast unerträglich verkrampft. Die USA mögen, vor allem in der jüngsten Vergangenheit, sehr viele negative Entwicklungen durchlaufen haben. Aber in einem beneide ich sie: für ihren Umgang mit dem Sport. Wenn ich mir für mein nächstes Leben etwas aussuchen dürfte, dann wäre ich gern Sportprofi bei einem Team in New York. Das stelle ich mir vor wie das Paradies. Die Art und Weise, wie die Amerikaner ihren Sport und dessen Protagonisten feiern und verehren, finde ich richtig klasse.

Persönlich habe ich ein total unverkrampftes Verhältnis zu meinem Vaterland. Man darf als Deutscher selbstverständlich die Augen nicht vor dem verschließen, was in unserer Geschichte an Schrecklichem passiert ist. Aber wir müssen uns deshalb nicht auf ewig schuldig fühlen, sondern sollten stattdessen mit der Verantwortung, die aus unserer Vergangenheit erwächst, offen auf andere Völker zugehen und dafür sorgen, dass ein friedliches Zusammenleben möglich ist. Dafür steht für mich der Sport, und das in den meisten Fällen beispielhaft.

Wer sein Land repräsentiert, und das tun Sportler nun einmal, sollte sich der historischen Verantwortung ebenso bewusst sein wie der Außenwirkung. Aus diesem Grund habe ich auch nie verstanden, warum in Deutschland noch immer einige Sportler die Hymne nicht mitsingen. Ich möchte daraus kein Politikum machen, denn dies ist ein freies Land, in dem jeder entscheiden kann, was er tun möchte und was nicht. Aber wenn ich das Land, in dem ich geboren wurde oder lebe, durch meine Leistung repräsentiere und seine Farben trage, dann gibt es in meinen Augen keine nachvollziehbare Begründung dafür, die Hymne nicht mitzusingen. Wenn ich sehe, wie inbrünstig das in den allermeisten anderen Nationen passiert, dann wünsche ich mir doch, dass das auch in Deutschland noch viel selbstverständlicher wird.

Fraglos jedoch war der Sommer 2006 ein Wendepunkt, in dessen Sog wir mit der Hockey-Heim-WM im Herbst 2006 mitgeschwommen sind wie auch die Handballer mit ihrer Heim-WM 2007. Unsere Titelgewinne im Hockey und Handball waren zu einem Teil sicherlich auch den Emotionen geschuldet, die aus dem Publikum auf die Teams überschwappten. Und genau das war die Zeit, in der ich vom Sportinteressierten zum Sportverrückten wurde.

Mein Schlüsselerlebnis war dabei die Sportler-des-Jahres-Wahl 2006, als ich in Baden-Baden erstmals auf eine geballte Ansammlung deutscher Sportstars traf. Wir waren mit der Hockeynationalmannschaft als Weltmeister zwar hinter den Fußballern gelandet, aber mir bot sich zum ersten Mal die Möglichkeit, mich mit Sportlern aus anderen Disziplinen auszutauschen. Im Hockey hatte ich relativ früh damit angefangen, Kontakte auch zu Spielern aus anderen Nationen zu knüpfen, weil ich die Möglichkeit, von den anderen etwas zu lernen, als großes Privileg einschätzte. Das ging später sogar so weit, dass mich nach dem verlorenen WM-Finale 2010 einige meiner Mitspieler halb im Spaß, aber auch halb im Ernst fragten, ob ich nun mit den Australiern feiern würde, weil ich mich doch so gut mit denen verstünde.

Spätestens bei den Olympischen Spielen 2008 in Peking war ich total besessen davon, mich mit Kolleginnen und Kollegen aus anderen Sportarten auszutauschen. Die Möglichkeit, in entspannter Atmosphäre von anderen zu lernen, faszinierte mich und ich hatte sofort das Gefühl, dass ich mit anderen Athleten schnell eine gemeinsame Wellenlänge fand, denn die Themen sind für uns alle doch sehr ähnlich, auch wenn unsere Lebenswege unterschiedlich sind. Während der Dreharbeiten zu *Ewige Helden* wurden die Karrierehighlights aller acht Teilnehmer vorgeführt. Mein Film dauerte dreieinhalb Stunden. Ich bin grundsätzlich kein Mensch, der oft und gern im Vergangenen schwelgt. Ich halte es da mit Albert Einstein, der gesagt hat: „Mehr noch als die Vergangenheit interessiert mich die Zukunft, denn in ihr gedenke ich zu leben." Aber die Beschäftigung mit den

Karrierewegen der anderen Teilnehmer und mit meinem eigenen hat mir sehr viel Spaß gemacht und nebenbei einen hohen Lerneffekt beschert.

Seit 2006 habe ich also angefangen, mich sehr intensiv mit der Vielfalt des deutschen Sports auseinanderzusetzen. Und jeder, der das tut, erreicht irgendwann den Punkt, an dem er sich fragt, warum zwischen dem, was in deutschen Sportredaktionen gern Buntsport oder Mehrsport genannt wird, und dem Fußball ein solches Ungleichgewicht herrscht. Damit in den folgenden Kapiteln kein falscher Eindruck entsteht: Ich liebe Fußball. Die Stadionbesuche beim HSV habe ich schon erwähnt, ich mag aber auch den FC St. Pauli. Und natürlich habe ich als Junge WM- und EM-Spiele geschaut und Panini-Bilder gesammelt.

Fußball ist ein großartiger Sport, weil er so einfach zu verstehen ist und deshalb die Massen anspricht. Und dank seiner Erfolge in den vergangenen Jahrzehnten, angefangen mit dem WM-Triumph von 1954, der den Deutschen erstmals nach dem Trauma des Zweiten Weltkriegs erlaubte, sich wieder gemeinschaftlich über ein Ereignis zu freuen, ohne gleich in den Verdacht des Nationalismus zu geraten, hat er sich den Stellenwert, den er heute besitzt, auch redlich verdient. Diese Klarstellung ist mir wichtig, weil es mir mitnichten darum geht, den Fußball schlechtzumachen oder kleinzureden.

Aber was mich stört, das ist die gnadenlose Fokussierung in diesem Land auf den Fußball, der neben sich weit und breit keine Konkurrenzsportart fürchten muss. Das ist in kaum einem anderen Land der Welt so krass ausgeprägt – darauf werde ich im übernächsten Kapitel genauer eingehen. Und es führt dazu, dass der breiten Masse der Bevölkerung kaum die Chance gegeben wird, sich mit anderen Sportarten zu identifizieren oder sich auch nur auf sie einzulassen.

Den Konsumenten mache ich dabei keinen Vorwurf. Wir haben in Deutschland das Problem, dass wir im Nutzerverhalten noch sehr fernsehgesteuert sind. Wenn dem Fan sein liebstes

Produkt Fußball kostenlos in Dauerschleife frei Haus geliefert wird, muss sich niemand wundern, wenn der zugreift. Zudem schreien alle auf, wenn nicht jedes Testländerspiel der Fußballer live im frei empfangbaren Fernsehen gezeigt wird. In anderen Nationen ist die Bereitschaft, für Sportliveberichterstattung zu bezahlen, deutlich höher ausgeprägt.

Es ist unter diesen Umständen keine große Überraschung, dass sich andere Sportarten schwer damit tun, sich neben „König Fußball" zu etablieren. Selbstverständlich kann es nicht das Ziel sein, jede Sportart massenkompatibel zu machen, dazu sind viele auch (noch) gar nicht in der Lage, Hockey eingeschlossen. Auch das thematisiere ich in einem späteren Kapitel genauer. Aber es sollte das Bestreben sein, zu mehr Ausgewogenheit zu kommen, indem wir es wenigstens schaffen, im Sommer zwei oder drei Sportarten so populär zu machen, wie es im Winter Biathlon, Skispringen und Alpinski sind.

Die Gründe dafür, warum manche Sportarten erfolgreicher sind als andere, sind vielschichtig. Ich habe mir, um zu verdeutlichen, wie viel Potenzial es auch in Deutschland für Sportbegeisterung jenseits des Fußballs gibt, drei Beispiele herausgesucht. Das Erste ist Darts, das auch im zurückliegenden Jahr Sport 1 mit der WM sensationelle Zuschauerresonanz einbrachte. Darts hat es geschafft, durch den Zeitpunkt der WM im Kalender, nämlich rund um Weihnachten und den Jahreswechsel, und die Kontinuität, mit der es präsentiert wird, sich dauerhaft eine Fanbasis aufzubauen. Im Sommer hätte die WM wahrscheinlich nicht einmal ein Achtel des TV-Publikums, aber zum Jahreswechsel, wenn das Wetter schlecht ist und die Leute Zeit haben, wird es geguckt. Außerdem ist es total simpel.

Mein zweites Beispiel ist American Football. US-Sportarten wie Basketball, Eishockey und eben Football haben es in Deutschland traditionell nicht leicht, weil die Nationalteams selten Erfolge feiern und einheimische Superstars rar gesät sind. Auch der Ligenbetrieb erzeugt in Deutschland für diese

Sportarten kaum Sogwirkung. Football hat es dennoch geschafft, dank der zwischen Oktober und Februar an jedem Sonntag zur selben Zeit wiederkehrenden Sendungen im Free-TV eine Verlässlichkeit zu schaffen, die die Community in Deutschland an das Produkt NFL bindet. Dazu kommt, dass es mit „Icke" Dommisch, Frank Buschmann und Coach Esume drei höchst kompetente und charismatische Moderatoren gibt, die das Spiel auf unterhaltsame Art auch denen näherbringen, die davon nichts verstehen. Daraus lernen wir: Die moderne Art der Präsentation flankiert von professionellen Bildern aus dem World-Feed hilft einer Sportart sehr. Und wenn dann ein verlässlicher, immer wiederkehrender Sendeplatz geschaffen wird, kann aus fast jedem Sport eine Massenbewegung werden. Darauf würde ich eine hohe Summe verwetten.

Mein drittes Beispiel ist Beachvolleyball: Hier sehen wir, wie der Erfolg einheimischer Helden Faszination auslöst und einen Boom entstehen lässt. Skispringen und natürlich auch Tennis in der Becker-/Stich-/Graf-Ära sind ähnliche Erfolgsgeschichten. Beachvolleyball zeigt, dass ein Hype auch über die Liveinszenierung entstehen kann. Ich war im vergangenen Jahr durch Zufall bei der WM in Wien und habe erlebt, was für eine sensationelle Atmosphäre dort herrscht. Das Gleiche galt für das World-Tour-Finale am Hamburger Rothenbaum, wo 10.000 Fans ihre Helden feierten.

Aus dem Erfolg des Beachvolleyballs lernt man, dass es sinnvoll ist, eine Sportart über Gesichter zu vermarkten und darüber groß zu machen. Unsere Olympiasiegerteams Julius Brink/Jonas Reckermann und Laura Ludwig/Kira Walkenhorst kennt in Deutschland mittlerweile fast jeder Sportfan. Das mag bitter für die anderen Teams sein, aber es ist einfach sinnvoll, die Topstars vorangehen zu lassen, weil in ihrem Sog eine ganze Sportart profitiert. Im Hockey macht der Verband seit vielen Jahren den Fehler, das Team vermarkten zu wollen. Das funktioniert aber leider nicht. Warum ist der Handball nach dem WM-Titel 2007 so viel populärer geworden? Unter anderem weil sie Pascal Hens hatten, einen Zweimetermann mit blondem Irokesen, den jeder kannte. Und das hat am Ende allen geholfen.

Fraglos sind viele Sportverbände in Deutschland zumindest mitverantwortlich dafür, dass sie aus ihrem Schattendasein nicht herausfinden. Dennoch gibt es zwei ganz wichtige Aspekte, die mich im Umgang mit dem Leistungssport in Deutschland stören und auf die ich eingehen möchte, bevor ich in den kommenden Kapiteln versuche, Lösungsansätze zu finden. Zum einen ist es das Verhalten der Medien. Die Diskussion, ob es zu viel Fußball im öffentlich-rechtlichen und auch privaten Fernsehen gibt, wird ja seit vielen Jahren geführt, und die Antwort ist bekannt: Maximal 30 Prozent des Sportprogramms entfalle in seiner Anstalt auf Fußball, sagt zum Beispiel ARD-Sportkoordinator Axel Balkausky, damit sei der andere Sport deutlich in der Mehrheit. Ja, aber diese restlichen 70 Prozent Sendezeit müssen sich alle anderen teilen. Vergleicht man also einzelne Sportarten mit dem Fußball, gibt es keine einzige, die auch nur ansatzweise die Aufmerksamkeit erhält wie der Fußball.

Noch viel krasser ist es bei den Print- und Onlinemedien. Da ich in Hamburg lebe, ziehe ich zum Vergleich die hier ansässigen Zeitungen heran: Im *Abendblatt*, das zu den „Qualitätszeitungen" zählt, nimmt der Buntsport rund 50 Prozent des Platzes ein. In der *Morgenpost* und der *BILD* bekommt der Fußball rund 80 Prozent der Aufmerksamkeit! Als ich noch im Studium war, habe ich jeden Tag den Sportteil der *BILD* gelesen, weil ich das Gefühl hatte, dann umfassend über den Hamburger Sport informiert zu sein. Das hat sich in den vergangenen Jahren leider ziemlich gewandelt. Und das ist bitter.

Es ist aber nicht nur die Quantität der Berichterstattung, die entscheidend ist, sondern vor allem die Qualität. Deshalb geht es im Fernsehen auch nicht primär darum, wie viel gezeigt wird, sondern wann und in welcher Form. Das Beispiel Wintersport zeigt, dass es möglich ist, auf bestem Sendeplatz mit kontinuierlicher Berichterstattung ein dauerhaftes Interesse zu schaffen. Unabdingbar ist in allen Fällen natürlich der Erfolg deutscher Athleten. Aber wenn es nur einmal im Jahr einen Biathlon-Weltcup zu sehen gäbe oder nur wöchentlich eine kurze Sequenz in einer Nachrichtensendung, dann wäre der Sport längst nicht so populär wie aktuell, selbst wenn die Deutschen vorn mit dabei wären.

Ich würde mir wünschen, dass die Medienmacher nicht nur nach Quote oder Auflage schauen, sondern vielmehr ihrem Auftrag nachkommen, ein Interesse dort zu wecken, wo sie es für angebracht halten. Ich sehe es als die Aufgabe der Medien an, Trends aufzuspüren, Geschichten zu entdecken und auch in der Nische zu suchen, anstatt nur dem hinterherzulaufen, was die breite Masse sowieso schon kennt und goutiert. Natürlich soll niemand auf die Masse verzichten. Aber was ist für eine Zeitung schlimm daran, wenn der Sportteil an der Hälfte der Erscheinungstage nicht mit Fußball aufgemacht wird? Kaufen deswegen weniger Menschen das Blatt? Nein, im Gegenteil: Die Fußballfans suchen sich ihren Sport sowieso, gucken aber vielleicht auch mal auf den Sport, den sie sonst gar nicht finden würden, wenn sie nicht umblättern müssten. Und von den TV-Sendern erwarte ich, dass sie wenigstens die wichtigen Länderspiele in allen olympischen Sportarten übertragen. Ich will ja gar nicht von kontinuierlicher Berichterstattung aus den Ligen träumen, das ist nicht realistisch. Aber wenigstens die Besten jeder Sportart regelmäßig im Programm zu haben, das ist doch nicht zu viel verlangt!

Aber genau diese Akzeptanz und Wertschätzung für die unpopuläreren Sportarten fehlt manchmal völlig. Dass wir 2006 nicht Team des Jahres wurden, obwohl wir Weltmeister waren, sondern die Fußballer als WM-Dritter, das kann ich nachvollziehen, denn sie hatten Unglaubliches geleistet. Aber dass wir als Olympiasieger 2008 uns mit der TSG Hoffenheim messen mussten, die als Aufsteiger Herbstmeister (!) geworden war, habe ich als grobe Unverschämtheit empfunden. Und damit möchte ich keinesfalls die Leistung der Hoffenheimer schmälern, denen ich die Daumen gedrückt habe, weil unser ehemaliger Hockeybundestrainer Bernhard Peters dort Sportdirektor war. Nein, mich stört die Geringschätzung der Leistungen in anderen Sportarten, die sich darin ausdrückt.

Und diese Geringschätzung zieht sich leider, und damit bin ich bei meinem zweiten wichtigen Kritikpunkt, auch durch die Wirtschaft. Noch immer gehen viele Unternehmen lieber auf die fünfte Sponsoringebene beim Fußball, weil sie sich das über die höheren Kontaktzahlen schönreden. Der Deutsche Fußball-Bund muss sich, wenn er einen neuen Sponsor für seine Nationalmannschaft sucht, nicht mehr bei Unternehmen vorstellen. Nein, er schreibt in den für ihn interessanten Branchen Bieterwettbewerbe aus, bei denen die Unternehmen sich darum bewerben müssen, Sponsor werden zu dürfen! Von solchen Verhältnissen wagt in anderen Sportarten nicht einmal jemand zu träumen.

Dabei ist es wirklich totaler Unsinn, zu glauben, dass auch nur ein Bruchteil der Fans im Fußballstadion wahrnehmen würden, welche Sponsoren auf den Banden oder den Werbewänden zu sehen sind. Leider verstehen viele Unternehmen noch immer nicht, dass es viel sinnvoller ist, auf schlaue Geschichten und das Zusammenpassen von Unternehmen und Sponsoringpartner zu achten. Glaubwürdigkeit im Sponsoring ist heute ein ganz wichtiger Faktor.

Ein fiktives Beispiel: Wenn das Modeunternehmen „Miss Sixty" mit einem Millionenbetrag bei einem Fußballverein als Trikotsponsor werben würde, wäre die Zielgruppe ziemlich verfehlt und zudem auch nur sehr oberflächlich angesprochen. Würde das Unternehmen den gleichen Betrag aufwenden, um die besten 60 deutschen Athletinnen als „Team Miss Sixty" auszustatten, wäre nicht nur eine glaubwürdige und unterhaltsame Geschichte transportiert, sondern das Geld auch noch zielgruppenrelevant eingesetzt.

Aber dass man mit dem Betrag, den ein Sponsoring auf der dritten Ebene beim Fußball kostet, ganze Sportarten inklusive des gesamten Ligen- und Nationalmannschaftsbetriebs übernehmen könnte, wird in vielen Unternehmen immer noch nicht wahrgenommen. Eine interessante Zahl dazu: Zwei Drittel aller Menschen, die aktiv einen Randsport betreiben, sind bereit, in die Produkte von Unternehmen zu investieren, die sich in ihrem Sport engagieren. Das ist ein immenses Potenzial, das leider noch zu selten gehoben wird. Stattdessen gucken viele Firmen auch bei der Werbung im Fernsehen nur danach, wo möglichst viele Menschen zuschauen, auch wenn sie dann im Umfeld der größten Schrottsendungen auftauchen. Dass es sinnvoller wäre, in einem qualitativ hochwertigen, aber kleineren Umfeld zu werben, weil dort auch das Klientel sitzt, das man eigentlich bedienen will, kommt vielen nicht in den Sinn.

Wie könnte man das ändern? Welche Wege muss der Sport in Deutschland gehen, um aus der Monokultur Fußball herauszukommen? Wie wird das im Ausland gehandhabt? Und wo sind die Verbände in der Pflicht, ihre eigenen Hausaufgaben zu erledigen? In den folgenden Kapiteln versuche ich, Antworten auf diese Fragen zu geben.

KAPITEL 18

GELD VERÄNDERT ALLES. GOLD – UND AUF EINMAL IST DER HAUPTSPONSOR WEG

Deutschland als Land der Dichter und Denker kann auf eine Fülle an Sprichwörtern zurückgreifen. Eins davon lautet „Ohne Moos nix los", auf das deutsche Leistungssportsystem passt es allerdings überhaupt nicht. Denn wäre es so, dass ohne Geld keine Erfolge erreicht werden könnten, dann würden wir in den Medaillenspiegeln bei Olympischen Spielen oder Weltmeisterschaften keinesfalls so weit oben stehen, wie wir es tun.

626 Euro – das ist der durchschnittliche Nettomonatsverdienst eines von der Stiftung Deutsche Sporthilfe geförderten Athleten im deutschen Leistungssport. Gäbe es die Sporthilfe nicht, hätten noch viel mehr Athleten ihre Karrieren deutlich früher beendet. 3800 Sportler werden aktuell gestaffelt in drei unterschiedliche Leistungsstufen jedes Jahr von der Stiftung gefördert. Staatliche Mittel werden dabei kaum genutzt, die Gelder werden durch Fundraising, durch Förderung von Sponsoren und Gönnern, durch die Olympiavermarktung des Deutschen Olympischen Sportbundes (DOSB) und Erlöse aus der Lotterie Glücksspirale generiert. 200 bis 1500 Euro im Monat sind dank der Sporthilfe für jeden geförderten Kaderathleten gesichert.

Legen wir einen durchschnittlichen Hamburger Hockeyspieler zugrunde, dann kann dieser, wenn er zum Nationalkader zählt, neben der Sporthilfe auch noch Mittel vom Team Hamburg beziehen. Das ist eine lokale Förderinstitution, die es in ähnlicher Form auch in anderen, aber nicht in allen Regionen Deutschlands gibt. Mir hat das Team Hamburg monatlich rund

500 Euro Förderung gezahlt, so lange ich zum A-Kader zählte. Eine Summe, die sich klein anhört, aber für viele Sportler eine gehörige Erleichterung darstellt. Zudem zahlen in manchen Sportarten auch die Heimatvereine, für die die Sportler im Alltag antreten, Aufwandsentschädigungen.

Wer dann noch zum Topkader zählt und vielleicht das Glück hat, als Weltmeister oder Olympiamedaillengewinner einen persönlichen Sponsoring-Deal abgeschlossen zu haben, der kann in den guten Jahren seiner Karriere zwischen 3000 und 6000 Euro brutto im Monat verdienen. Das ist eine tolle Summe, die aber natürlich nicht dafür reicht, dauerhaft fürs Leben abgesichert zu sein, geschweige denn eine ganze Familie zu ernähren. Und die meisten Sportler sind eben nicht Olympiasieger mit Privatsponsor.

Das große Problem ist, dass die Förderung vollkommen erfolgsabhängig ist, ein Sportler aber langfristig planen muss, um maximalen Erfolg erreichen zu können. Auf Olympische Spiele bereitet man sich vier Jahre lang vor, muss aber jedes Jahr von Neuem sehen, wo die finanziellen Mittel herkommen, um sich komplett auf den Sport konzentrieren zu können. Ein Beispiel aus meiner Erfahrung: Als Olympiasieger habe ich 15.000 Euro Prämie von der Sporthilfe erhalten. Diese wurde im Jahr nach dem Olympiasieg, gestaffelt über zwölf Monate ausbezahlt, 1250 Euro monatlich. Das bedeutete, dass das Jahr nach Olympia ein gutes war, aber schon im Jahr darauf monatlich 1250 Euro fehlten, die man entweder aus neuen Quellen generieren oder seinen Lebensstandard entsprechend anpassen musste. Der Leistungsstandard allerdings sollte stets mindestens auf demselben Niveau bleiben, nach Möglichkeit sogar noch gesteigert werden. Dass das hart ist, dürfte jedem einleuchten.

Besonders schwer wird es allerdings dann, wenn nach dem Karriereende alle Zahlungen von jetzt auf gleich auf null gefahren werden. Wer mit dem Sport aufhört, erhält keinerlei Förderung mehr, er verliert seine Sponsoren und kann auch keine Preisgelder oder Prämien mehr einstreichen. Das bedeutet: Wer es versäumt hat, sich während der Karriere schon um die Zeit danach zu kümmern, landet ganz schnell sehr hart auf dem Boden der Tatsachen. Das wiederum heißt: Die Zeit, die ein Athlet eigentlich bräuchte, um daran zu arbeiten, sich in seinem Sport zu verbessern, muss er allzu oft aufwenden, um sein berufliches Fortkommen zu sichern. Das Ganze ist, ihr merkt es selbst, ein Teufelskreis, aus dem es nur zwei Auswege gibt: Entweder den Verzicht auf den Leistungssport oder die Erschließung neuer Geldquellen. Und da wir alle mehr Erfolg im Sport wollen, sollten wir uns auf Variante zwei konzentrieren.

Geld kann der Leistungssport generell aus zwei Quellen schöpfen: durch staatliche Zuwendungen und aus Unternehmen, die als Sponsoren auftreten. Dass es Solidarfonds gibt, in die gut verdienende Sportler einzahlen, um bedürftige Athleten zu unterstützen, finde ich zwar höchst respektabel und anerkennenswert. Aber dass es überhaupt so weit kommen musste, zeigt, wie extrem der Missstand bereits fortgeschritten ist. Ich bin deshalb der festen Überzeugung, dass die Politik in der Pflicht ist, die Wertschätzung, die Sportlern entgegengebracht wird, deutlich zu erhöhen. Dazu gehört einerseits, den Stellenwert des Sports in der Gesellschaft zu stärken und immer aufs Neue herauszustellen. Andererseits finde ich, dass allein der Werbeeffekt, der entsteht, wenn gute, faire, erfolgreiche Athleten für ihr Land antreten, ein Grundeinkommen rechtfertigt, das sich zumindest am in Deutschland geltenden gesetzlichen Bruttomindestlohn von 8,84 Euro orientieren sollte.

Setzt man eine 40-Stunden-Woche an – obwohl der durchschnittliche von der Sporthilfe geförderte Athlet auf 59 Wochenstunden kommt –, dann ergibt sich ein durchschnittlicher Monatsverdienst von rund 1500 Euro brutto, den das Bundesinnenministerium zu tragen hätte. Addieren wir dazu den aktuellen durchschnittlichen Monatsverdienst von 626 Euro, kämen wir auf eine Summe von rund 2100 Euro, die jedem Athlet durchschnittlich monatlich zur Verfügung stünde. Mit einem solchen

Grundgerüst müssten sich 95 Prozent aller deutschen Leistungssportler keine Sorgen mehr machen und könnten sich voll auf ihren Sport konzentrieren. Die Folge: Wir hätten die Chancen, erfolgreicher zu sein, für jeden deutlich erhöht, und damit auch die öffentliche Wahrnehmung und die Vorbildfunktion der Athleten gestärkt.

Wer nun ein Problem damit hat, dass der Staat Athleten mit Steuergeldern subventioniert, für den möchte ich folgende Beispielrechnung aufmachen. Aktuell fördert die Sporthilfe rund 800 Athleten in der Elitestufe mit einem Maximalbetrag. Erweiterte man deren Zahl auf 1000 und zahlte jedem die oben errechnete Summe von 1500 Euro monatlich, ergo 18.000 Euro jährlich, ergäbe sich ein Finanzierungsbedarf von 18 Millionen Euro. Wenn es der Politik nun gelänge, nur drei Unternehmen, die aktuell als Trikotsponsor bei einem Fußballbundesligisten werben, davon zu überzeugen, ihre Mittel stattdessen in die Förderung der 1000 besten deutschen Athleten fließen zu lassen, wären diese 18 Millionen locker eingespielt. Drei Trikotsponsoren im Fußball könnten also, überspitzt formuliert, für eine Revolution im deutschen Leistungssportsystem sorgen! Wenn man dann weiß, dass die Telekom allein ungefähr 35 Millionen jährlich aufwendet, um den FC Bayern München zu unterstützen, wird klar, wo das Problem liegt.

Dennoch möchte ich versuchen, es anhand einiger Beispiele zu verdeutlichen. Ich finde es dramatisch, festzustellen, dass in Deutschland im Sponsoring nach wie vor irgendwelche teils an den Haaren herbeigezogenen, nicht nachvollziehbaren Reichweiten mehr zählen als die inhaltliche Überschneidung der eigenen Marke mit den Werten und Zielgruppen der unterstützten Sportart. Besonders krass haben wir das im Hockey nach den Olympischen Spielen 2012 erlebt. Damals stieg unser Hauptsponsor Hyundai aus dem Sponsoring aus. Die Gründe dafür wurden uns Spielern nie mitgeteilt, ich finde sie aber auch unerheblich, um den Punkt zu verdeutlichen, auf den es mir ankommt.

Hyundai war 2004 nach dem Olympiasieg der deutschen Damen in Athen eingestiegen. Es folgten allein im Herrenbereich der WM-Titel 2006, die Olympiasiege 2008 und 2012, WM-Silber 2010, der EM-Titel 2011 und zweimal Gold bei der Hallen-WM 2007 und 2011. Hyundai hatte also die erfolgreichste Ära im deutschen Hockeysport mitgeprägt. Dass ein Sponsor dann aussteigt, finde ich in hohem Maße skurril und ich glaube auch, dass das nicht nur dem Hockey geschadet hat. Viele andere Sportverbände suchen ja auch Hauptsponsoren. Und wenn dann beim erfolgreichsten olympischen Teamsport nach der besten Ära der Hauptsponsor aussteigt, dann fragen sich viele Unternehmen sicherlich, wo der Haken an der Sache ist und ob es sich tatsächlich überhaupt lohnt, in einen Sport abseits des Fußballs zu investieren. Natürlich muss sich auch der Verband fragen, was da falsch gelaufen ist, denn sicher hat sich Hyundai nicht einfach von heute auf morgen überlegt auszusteigen.

Es wird nicht überraschen, dass ich selbstverständlich voller Überzeugung sage, dass es sich lohnt. Aber dazu müsste in Deutschland im Sponsoring endlich umgedacht werden. Zu großen Teilen ist Sponsoring auch heute noch Mäzenatentum oder „Chairman's Choice". Das bedeutet: Wenn der Chef eines Unternehmens eine Sportart toll findet, wird er investieren, ohne sich groß mit der Logik zu beschäftigen, die dahintersteckt. Das ist einerseits gut für den, der davon profitiert, auch weil es zeigt, wie viel im Sport noch über Emotionen erreicht werden kann. Es ist aber andererseits fatal zu sehen, welche Summen verpulvert werden, ohne sich mit der Wirksamkeit der eingesetzten Mittel zu befassen. Höchst bedenklich ist dabei für mich, dass Unternehmen für Kampagnen, mit denen sie ihre Produkte auf klassischen Kanälen bewerben wollen, Agenturen beauftragen, aber ihr Sponsoring nicht in ihre Marketingkonzepte einbinden.

Sportsponsoring ist zunächst einmal eine wunderbare Möglichkeit, um Synergieeffekte zu schaffen, die ein Unternehmen und seine Produkte positiv darstellen. Gut gemachtes

Sportsponsoring kann viel mehr bewirken als klassische Werbung im Fernsehen, Radio oder den Printmedien, weil der direkte Bezug zur Zielgruppe viel eher gegeben ist. Mit einem klassischen Werbespot erreiche ich meine Zielgruppe zwar auch, wenn ich ihn clever platziere, aber habe eine hohe Zahl an Streuverlusten. Dazu kommt: Der erste Eindruck muss bei Werbespots, für die der Zuschauer oder Zuhörer in der Regel eine Aufmerksamkeitsspanne von 0,3 Sekunden hat, extrem sein, um einen prägenden, bleibenden Effekt zu hinterlassen.

Über Sponsoring, das zielgerichtet durchgeführt wird, erreiche ich meine Zielgruppe nicht nur deutlich genauer und nachhaltiger, ich kann sogar meine Unternehmenswerte transportieren. Leider jedoch schauen in Deutschland zu viele Entscheider vor allem auf die Reichweite, die ihnen vorgebetet wird. Wer eine Bande im Stadion eines Fußballbundesligisten bucht, der wird argumentieren, dass diese Bande von vielen Tausend Fans im Stadion und von Millionen Zuschauern im Fernsehen gesehen wird. Aber das ist, um mal ganz deutlich zu werden, Humbug. Niemand kann verlässlich feststellen, wie viele Menschen die Bande gesehen, geschweige denn wahrgenommen haben. Und selbst wenn es die Hälfte aller Zuschauer wäre, hätte der Sponsor damit noch keine Geschichte erzählt.

Geht es einem Unternehmen nur darum, seine Marke bekannter zu machen, kann ein solches Engagement vielleicht Sinn ergeben. Aber auch nur, wenn eine Summe aufgewendet wird, mit der es möglich ist, flächendeckend aufzutreten und sich von allen anderen Sponsoren abzuheben, die ja den gleichen Plan haben. Aktuell gibt es dazu im deutschen Sport ein sehr gutes Beispiel. Der Hundefutterhersteller Rinti lässt in der Fußballbundesliga, aber auch bei Großereignissen in anderen Sportarten einen schwarzen Hund über seinen Schriftzug auf der LED-Bande laufen. Ob das dazu führt, dass mehr Hundebesitzer Rinti-Produkte kaufen, sei dahingestellt. Aber die Marke sticht damit aus der Masse heraus und bleibt im Kopf. Das ist clever, wenn es nur der Steigerung der Markenbekanntheit dient, aber es ist eine absolute Ausnahme.

Der schlauere Weg für Sportsponsoring ist, die Werte, die ich als Unternehmen kommunizieren will, mit den Sportarten und ihren Verbänden zu verbinden. Qualität muss vor Quantität stehen, dann wird die richtige Geschichte mit einer kleinen Reichweite mehr Effekt erzielen als eine gesichtslose Werbebande mit Millionenreichweite.

Um es an dieser Stelle klar zu sagen: Natürlich gibt es im Fußball eine Reihe an Sponsoring-Engagements, die sehr sinnvoll und gewinnbringend sind. Dass Mercedes-Benz Hauptsponsor der deutschen Fußballnationalmannschaft ist, passt perfekt. Eine Premiummarke, die mit dem Stern als Firmenlogo eine Verbindung zu den vier Sternen auf dem deutschen Trikot herstellt, das ist ein totales Match, ein sehr rundes Sponsoring. Oder die Einzelhandelskette Rewe, die den 1. FC Köln als Trikotsponsor unterstützt: Rewe hat es geschafft, durch geschicktes Marketing seine mehrheitlich weibliche Zielgruppe für den noch immer von Männern dominierten Fußball zu begeistern. Mehr als 50 Prozent der User, die dem FC in den sozialen Netzwerken folgen, sind Frauen. Da hat sich also eine Symbiose entwickelt, die für beide Seiten – Unternehmen und Verein – passt.

Außerhalb des Fußballs gibt es natürlich auch einige positive Beispiele, wo Unternehmen erkannt haben, wie sie eine Nische für sich nutzen. Ich denke da vor allem an den Schokoladenhersteller Milka, der es geschafft hat, mit dem Skispringen eine ganze Sportart für immer mit seinem Namen zu verbinden. Damals, als Martin Schmitt mit seinem lila Helm sprang, ging es gar nicht so sehr um das Match der Marke mit dem Sport, sondern vor allem um die Aktivierung einer gesamten Community. Natürlich hat Milka über die lila Kuh eine Verbindung zu Bergen hergestellt und durch die Anbindung an einen Wintersport die Assoziation von Schokolade mit der Weihnachtszeit ausgenutzt. Aber die Art und Weise, wie das zusammengebracht wurde, um zu erreichen, dass Tausende Martin-Schmitt-Fans lila Kappen trugen, war aus Werbersicht ein Paradebeispiel für gelungenes Sportsponsoring.

Gleiches gilt für die Deutsche Kreditbank (DKB), die es geschafft hat, mit der Bereitstellung einer Liveplattform für die WM-Spiele der deutschen Handballer, als diese nicht im Free-TV gezeigt wurden, ein hohes Maß an positiver Aufmerksamkeit zu erlangen. Der DKB nimmt man es ab, sich aus ehrlichem Interesse für den Handball zu engagieren, und das bewirkt, dass sicherlich viele Handballbegeisterte die DKB kennen und im Bedarfsfall auch präferieren würden. Oder ein Beispiel aus eigener Erfahrung: Als wir 2006 Weltmeister wurden, hieß das Stadion in Mönchengladbach Warsteiner Hockeypark. Noch einige Jahre danach war Warsteiner das Bier meiner Wahl; einfach nur, weil ich damit schöne Erinnerungen verband und es zu schätzen wusste, dass sich das Unternehmen in meinem Sport engagierte.

Im Wintersport gibt es mit Erdgas oder dem Klimatechnikunternehmen Viessmann andere gelungene Beispiele. Als Premium-Textilunternehmen beim Golf zu werben ist genauso sinnvoll wie als Sonnenmilch- oder Sonnenbrillenhersteller beim Beachvolleyball. Diese Verbindungen zu finden ist mitnichten allein die Aufgabe der Unternehmen. Auch die Sportvereine und -verbände müssen ihre Geschichten erzählen und den potenziellen Sponsoren deutlich machen, wo es Überschneidungen und gemeinsame Zielgruppen geben kann. Aber darauf werde ich im übernächsten Kapitel gesondert eingehen.

Fakt ist, das hat Raphael Brinkert als Geschäftsführer der Agentur Jung von Matt/Sports ausgerechnet: Für das Geld, das ein Sponsor in der zweiten Reihe für eine Werbebande bei einem Fußballbundesligisten ausgibt, könnte er eine Sportart wie Tischtennis komplett übernehmen. Das bedeutet: Er könnte bei allen Partien der Bundesligavereine und der Nationalmannschaften präsent sein, hätte über den Verband Kontakt zu allen deutschen Tischtennisklubs und dazu noch die Möglichkeit, weitreichenden Einfluss auf die Ausgestaltung der Zusammenarbeit zu nehmen.

Ein Hauptsponsor beim Deutschen Fußball-Bund könnte mit den zehn Millionen Euro, die dafür notwendig sind, sogar bei fünf oder sechs großen Sportarten gleichzeitig Sponsor sein. Und wer Trikotsponsor beim Fußball ist, könnte für ein Zehntel der Summe beim Deutschen Hockey-Bund einsteigen.

Zugegeben: Die TV-Präsenz fällt in all diesen Fällen weitgehend weg. Dafür aber hätte das Unternehmen eine in hohem Maße engagierte und interessierte Zielgruppe. Es ist erwiesen, dass Mitglieder in kleineren Sportarten ein deutlich erhöhtes Kaufinteresse bei Marken haben, die sich in ihrem Sport engagieren.

Eine weitere Strategie wäre es, als Unternehmen 20 Topsportler aus verschiedenen Sportarten als Markenbotschafter zu verpflichten. Anstelle einer Bande im Fußballstadion zahlte man diesen 20 jeweils 100.000 Euro und hätte einen deutlich größeren Effekt erzielt, vor allem aber ein persönliches und direktes Engagement der 20 Sportler. Sponsoring muss heute viel stärker als Business Case verstanden werden. Das bedeutet: Ich kann als Sponsor einen direkten Return-on-Invest erreichen, indem ich meine Zahlungen konkret an Gegenleistungen binde. Ein fiktives Beispiel: Ein Automobilhersteller könnte sich eine Sportart, deren Zielgruppe sich mit seiner überschneidet, auswählen und mit einer Million Euro unterstützen. Im Gegenzug würde vereinbart, dass die volle Summe nur ausgezahlt wird, wenn aus der Zielgruppe heraus mindestens 1000 Neuwagenkäufe erfolgen. Eine Gewinnmarge von 1000 Euro vorausgesetzt, hätte sich das Investment von einer Million Euro dann bereits amortisiert.

Oder ein konkretes Beispiel aus dem Hockey. Die Internetplattform DAZN ist sehr aktiv in die Übertragung von Hockeyspielen eingestiegen. DAZN könnte nun sagen: Wenn uns der Deutsche Hockey-Bund garantiert, dass 1000 DHB-Mitglieder bis, sagen wir, Ende März ein Jahresabo abschließen, fördern wir den DHB als Sponsor mit 100.000 Euro. Bei zehn Euro Mitgliedsbeitrag, die DAZN monatlich kostet, bliebe sogar ein kleiner Gewinn – und alle Seiten hätten profitiert.

Gern wird die Übernahme eines Sponsorings in einer Randsportart mit der Begründung abgelehnt, dass die Zugpferde bereits persönliche Sponsoren hätten und deshalb nicht für weitere Maßnahmen zur Verfügung stünden. Dem entgegne ich: Grundsätzlich ist es natürlich sinnvoll, über die bekanntesten Gesichter zu kommunizieren. Das Wichtigste aber ist die Zielgruppe an sich und über die Vereine kann man eine enorme Breite erreichen, auch ohne die Topstars unter Vertrag zu haben. Und es gibt immer auch die Möglichkeit, neue Gesichter aufzubauen, die letztlich dann perfekt auf die Marketingbotschaft oder das Produkt eingestellt werden können. Als Adidas 2007 als Ausrüster im Hockey einstieg, suchte das Unternehmen sich Spieler, um sie zu Gesichtern aufzubauen.

Je kleiner die Sportart, desto größer die Einflussmöglichkeiten auf das Gesamtkonzept und die vertragliche Ausgestaltung sowie die Verbundenheit der Sportler mit dem Sponsor.

Bleibt die Frage, warum in Deutschland noch immer die meisten Sponsoren zum Fußball rennen, wenn doch vieles dafür spricht, differenzierter mit dem Thema umzugehen. Meine Erklärung dafür ist: Natürlich finden die meisten es toll, sich in einem Umfeld zu bewegen, in dem auch viele andere Unternehmen aktiv sind. Und es ist attraktiv, seinem Kunden als Goodie einen Logenplatz im Fußballstadion anzubieten. Es macht einfach mehr Spaß, ein solches Erlebnis zu teilen, als in einer kleinen, stickigen Sporthalle oder auf einem leeren Sportplatz herumzusitzen. Emotional kann ich diese Entscheidungen deshalb nachvollziehen. Aber unternehmerisch ist sie nicht immer zu rechtfertigen und sportpolitisch ist sie fatal. Deshalb wünsche ich mir sehr, dass wir umdenken, so wie es in anderen Ländern bereits passiert ist. Dazu mehr im nächsten Kapitel.

KAPITEL 19

DIE DEUTSCHE SPORTKULTUR. 15 MINUTEN RUHM FÜR DEN RANDSPORT – UND WIE DAS AUSLAND MIT DEM THEMA UMGEHT

Ich habe einen Traum. In meinem nächsten Leben möchte ich Sportstar in den USA werden. Auch wenn es eine Menge Dinge gibt, die mir in Amerika missfallen, vor allem in der jüngsten Vergangenheit unter Donald Trump. Aber in keinem anderen Land auf dieser Welt ist die Wertschätzung, die Sportlern und Sportereignissen entgegengebracht wird, höher als in den Vereinigten Staaten. Ich bin ein großer Football- und Basketballfan und verfolge sehr genau, was in diesen beiden großen US-Ligen passiert. Und wie oft habe ich mich schon dabei ertappt, wie ich mit Gänsehaut vorm Fernseher saß, wenn ich Sport aus den USA schaute!

Mich beeindruckt der Patriotismus, mit dem die Amerikaner den Sport überladen. Dort beginnt schon auf der Highschool die Glorifizierung der besten Sportler, jeder identifiziert sich mit seinen Schulsportmannschaften. Ich finde es total faszinierend, wie die Amerikaner ihre Hymne zelebrieren oder dass vor vielen Spielen den Soldaten für ihren Dienst am Vaterland gedankt wird. Wahrscheinlich übt das einen solchen Reiz auf mich aus, da es so komplett das Gegenteil von dem ist, was wir in Deutschland mit unseren Sportlern und der Bundeswehr machen, die vom Rang der Anerkennung in der Gesellschaft sogar noch hinter uns liegt. Ich sage nicht, dass ich mir wünsche, es wäre hier in Deutschland genauso, einfach weil es zu unserer Kultur nicht eins zu eins passt. Aber was die Wertschätzung für die Leistungen anderer angeht, sollte sich in unserem Land dringend etwas bewegen.

Um einschätzen zu können, wie wenig Leistungssport in der deutschen Gesellschaft wahrgenommen wird, musste ich ins Ausland gehen. Und auf all meinen Reisen, ob es nun ein paar Wochen zu großen internationalen Turnieren waren oder mehrere Monate wie bei meinen Engagements in Australien, Spanien oder Indien: Überall auf der Welt hatten meine ausländischen Mit- oder Gegenspieler einen ganz anderen Status in ihrer Heimatgesellschaft, als ich ihn von zu Hause kannte. Sei es in unseren Nachbarländern Belgien oder Niederlande oder auch in Argentinien oder Indien. Worin liegen die Gründe dafür?

Fakt ist: Deutschland ist die einzige Monosportkultur der Welt. Bezeichnend dafür ist das Statement der Sponsoringleiterin für den deutschen Markt bei Coca-Cola, die auf die Frage nach den drei größten Sportereignissen der Welt neben Olympia noch Fußball-WM und Fußball-EM nannte. Mir fällt kein Land ein, in dem eine Sportart so dominant wäre wie bei uns der Fußball. Brasilien, werden einige sagen, dort ist der Fußball heilig, noch viel wichtiger als bei uns! Ja, das stimmt, aber die Brasilianer haben auch noch Volleyball und Beachvolleyball als echten Volkssport. Die Commonwealth-Mitglieder haben neben Fußball alle Rugby und Cricket. Frankreich hat Rugby. Auf dem Balkan sind alle Ballsportarten total angesagt. Die USA haben mit Football, Basketball, Baseball und Eishockey gleich vier Sportarten, die als Premiummarken nebeneinander existieren. Und von Einzelsportarten wie Tennis oder Golf ist da noch gar nicht die Rede!

Ich möchte bewusst den Vergleich auf Teamsportarten beschränken, weil es sich in Einzelsportarten doch etwas anders verhält. Golf- oder Tennisfans schauen ihren Lieblingssport zwar auch, weil sie ihre lokalen Helden gewinnen sehen wollen. Aber sie sind viel mehr an den großen Stars interessiert. Oder, so wie in der Formel 1, die in der Autonation Deutschland besonders beliebt ist, an der Technik oder den Autos. Im Teamsport steht das Emotionale deutlich mehr im Vordergrund, da ist eine Gruppe, die ein Land repräsentiert, und mit der man mitfiebern kann. Warum aber, diese Frage habe ich mir oft gestellt, passiert das in vielen Ländern dieser Welt auf einer ganz anderen emotionalen Ebene als in Deutschland (Fußball ausgenommen)?

Ein wichtiger Grund ist der, dass Sportler in den meisten anderen Nationen viel stärker als Botschafter des Landes wahrgenommen werden. Hierzulande ist es eine Mischung aus Desinteresse und mangelnder Emotionalität, die dazu führt, dass viele Menschen es nicht wichtig finden, ob Leistungssportler Erfolg haben. Ich habe im Ausland mit viel Interesse die Zeitungen gelesen. Dabei ist mir aufgefallen, dass dort sportartenübergreifend viel emotionaler über Sport berichtet wird. Ein Beispiel aus Indien: Wenn wir in der Liga ein Spiel verloren hatten, musste ich über die Artikel in den Zeitungen oft schmunzeln. Da wurden Dinge über mich geschrieben, die mich persönlich beleidigten, nach dem Motto, ich sei nicht reif genug, die Mannschaft zu führen, hätte nicht die Klasse, in der Liga mitzuhalten. Gewannen wir am nächsten Tag, hätten mich dieselben Schreiber am liebsten direkt zum Staatspräsidenten gemacht.

Natürlich ist dieses Schwanken zwischen den Extremen manches Mal hart zu verkraften. Aber der Effekt davon ist, dass man die Menschen, die sich für Sport interessieren, abholt, dass man sie emotionalisiert und dadurch eine festere Bindung schafft. In Deutschland kennen wir so etwas nur vom Fußball. Da wird draufgehauen, wenn die Nationalmannschaft schlecht spielt, da wird analysiert und kritisiert. Und wenn sie gut spielt, wird gefeiert und gejubelt, dann sind alle „schwarz-rot-geil". Bei allen anderen Sportarten sind die Berichte ganz überwiegend deskriptiv statt gefühlsbetont. Wenn wir mit der Hockeynationalmannschaft schlecht gespielt haben, gibt es in den meisten Zeitungen nur eine kurze Meldung. Haben wir einen Titel geholt, wird darüber sehr sachlich berichtet.

Was mir fehlt: Dass Dinge überall, und nicht nur beim Fußball, beim Namen genannt werden. Dass schlechte Leistungen auch als solche herausgestellt werden und Erfolge entsprechend gefeiert. Genau diese Emotionalisierung der Zuschauer und Leser bei der Fußballberichterstattung scheint mir ein wichtiger Grund dafür zu sein, dass dieser Sport hier einen so hohen Stellenwert hat. Das Problem ist, dass viele Verbände und Vereine, die nur selten in den Medien auftauchen, in den sprichwörtlichen 15 Minuten ihres Ruhms gute Presse haben wollen. Das bedeutet, dass nach positiven Geschichten gesucht wird und sich niemand traut, in Interviews mal etwas zu sagen, dass aus der Norm herausfällt.

Dabei würde es allen Randsportarten guttun, wenn wir einfach nur unser Ding machen und darüber auch offen und authentisch reden würden. Was spricht denn dagegen, dass die Menschen erfahren, dass unsere Vorbereitungsreise nach Indien eine Katastrophe war? Dass wir für 250 Kilometer fünf Stunden mit dem Bus gebraucht haben und zwischendurch mehrfach wegen Kühen auf der Autobahn anhalten mussten, und dass wir dann völlig fertig am Zielort ankamen, bevor das Training überhaupt erst begonnen hatte? Und das alles nur, weil dem Verband Fliegen innerhalb des Landes zu teuer war?

Ich möchte auch, dass die Leute wissen, dass wir vor Olympia in Köln in 180 mal 80 Zentimeter großen Betten in Doppelzimmern übernachten mussten, die so winzig waren, dass nicht einmal die Sporttaschen hineinpassten. Weil es für eine bessere Unterkunft kein Geld gab. Was spricht dagegen, diese Geschichten zu erzählen? Sie würden Nähe schaffen, Emotionen wecken, vielleicht Sympathien. Aber sie werden nicht erzählt, weil sie nicht positiv sind. Mir ist das alles zu weichgespült. Und das Resultat davon ist, dass es verglichen mit dem Ausland kaum Interesse gibt und sich zu wenige Menschen mit dem, was wir tun und leisten, beschäftigen.

In deutschen Sportredaktionen wird zwischen Fußball und Buntsport unterschieden. Wer über Fußball berichtet, berichtet in der Regel nur über Fußball oder maximal noch eine andere Sportart. Wer im Buntsport arbeitet, muss sich dagegen um sechs, acht oder zwölf Sportarten gleichzeitig kümmern. Das ist in vielen anderen Ländern anders, da gibt es für jede Sportart Experten, die sich nur um ihren Bereich kümmern. Einfach weil das Publikum so gut informiert ist, dass es auffallen würde, wenn der Experte weniger gut Bescheid wüsste, weil er noch acht andere Sportarten im Blick behalten muss. Und warum gibt es in Deutschland eigentlich keine Sporttageszeitung, wie es in anderen Ländern Usus ist? Ach ja, es gibt die *Fußball-BILD*.

Wer in Deutschland die Frage nach dem Lieblingsverein stellt, bekommt meist einen Fußballverein genannt; einfach, weil es so erwartet wird. Und natürlich hat sich der Fußball seine Stellung auch verdient. Er hat es geschafft, dass mit dem WM-Gewinn von 1954 wieder ein Zusammengehörigkeitsgefühl geschaffen wurde, das es nach dem Zweiten Weltkrieg lange Jahre nicht geben konnte und durfte. Durch den Fußball haben die Menschen wieder begonnen, sich mit Deutschland zu identifizieren. Genau das meine ich aber mit Emotionalisierung, und die ist in den meisten anderen Nationen eben auch in anderen Sportarten deutlich stärker ausgeprägt als bei uns. Das Einzige, was den durchschnittlichen deutschen Sportfan emotional berührt, ist, wenn die Fußballer versagen. Nach einem 0:0 gegen Griechenland gehen viele erst einmal ein paar Tage nicht zum Griechen, um sich nicht den Spott anzuhören. Oder wie viele HSV-Fans nehmen sich am Montag frei, wenn ihr Verein am Sonntag das Derby gegen Werder Bremen verloren hat?

Ein argentinischer Sportfan dagegen erträgt es nicht, wenn sein Land gegen Brasilien im Fußball verliert. Aber er weint genauso, wenn die Hockeydamen des Landes nicht Weltmeister werden oder Juan Martin Del Potro das Olympiafinale im Tennis verliert. Wenn Angelique Kerber das Olympiafinale verliert, ist sie wohl die Einzige, die weint. Kollektives Mitfiebern außerhalb des Fußballs gibt es in Deutschland nur bei Olympischen Spielen, und das ist der Moment, in dem sich auch hier Patriotismus Bahn bricht. Viele möchten, dass ihr Land im Medaillenspiegel oben steht, deshalb fiebern sie mit. Warum sonst schauen die Menschen bei Olympia auch abseitigen Sport wie Bogenschießen oder Curling, der ansonsten vier Jahre lang keinerlei Beachtung findet? Weil sie in dem Moment ein Nationalbewusstsein entdecken, das sonst gern unter Verschluss gehalten wird. Und das liegt zu einem wichtigen Teil darin begründet, dass Nationalstolz in Deutschland ein so negativ besetzter Begriff ist.

Grundsätzlich haben Worte wie Stolz und Ehre außerhalb Deutschlands ein viel positiveres Image. Mir gefällt das, weil ich mit diesen Begriffen positive Gefühle verbinde. Bei all meinen 296 Länderspielen habe ich die deutsche Hymne mitgesungen, weil ich stolz war und es als Ehre empfunden habe, mein Land im Wettstreit mit anderen Nationen vertreten zu dürfen. Aber das hatte nie eine politische Botschaft. Mir ging es um ein Zusammengehörigkeitsgefühl, das es in Deutschland eigentlich erst seit der Fußball-WM 2006, dem berühmten „Sommermärchen", wieder gibt.

Dass wir 60 Jahre dafür gebraucht haben, bis unsere Fahne wieder einigermaßen salonfähig wurde, während in Ländern wie Mexiko sogar in der Kirche die Landesfahne hängt, hat natürlich mit den Lehren aus dem Dritten Reich und dem Zweiten Weltkrieg zu tun. Das ist jedem Deutschen, der halbwegs klar bei Verstand ist, ja auch bewusst. Dennoch möchte ich an dieser Stelle ganz deutlich sagen: Wir können heute nicht mehr für das verantwortlich gemacht werden, was in den schrecklichen Jahren unter der Nazi-Herrschaft passiert ist. Wir sind nicht schuldig! Wir haben heute eine ganz andere Verantwortung. Wir müssen für Völkerverständigung werben, müssen Menschen aus anderen Ländern zeigen, dass sie bei uns willkommen sind, dass wir in Frieden mit ihnen und mit unseren Nachbarvölkern leben möchten.

Deshalb lehne ich es auch ganz deutlich ab, wenn erzählt wird, Sport sei eine Art Kriegsersatz, weil es in den Menschen angelegt sei, sich anderen Gruppen gegenüber erhaben zu fühlen und dies dann auch zeigen zu wollen. Im Krieg geht es nie darum, der Bessere zu sein, sondern den Gegner zu zerstören. Sport ist zwar ein Kampf, aber nur auf dem Spielfeld. Er sollte nie zu Lasten des Gegners gehen, sondern stets mit fairen Mitteln ausgetragen werden. Und nach dem Wettkampf werden sich die Hände gereicht und es wird gemeinsam gefeiert oder gelitten.

Natürlich kann Patriotismus auch Grenzen überschreiten und ungesund werden, wenn er zu Fanatismus wird. Auch das beobachten wir in Deutschland fast ausschließlich beim Fußball, denn in keinem anderen Sport – Ausnahmen wie vereinzelt beim Eishockey oder Handball bestätigen diese Regel – gibt es Ausschreitungen unter Fans. Dennoch habe ich stets versucht, den Patriotismus der verschiedenen Völker nicht zu werten. Es gibt nun einmal verschiedene Herangehensweisen. Australier feuern vor allem ihre eigenen Leute an, um sie zum Sieg zu pushen, während Südamerikaner eher den Gegner ausbuhen, um ihrem Team zu helfen. Letztlich jedoch geht es mir um Begeisterung für den Sport und die Wertschätzung, die daraus folgt. Und da hinkt Deutschland einfach hinterher.

Als Deutscher im Ausland durfte ich oft erleben, welch hohes Ansehen wir in der Welt genießen. Als ich in der Saison 2012/13 in Spanien für den Club de Campo Madrid spielte, gab es einen großen Empfang im Verein. Der Klub ist im gesellschaftlichen Leben der Hauptstadt stark verankert, und deshalb waren auch hochrangige Politiker anwesend. Einer von denen holte mich während seiner Rede auf die Bühne, nahm mich in den Arm und bezeichnete mich als seinen „Freund Moritz". Dabei waren wir einander nie zuvor begegnet. Aber es schien ihm wichtig zu sein, sich mit mir gut zu stellen. Hockeyspieler, die bei uns zu Länderspielen zu Gast waren, wunderten sich dagegen vor allem darüber, dass das Spiel nicht im Fernsehen gezeigt wurde. Das wäre in den meisten anderen Ländern undenkbar, dass ein Nationalteam mit unserem Erfolg nicht live im TV zu sehen ist. Ansonsten denke ich, dass Ausländer nicht so sehr mitbekommen, wie unser gesellschaftlicher Status sich meilenweit von ihrem unterscheidet. Und das ist auch gut so.

Ein weiterer Grund für die fehlende Anerkennung ist die deutsche Sarkasmus- und Neidkultur. Ein Beispiel dazu: Mein guter Freund Rupinder, ein indischer Nationalspieler, hat kürzlich in einem Spiel einen grottenschlechten Penalty geschossen, der aber trotzdem reinging. Auf Twitter habe ich das Video dazu geteilt und darunter geschrieben: „Fantastisch! Der wahrscheinlich schlechteste Penaltytreffer aller Zeiten." Sofort bekam ich Dutzende bitterböser Kommentare von Fans, die mich nicht kannten, nach dem Motto, wer ich denn sei, dass ich ihren Star so beleidigen würde. Im Gegenzug schrieben viele, die mich kannten, darunter auch Rupinder selbst, dass ich zweimaliger Olympiasieger sei und mir jeden Kommentar erlauben könnte. Das bewies zwei Dinge: Zum einen, wie stolz die Inder auf ihre Sportler sind. Und zum anderen: Dass sie Sarkasmus, wie er bei uns normal ist, nicht kennen.

Bei uns bekommen doch in der Regel die Videos die meisten Likes, in denen es um Schadenfreude geht. Und genau das ist das Problem: Dass viele Deutsche latent unglücklich sind, wenn andere Erfolg haben. Wenn der Nachbar ein neues Auto fährt, wird es ihm geneidet. Wenn der Kollege im Job durchstartet, fühlt man sich selbst zurückgesetzt, anstatt sich mit ihm fürs Team zu freuen. Diese Missgunst habe ich nirgendwo so ausgeprägt erlebt wie hier. Auch dazu ein Beispiel: Als ich 2011 begann, mich auf Twitter zu verbreiten, schaute ich mir an, wie Hockeyspieler aus anderen Ländern ihre Accounts gestaltet hatten. Alle hatten in ihrem Profil ihre größten sportlichen Erfolge aufgelistet. Also schrieb ich bei mir: Olympiasieger, Welt- und Europameister. Das hat mir so viele negative Kommentare eingebracht, nach dem Motto, wie ich so arrogant sein könnte, das zu erwähnen, dass ich es gelöscht und stattdessen einen zurückhaltenden Spruch („Leben bedeutet, aus Fehlern zu lernen, und ich lerne eine Menge.") gewählt habe.

Aber je öfter ich darüber nachdenke, desto komischer kommt es mir vor, dass man in Deutschland anscheinend nicht stolz auf seine Erfolge sein darf, ohne in den Ruch zu gelangen, damit andere abwerten zu wollen. Ähnliches habe ich mit einem Autoaufkleber erlebt, den wir nach dem Olympiasieg 2012 bekommen haben. „Gold" steht dort drauf, ich habe ihn über mein Nummernschild geklebt. In Spanien fanden das alle cool, in Deutschland kriege ich vor allem negative Kommentare dazu.

All diese Beispiele, die ich genannt habe, unterstreichen das Kernproblem, das uns vom Ausland unterscheidet: die mangelnde Wertschätzung für Sportler. Eins möchte ich deutlich klarstellen: Es geht mir dabei nicht vorrangig um eine finanzielle Aufwertung, auch wenn ich fest überzeugt davon bin, dass wir unsere Leistungssportler deutlich besser bezahlen müssen, um langfristig im Kampf um die Weltspitze konkurrenzfähig zu bleiben. Es ist schlicht nicht einzusehen, warum ein britischer Athlet eine Grundförderung von 35.000 Euro pro Jahr erhält und als Prämie für einen Olympiasieg 80.000 bis 100.000 Euro; dass in Asien Olympiasieger eine Wohnung und eine lebenslange Rente erhalten und damit ausgesorgt haben; und dass in Deutschland der Dschungelkönig fünfmal so viel Geld gewinnt wie ein Olympiasieger, der mittlerweile immerhin 20.000 Euro kassiert.

Ich habe in diesem Buch schon mehrfach erwähnt, dass ich die Politik auffordere, Sportler, die ihr Land als Botschafter repräsentieren, auch aus staatlichen Mitteln angemessen zu entlohnen. Und dass ich es für wichtig halte, die Kluft zu verkleinern zwischen dem Handball zum Beispiel und dem Fußball, wo ein durchschnittlicher Profi locker das 15-fache von dem verdient, was ein Profi in der zweitbeliebtesten Mannschaftssportart Deutschlands bekommt.

Dennoch geht es mir in erster Linie darum, dass die Anerkennung in der gesamten Bevölkerung wächst für das, was unsere Athleten leisten. Denn das ist es, was uns fehlt. Es geht nicht darum, dass jeder Sportler nach seiner Karriere finanziell ausgesorgt haben sollte, denn das ist erstens nicht realistisch und wäre zweitens auch nicht gerecht allen anderen normal arbeitenden Menschen gegenüber. Aber ich möchte, dass anerkannt wird, dass Leistungssportler im Schnitt 59 Stunden pro Woche in ihren Beruf investieren, dass sie ihren Körper einsetzen und ihr Land in der Öffentlichkeit vertreten. Dass sie, wie wir bei einem Doppelspieltag mit zwei Partien im Süden, manchmal 50 Stunden und mehr an einem einzigen Wochenende für den Sport unterwegs sind – und dafür in vielen Fällen nicht oder völlig unzureichend bezahlt werden.

Ist ja alles freiwillig, könnte man einwenden, wird ja niemand gezwungen. Und das stimmt. Wenn es mir darum gegangen wäre, reich zu werden, hätte ich mir einen anderen Sport als Hockey oder gleich einen anderen Beruf aussuchen können. Aber darum ging es nicht, sondern um die Ehre, für meinen Heimatverein und mein Heimatland das Beste zu geben in dem Sport, den ich am besten konnte. Dafür mit der angemessenen Wertschätzung belohnt zu werden ist noch mehr wert als ein dicker Gehaltsscheck. Erst, wenn sich beides ändert, werden Leistungssportler auch davon träumen, im nächsten Leben wieder in Deutschland Sportler zu sein.

KAPITEL 20

VERBÄNDE IN DER PFLICHT. WARUM SPORTARTEN IHRE GESCHICHTEN ERZÄHLEN MÜSSEN

Eine Aussage, mit der ich in der Vergangenheit schon so manchen Gesprächspartner überrascht habe, ist diese: Wenn heute ein TV-Sender käme und anböte, alle Spiele der Hockeybundesliga live zu übertragen, würde ich meinem geliebten Sport empfehlen, dieses Angebot abzulehnen. Das mag paradox klingen angesichts des verzweifelten Ringens von Randsportarten um ein bisschen Aufmerksamkeit.

Aber leider sind einige Vereine und Verbände in Deutschland noch nicht so weit, dass es sinnvoll wäre, ihre Spiele live im Fernsehen zu zeigen. Da würde man leere Sportplätze sehen ohne Tribünen, ohne Komfort, ohne Stimmung. Solche Bilder wären letztlich dermaßen kontraproduktiv für den Sport, dass man auf sie besser verzichten sollte. Und das bringt mich zum letzten, aber wahrscheinlich wichtigsten Punkt, den ich ansprechen möchte, wenn es darum geht, wie die Aufmerksamkeit für den Leistungssport abseits des Fußballs erhöht werden kann.

In den vorangegangenen Kapiteln habe ich ja bereits beschrieben, dass sich für Sponsoren der Weg in die profitable Nische lohnen kann. Wer versteht, seine Zielgruppe passgenau mit der auf sie zugeschnittenen Sportart zu vereinen, wird daraus eine Menge Profit ziehen können. Olympiateilnehmer als Markenbotschafter zu gewinnen, bringt dann wesentlich mehr Benefit, als wenn man die gleiche Summe ins Fußball-Sponsoring steckt. Allerdings ist es für Unternehmen nicht einfach, diese

Überschneidungen zwischen Marke und Sportart in Bezug auf Inhalte und Werte zu definieren. Und das liegt daran, dass viele Vereine und Verbände es noch nicht verstanden haben, sich selbst in ausreichender Form darzustellen.

Klar ist: Als durchschnittlich sportbegeisterter Konsument – und etwas anderes sind die meisten Entscheider in Unternehmen nicht – wird es mir schwerfallen, die Zielgruppen zu unterscheiden, die sich beispielsweise im Volleyball oder Badminton erreichen lassen. Hier sind Vereine und Verbände gefragt, ihre Geschichten zu erzählen, denn das ist keine Holschuld der Sponsoren. Viele Verantwortliche im deutschen Sport glauben jedoch immer noch, dass es ausreicht, einfach nur erfolgreichen Sport anzubieten. Aber wer diese Erfolge nicht durch intelligentes, unterhaltsames Entertainment in Form von Geschichten oder Bildern transportiert, der wird niemals Zugang zu einer breiteren Masse haben, die über die ureigene Klientel hinausgeht.

Am Beispiel Hockey lässt sich das Dilemma gut veranschaulichen. Erfolgreich ist der Deutsche Hockey-Bund (DHB) mit seinen Nationalmannschaften seit vielen Jahren. Auch deutsche Vereinsteams gewinnen regelmäßig internationale Titel. Aber Erfolg ist nur die Basis dafür, interessant zu sein. Hockey hat es leider nicht geschafft, die Erfolge in Reichweite zu konvertieren. Weder nach dem WM-Titel 2006 noch nach den olympischen Goldmedaillen 2008 und 2012 konnte daraus Kapital geschlagen werden. Und das lag meines Erachtens nach an zwei Dingen: Erstens wurde zu wenig proaktiv versucht, in der Öffentlichkeit zu erscheinen durch interessante Geschichten. Und zweitens war die Strategie falsch, das gesamte Team vermarkten zu wollen. Stattdessen hätte man auf zwei, drei Protagonisten setzen sollen, die man über Talkshowbesuche oder andere Medienkanäle als Gesichter des Hockeys hätte aufbauen können, um darüber Aufmerksamkeit für den gesamten Sport zu generieren. Dem Handball ist das rund um die WM 2007, als die deutschen Männer den Titel holten, mit Pascal Hens sehr gut gelungen.

Es kommt ja nicht von ungefähr, dass meinen Auftritten bei Facebook und Instagram mehr Menschen folgen als dem DHB oder den Nationalteams. Das liegt sicherlich nicht daran, dass ich cooler oder erfolgreicher bin, sondern daran, dass ich seit einigen Jahren versuche, meine Geschichte zu erzählen und immer wieder neue Wendungen zu finden. 2012 in London war ich noch der Einzige, der das getan hat. Heute sind es ein paar mehr, aber der Verband und die meisten Vereine haben da Nachholbedarf. Selbstverständlich muss jeder für sich persönlich entscheiden, wie weit er sich öffnet. Aber ihm muss dabei auch klar sein, welche Chancen er sich verbaut, wenn er es nicht tut.

Natürlich kenne ich die Argumente derjenigen, die dafür verantwortlich sind, dass es hier in Deutschland hapert: Dass das Geld fehlt und damit die Manpower, um sich dieses Themas anzunehmen. Allerdings ist das Sparen am falschen Ende. Niemand sollte unterschätzen, wie viel Arbeit es ist, Marketingstrategien zu entwickeln. Dennoch kann man durch geschicktes Online-Marketing heute kostengünstig Reichweite generieren. Das Influencer-Marketing macht dem Sport doch vor, wie es geht. Influencer bauen sich als Multiplikatoren und Meinungsführer durch simples, manchmal fast unerträglich simples Storytelling Reichweite auf und vermarkten diese ab einer bestimmten Höhe. Die Investitionen dafür? Gut, eine Kamera sollte man haben und einen Internetanschluss auch. Und dann hat jeder die Chance, diese Reichweiten aufzubauen.

Das gilt in besonderem Maße auch für Vereine. Ich verstehe nicht, warum nicht alle Vereine einen eigenen YouTube-Kanal haben, auf dem Videos gepostet werden, die das Vereinsleben abbilden. In jedem Verein finden sich sicherlich junge (oder auch ältere) Mitglieder, die Lust hätten, solche Portale mit Inhalt zu füllen. Ein Beispiel aus meinem UHC: Seit einigen Monaten haben wir dank des Engagements einer kleinen Gruppe einen Livestream, der die Spiele unserer Bundesligateams anbietet: in guter Qualität gefilmt und mit Livekommentar. So können Mitglieder und Fans jetzt alle Spiele live sehen, ohne vor Ort sein zu müssen, und wir konnten sogar einen Sponsor für diesen Stream gewinnen. Mit diesem Geld können nun neue Projekte in Angriff genommen werden. Das hat unsere Reichweite massiv erhöht. Damit haben wir nichts revolutioniert, aber es ist ein guter Anfang.

Die Verbände sind dann dafür zuständig, das Ganze deutschlandweit zu verbreiten. Und sie müssen die Frage beantworten, wie man sich abheben kann von anderen Sportarten, die in Deutschland um Sponsoren kämpfen. Dazu ist allerdings zunächst einmal profundes Wissen über die Zielgruppe vonnöten. Und dieses Wissen muss man dann nach außen tragen, um potenziellen Sponsoren verständlich zu machen, warum man besonders gut zueinander passen könnte.

In einigen Sportarten sehe ich, dass die Ziele von Vereinen und Verbänden nicht kongruent sind. Im Hockey beispielsweise fehlt ein Ligaverband, der die Interessen der Klubs bündelt und gegenüber dem DHB vertritt. Der DHB selbst kann nicht gleichzeitig für die Vereine agieren, denn während diese beispielsweise ihre Nationalspieler am liebsten zu jeder Zeit zur Verfügung hätten, will der Verband, dass sie für die Nationalmannschaft auf Teile des Ligabetriebs verzichten. Daraus resultiert nicht selten ein Gegeneinander, das für das eigentliche Ziel, dem Sport in seiner Gesamtheit zu mehr Aufmerksamkeit zu verhelfen, kontraproduktiv ist.

Grundsätzlich bin ich kein Freund einer erzwungenen Dachmarkenstrategie. Das Problem daran ist, dass das Vereinswesen in Deutschland dermaßen ausgeprägt ist, dass es gefährlich wäre, diese Emotionalität durch eine gemeinsame Vermarktung infrage zu stellen. Innerhalb einer Sportart wird es immer ein Konkurrenzdenken unter den Klubs geben, und das gehört auch dazu. Dennoch sehe ich Wege, um zu kooperieren und die Vorteile eines gemeinsamen Vorgehens zu nutzen. Warum sollte, nur als Beispiel, nicht eine Bank gleichzeitig Sponsor der drei wichtigsten Berliner Hockeyvereine werden?

Oder sportartenübergreifend gedacht: Warum kann nicht ein Unternehmen sich gleichzeitig bei den vier größten Klubs in einer Stadt aus verschiedenen Sportarten engagieren? Letztlich kommt es doch darauf an, ob die Zielgruppe zum Unternehmen passt. Das setzt erstens voraus, dass diese bekannt ist, und zweitens, dass sich die Vereine Gedanken darüber machen, welche Geschichten sie transportieren möchten und wie das – auch gemeinsam – funktionieren kann. Aber ich bin mir sicher, dass ein Sponsor, der bislang den Einstieg bei einem Klub fürchtete, weil er es sich nicht mit den Fans der anderen Vereine verscherzen wollte, großes Interesse daran hätte, sich vereins- oder gar sportartenübergreifend zu engagieren, wenn er dadurch eine viel größere Zielgruppe erreichen und zudem auch keinem auf den Schlips treten würde. Und in dieser Pflicht, sich solche Gedanken zu machen, sehe ich die Vereine und auch die Verbände.

Ein Beispiel noch aus dem Hockey dazu, um es zu verdeutlichen: Als wir 2012 in London bei unserer Gold-Party den Vorfall auf der *MS Deutschland* hatten, hätte der Verband daraus Profit schlagen können. Doch das wurde in doppelter Hinsicht verpasst. Zum einen wurde nichts dagegen getan, dass sich bis heute drei Klischees über Hockeyspieler halten: elitär, feierwütig, erfolgreich. Eins davon gefällt mir, die ersten beiden finde ich falsch beziehungsweise oberflächlich, und das hätte man mit einer guten Strategie mindestens aus der Welt schaffen oder sogar ins Positive kehren können.

Zum anderen wäre es aus Marketingsicht schlau gewesen, das Image, das uns damals anhaftete, dazu zu nutzen, den Sport mit ein wenig Augenzwinkern zu vermarkten. Ich hätte es lustig gefunden, wenn eine Versicherung oder eine Krankenkasse mit dem Spruch geworben hätte: „Wir versichern sogar die deutsche Hockeymannschaft!" Das hätte einen sympathischen Bezug auf das Geschehen genommen und gleichzeitig das Unternehmen in ein positives Bild gesetzt. Das, was an Strukturen, Zielgruppe und Reichweiten vorhanden ist, bestmöglich auszuschöpfen – daran hapert es leider, und das mitnichten nur im Hockey.

Ein anderer wichtiger Bereich betrifft die Qualität, mit der eine Sportart sich nach außen trägt. Das Produkt muss so hochwertig wie möglich gestaltet werden, um von der gewünschten Zielgruppe außerhalb des „Inner Circles" der betreffenden Sportart wahrgenommen und vor allem goutiert zu werden. Ein Beispiel dazu: American Football funktioniert hier in Deutschland als TV-Sport, weil die Bilder, die aus den USA kommen, absolute Topqualität haben und zudem natürlich auch das sportliche Produkt hochwertig ist. Würde man aber mit dem gleichen Aufwand die Spiele der German Football League, der deutschen Bundesliga, übertragen, wäre das Interesse beileibe nicht so hoch. Und das nicht nur, weil der gebotene Sport nicht mithalten kann, wenn man statt New England Patriots gegen Seattle Seahawks plötzlich Berlin Thunder gegen Schwäbisch Hall Unicorns geboten bekommt. Sondern vor allem, weil das Umfeld nicht professionell genug ist, um attraktiv zu wirken. Leere Sportplätze, wenig Tribünen und manchmal sogar keine richtige Anzeigetafel – solche Umstände sind für den durchschnittlichen Zuschauer einfach nicht anziehend.

Im Hockey haben wir dasselbe Problem. Wir können noch so oft darüber diskutieren, die Länderspiele live zu zeigen. Wenn wir sechsmal pro Jahr in Mannheim spielen, weil das organisatorisch einfach gut passt, aber fünfmal davon sind nicht mehr als 100 Zuschauer da, werden wir damit gar nichts erreichen. Stattdessen sollte man lieber in Städte gehen, die ansonsten keinen großen Sport haben, in denen ein Hockeyländerspiel noch ein richtiges Erlebnis ist. Dort wäre die Anlage wahrscheinlich voll, das wäre eine gute Botschaft, die sich nach außen kommunizieren ließe.

Es kann auch nicht angehen, dass es in der Hockeybundesliga noch immer Vereine gibt, die keine Tribüne an ihrem Platz haben oder noch nicht einmal eine Anzeigetafel, geschweige denn einen Pressebereich oder einen Stadionsprecher. Wer diese Dinge heute nicht bietet, wird als unprofessionell wahrgenommen und ist damit uninteressant für Sponsoren.

Auch die Terminansetzungen führen zu Problemen. Ein Beispiel aus dem Hockey: Wir spielen noch immer oft parallel zu den Spielen der Fußballbundesliga. Dazu kommt, dass in Deutschland auch Jugendspiele oft parallel zu den Bundesligaspielen angesetzt werden. Das hat zur Folge, dass wir von den rund 2000 Mitgliedern, die der UHC hat, maximal ein Drittel zu unseren Spielen auf die Anlage kriegen. Das ist deutlich ausbaufähig.

Der Blick in die Niederlande beweist, dass es anders geht. Da werden die Sonntage für die Eliteliga reserviert, die Jugend spielt sonnabends. Das bedeutet, dass erstens die Spiele deutlich besser besucht sind und zweitens der Nachwuchs die Chance bekommt, seinen Idolen zuzuschauen. Und natürlich ist Holland viel kleiner, und deswegen ist es dort leichter, an Spieltagen anzureisen und auf kostenschonende Doppelwochenenden zu verzichten. Aber wenn wir es wirklich wollten, würden wir einen Weg finden.

Ein leuchtendes Beispiel dafür, dass das richtige Timing helfen kann, um die Reichweite signifikant zu erhöhen, ist der Wintersport. Der hat die Bereitschaft gezeigt, seine Startzeiten an die Bedürfnisse des Fernsehens anzupassen. Dadurch sind Sportarten wie Rodeln oder Bob für viele Unternehmen interessant geworden, weil sie TV-Präsenz garantieren. Bitte nicht falsch verstehen, kein Sport sollte sich bis zur Unkenntlichkeit verbiegen, nur um äußeren Ansprüchen zu genügen. Wir haben im Hockey ja sehr viel Erfahrung mit Regeländerungen, um attraktiver zu werden: In den vergangenen 20 Jahren haben wir das Abseits abgeschafft sowie den Videobeweis und den Selfpass bei Freischlägen eingeführt. Wichtig ist aber, dass man seine Wurzeln niemals komplett verleugnen darf. Treue zur Herkunft und zum Vermächtnis seines Sports ist sehr wichtig, um nicht als beliebig abgetan zu werden.

Oftmals werden die Prioritäten in Vereinen und Verbänden noch immer falsch gesetzt. Sehr viele Vereine haben finanzielle

Probleme. Und gerade weil wir in Deutschland so gut darin sind, wirtschaftlich vernünftig hauszuhalten, wird auf riskante Investitionen verzichtet. Das bedeutet, dass sich um den so wichtigen Bereich Marketing und Markenpflege meist Ehrenamtliche kümmern, die die notwendige Arbeit nicht einmal ansatzweise schaffen können. Es ist zwar auch über Ehrenamt sehr viel möglich, aber nur, wenn die vorhandenen Ressourcen deutlich besser ausgeschöpft würden, als es momentan der Fall ist.

Mein Erstinvest in einem beliebigen Bundesligaverein in einer Randsportart wären die Anschaffung zweier hochwertiger Kameraausrüstungen und der Auftrag an eine Gruppe Interessierter, rund um die Spiele in bester Qualität all das festzuhalten, was dabei helfen könnte, die Reichweite zu erhöhen. Ich habe das bei meinem Ausflug als Experte beim Internetsender DAZN gelernt, wo alle Kommentatoren aufgefordert werden, alle Szenen zu notieren, denen sie ein übergeordnetes Interesse zuschreiben würden. Wenn es also Bildmaterial von kuriosen Szenen gibt und man das in den sozialen Netzwerken postet, kann man damit eine Menge mehr erreichen als mit einem klassischen Livestream.

Ein Beispiel: Beim World-League-Finale in Indien im vergangenen Dezember schoss der Krefelder Torhüter Mark Appel, der angesichts einer schlimmen Krankheitswelle im Team als Stürmer aufgestellt worden war, ein großartiges Tor. Es war das erste Mal im Hockey, dass ein Torhüter in einem offiziellen Länderspiel traf, und der Post dieses Tores war sowohl bei DAZN als auch bei Spox der erfolgreichste Post des Monats, weit vor allen Fußballszenen. Das zeigt: Ist die Geschichte außergewöhnlich oder auch einfach nur gut erzählt, wird sie sich verbreiten. Und das hilft der gesamten Sportart.

Natürlich muss es eine Filterfunktion geben, damit nicht alles, was aufgenommen wird, auch verbreitet wird. Geschichten müssen authentisch und vor allem wahr sein. Wer einmal faked, dem glaubt man nicht! Aber eine schlaue Idee, in welchen Bildern oder mit welchem Dreh man sie erzählt, dürfte in der Regel Interesse wecken. Ich habe auf meinen Social-Media-Plattformen gelernt, dass am erfolgreichsten die Posts waren, in denen es um sportlichen Erfolg ging. Ein Foto mit Lukas Podolski oder Martin Kaymer wird zwar beachtet, aber wenn ich ein Jubelfoto oder eine geile Szene aus großen Spielen verbreite, ist die Resonanz ungleich höher. Das beweist, dass meine Zielgruppe mir folgt, weil ich Hockeyspieler bin und kein Star-Hunter. Zu lernen, was funktioniert und was nicht, ist ein ganz wichtiger Schritt, den noch immer zu wenige Vereine und Verbände absolviert haben.

Eins muss ich allerdings noch einmal herausstreichen: Egal wie gut die Idee dahinter ist oder die Kenntnis über die Menschen, die ich erreichen will – wenn die Qualität nicht stimmt, richtet man mehr Schaden an, als dass man Nutzen daraus zieht. Zum Beispiel würde eine 30-minütige Sendung mit Höhepunkten von allen Hockeybundesligaspielen eines Wochenendes sicher eine enorme Reichweite bringen. Allerdings müsste die Qualität besser sein als beim Zusammenschnitt der zehn besten Tore des Wochenendes, den man auf der Internetseite des DHB zu sehen bekommt. So etwas führt zu einer noch größeren Diskrepanz zum Fußball und dazu, dass Nutzer, die nicht zum engen Kreis der Hockeyfanatiker zählen, beim nächsten Mal nicht mehr reinklicken und unwiederbringlich verloren sind.

Und damit schließt sich der Kreis zum Einstieg dieses Kapitels: Wenn etwas nicht das Niveau erfüllt, um Menschen positiv anzusprechen oder zumindest emotional zu packen, dann sollte man es nicht zeigen, sondern daran arbeiten, die Rahmenbedingungen so lange zu verbessern, bis es vorzeigbar ist. Und genau diese Pflicht, ihre Geschichten zu erzählen und sie so zu verbreiten, dass ein Mehrwert für alle entsteht, haben Vereine und Verbände, wenn der Leistungssport in Deutschland auch in Zukunft blühen will, anstatt im Schatten von König Fußball zu vertrocknen.

FAZIT „AUSLAUFEN"

KAPITEL 21

MEIN APPELL AN DIE DEUTSCHE SPORTWELT

Ein früherer Bundestrainer hat auf Pressekonferenzen, wenn er darauf angesprochen wurde, was er sich für das nächste Spiel wünsche, immer einen Satz gesagt, der mir im Kopf geblieben ist. „Ich wünsche mir nichts, denn wir sprechen ja nicht mit der Zahnfee. Aber ich erwarte einiges." Deshalb möchte ich zum Ende dieses Buches noch einmal komprimiert meine Erwartungen formulieren, was sich in Deutschland ändern muss, damit der Traum, den ich mit vielen Leistungssportlern teile, nämlich dass der Sport in unserem Land eine wesentlich größere gesellschaftliche Relevanz erhält, kein Traum bleibt.

Ich erwarte von der Politik, dass sie dem Thema Sport dieselbe Bedeutung beimisst wie anderen gesellschaftlich relevanten Gebieten wie zum Beispiel Kultur, Bildung oder Verkehr. Die Politik hat die Chance, wichtige Impulse zu setzen, um auch den Leistungssport in der Gesellschaft zu verankern. Das geht aber nur, wenn sie Vorbilder fördert und ein Umfeld schafft, in dem sich diese Vorbilder bewegen können, ohne massive Einschränkungen im privaten und beruflichen Leben in Kauf nehmen zu müssen. Idole sind wichtig, um Werte zu transportieren, und da spielt der Sport eine herausragende Rolle.

Zudem ist erwiesen, wie wichtig Bewegung ist, um Volkskrankheiten wie Diabetes und Fettleibigkeit einzudämmen. Insofern kommt Sport auch im Hinblick auf die Gesundheitskosten eine immens wichtige Rolle zu. Deshalb müssen Schulsport und Breitensport im Verein deutlich stärker gefördert werden, und das ist Sache der Politik. Da reicht es einfach nicht, sich alle vier

Jahre bei der Fußball-WM in der Kabine zu zeigen. In den USA werden die nationalen Meister in den vier großen Sportarten jedes Jahr ins Weiße Haus eingeladen. Das ist ein Vorleben der Relevanz, die der Sport haben sollte, und genau das erwarte ich von der Politik.

In der Wirtschaft müssen sich die Sponsoring-Verantwortlichen in Unternehmen viel intensiver mit dem deutschen Sportmarkt beschäftigen. Jemand, der einen Millionen-Werbeetat betreut, sollte die wichtigsten 20 Sportarten im Detail einschätzen und unterscheiden können, anstatt nur die drei größten Klischees zu kennen. Ich erwarte, dass sich die Sponsoringtreibenden viel mehr mit der Passgenauigkeit ihres Investments mit der Zielgruppe befassen. In keiner anderen Branche außer dem Sportmarketing wird so viel Geld ausgegeben, ohne das Investment zu hinterfragen.

Die Medienschaffenden nehme ich in die Pflicht, nicht nur aufs einfachste Pferd zu setzen und die klassische Trennung von Fußball und Buntsport endlich zu überwinden. Auch viele andere Sportarten liefern Themen, die massenkompatibel sind. Dafür jedoch muss man sich mit ihnen auseinandersetzen und die Geschichten ausgraben, die es wert sind, erzählt zu werden. Das ist nicht nur eine Bringschuld der Vereine und Verbände.

Gleichwohl erwarte ich von Vereinen und Verbänden, dass sie sich nicht ihrem vermeintlichen Schicksal ergeben, sondern die Chancen beim Schopfe packen und endlich neue Wege einschlagen. Sie müssen ihre Ressourcen besser ausnutzen, Perspektiven entwickeln und verstehen, wie sie ihre Geschichten nicht nur erzählen, sondern auch verbreiten können, um ihre Relevanz zu erhöhen.

Am wenigsten erwarte ich von den Sportinteressierten, denn alle vier Jahre bei Olympischen Spielen zeigt sich doch am besten, dass es eine grundsätzliche Bereitschaft gibt, sich auch mit anderen Sportarten abseits des Fußballs zu befassen. Und auch die TV-Quoten für American Football, Darts, Handball oder

Wintersport unterstreichen das. Selbst das Nein der Bürger zu den Olympiabewerbungen Münchens und Hamburgs war keine Ablehnung des Sports an sich, sondern eine Ablehnung von Großprojekten ohne kalkulierbaren Nutzen. Sport steht in Deutschland grundsätzlich weiterhin sehr weit oben auf der Agenda. Mein einziger Appell an die Fans in unserem Land: Wenn ihr die Chance habt, geht nicht nur ins Fußballstadion, sondern schaut euch auch den Verein bei euch um die Ecke an oder den Bundesligaklub in einer anderen Sportart, denn diese Inspiration ist nicht nur für die Sportler in der Nische wichtig, sondern kann auch für euch eine Bereicherung sein.

Von den Sportlern erwarte ich, dass sie eine grundsätzliche Entscheidung fällen. Wollen sie mehr Aufmerksamkeit, mehr Unterstützung, mehr Relevanz? Dann müssen sie bereit sein, sich auf die neue Medienwelt einzulassen, und daran arbeiten, sich einen persönlichen Markenkern zu schaffen. Ich verstehe jeden, der das nicht möchte, aber dann darf er auch nicht darüber lamentieren, dass man in der Nische stecken bleibt. Doch vorrangig sollte sich jeder Sportler auf seine Leistung konzentrieren und authentisch bleiben. Der Sport ist und bleibt immer der Kernaspekt. Wer in den sozialen Netzwerken tolle Geschichten erzählt, aber nicht abliefert, wenn es drauf ankommt, wird schnell untergehen. Den besten Traffic generiert man mit guter Leistung.

Das Thema Leistungssport in Deutschland liegt mir so sehr am Herzen, dass ich mich – obwohl meine aktive Karriere sich dem Ende zuneigt – auch in Zukunft dafür engagieren werde. Ich weiß noch nicht genau, auf welchem Sektor. Durch meine Erfahrungen und meinen beruflichen Weg könnte ich sicherlich als Berater für Unternehmen oder Vereine und Verbände gleichermaßen wichtige Anregungen geben. Ich sehe mich weder als Trainer noch als Manager. Aber falls Frau Merkel, oder wer auch immer dieses Land in Zukunft anführt, endlich auf ein eigenes Sportministerium setzt, darf man mich gern anrufen.

Das Kernthema dieses Buches ist ja die Frage, wie sich der Leistungssport in Deutschland auch langfristig breit und erfolgreich aufstellen kann. Dabei mitzuhelfen, seine gesellschaftliche Relevanz zu erhöhen und auf dem Weg in Richtung Monokultur wieder zur Pluralität abzubiegen, das ist die Erwartung, die ich an mich selber stelle. Deshalb sehe ich dem nächsten Abschnitt meines Lebens mit großer Vorfreude und ohne Groll oder Sorge entgegen. Die Chancen sind ja da, wir müssen sie nur ergreifen. Wenn es wichtig wird, einfach machen!

MORITZ UND BJÖRN DANKEN

Dem Verlag Edel Books für den Mut, sich mit dem Randsport zu beschäftigen, und die Chance, dieses Buch zu veröffentlichen.

Unseren Lektoren Susanne Schleusser und Marten Brandt für die reibungslose und professionelle Zusammenarbeit.

Dem Marketingteam um Nadja Schreiber für seine Geduld und Mühen.

Moritz dankt:

Meiner Frau und meinen Töchtern: Was Steph jeden Tag mit unseren beiden Mädchen leistet und wie sie mich trotzdem in jeder Situation, auch gegen die größten Widerstände, unterstützt, ist unglaublich. Ein einfaches Danke reicht deshalb nicht. Seit 2003 ist sie an meiner Seite und die Personifizierung des Begriffs „bessere Hälfte". Ich bin einfach glücklich und dankbar, dass sie mir auch dieses Abenteuer – ein Buch zu schreiben – ermöglicht hat. Und auch wenn Emma und Lotta es noch nicht ganz genau verstehen werden. Auch meinen beiden Töchtern möchte ich danken. Beide sind jeden Tag Inspiration und Motivation für alles, was das Leben so bringt.

Meiner Mutter und meinem Bruder: Egal ob Japan, Indien, China, Rio oder einfach nur Klipper auf der anderen Alster-Seite, meine Mom war überall dabei, hat mich überall unterstützt, war bei Siegen die erste Gratulantin und bei Niederlagen die Erste, die mich trösten wollte. Unabhängig davon hat sie Joni und mich zu dem gemacht, was wir heute sind. Joni hat mich immer gefordert, er ist der emotionalere von uns beiden und einfach der kleine

Bruder, den man sich wünscht. Wir sind total unterschiedlich, echt gestritten haben wir aber eigentlich trotzdem noch nie. Ich freue mich auf die nächsten Kapitel mit meiner Familie.

Meinem Verein UHC: Der Wesselblek war immer mein zweites Zuhause, ich fühle mich auf der Anlage einfach immer pudelwohl. Ich hoffe, dass diese große Tradition noch sehr, sehr lange erhalten bleibt.

Michael Trautmann: Ein spezieller Dank gilt meinem ehemaligen Chef und heutigen beruflichen Partner und Freund Michael Trautmann. Er war mein Mentor und Förderer, seit wir 2006 zum ersten Mal zusammensaßen. Ich habe sehr viel von ihm gelernt und freue mich über alles, was ich zurückgeben kann.

Mein Upsolut-Team: Danke für euer Verständnis und eure Unterstützung während der vergangenen Monate. So habe ich mir das berufliche Umfeld immer erträumt.

Allen, mit denen ich zusammenarbeiten durfte: Ich freue mich schon auf die zahlreichen Widersehen in den nächsten Jahren, wenn die alten Geschichten wieder ausgepackt werden.

Björn Jensen: Danke für die Geduld und Professionalität. Ich konnte Björn immer zu einhundert Prozent vertrauen, und deshalb ist das Resultat auch so geworden, wie wir uns das vorgestellt haben.

Björn dankt:

Meiner Frau und meinen Kindern für ihre Liebe und das Verständnis, dass der Weihnachtsurlaub diesmal leider kein richtiger

Urlaub war. Ich freue mich über jeden Moment, den wir gemeinsam verbringen können.

Meiner Familie, meinen Freunden und Kollegen, die auch dieses Projekt mit Interesse und guten Tipps begleitet haben.

Dem „Hamburger Abendblatt" für die Erlaubnis, das Buch schreiben zu dürfen, und die Möglichkeit, Hockey seit zwölf Jahren als Reporter zu begleiten.

Und last, but not least natürlich Mo für das Vertrauen, mich als Co-Autor ins Team zu nehmen, sowie für die vielen großartigen, spannenden und anregenden Gespräche über den Sport und das Leben. Das waren krasse drei Monate! Danke!